हृदय रोग
क्या है, क्यों होता है और कैसे बचें?

धर्मवीर
(आई.ए.एस)

वी एण्ड एस पब्लिशर्स

प्रकाशक

वी एण्ड एस पब्लिशर्स

F-2/16, अंसारी रोड, दरियागंज, नई दिल्ली-110002
☎ 23240026, 23240027 • फैक्स: 011-23240028
E-mail: info@vspublishers.com • *Website:* www.vspublishers.com

क्षेत्रीय कार्यालय : हैदराबाद

5-1-707/1, ब्रिज भवन (सेन्ट्रल बैंक ऑफ इण्डिया लेन के पास)
बैंक स्ट्रीट, कोटी, हैदराबाद-500 095
☎ 040-24737290
E-mail: vspublishershyd@gmail.com

शाखा : मुम्बई

जयवंत इंडस्ट्रिअल इस्टेट, 1st फ्लोर-108, तारदेव रोड
अपोजिट सोबो सेन्ट्रल, मुम्बई - 400 034
☎ 022-23510736
E-mail: vspublishersmum@gmail.com

BUY OUR BOOKS FROM: AMAZON FLIPKART

संस्करण 2020

DISCLAIMER

इस पुस्तक में सटीक समय पर जानकारी उपलब्ध कराने का हर संभव प्रयास किया गया है। पुस्तक में संभावित त्रुटियों के लिए लेखक और प्रकाशक किसी भी प्रकार से जिम्मेदार नहीं होंगे। पुस्तक में प्रदान की गयी पाठ्य सामग्रियों की व्यापकता या सम्पूर्णता के लिए लेखक या प्रकाशक किसी प्रकार की वारंटी नहीं देते हैं।

पुस्तक में प्रदान की गयी सभी सामग्रियों को व्यावसायिक मार्गदर्शन के तहत सरल बनाया गया है। किसी भी प्रकार के उद्धरण या अतिरिक्त जानकारी के स्रोत के रूप में किसी संगठन या वेबसाइट के उल्लेखों का लेखक या प्रकाशक समर्थन नहीं करता है। यह भी संभव है कि पुस्तक के प्रकाशन के दौरान उद्धृत बेवसाइट हटा दी गयी हो।

इस पुस्तक में उल्लिखित विशेषज्ञ के राय का उपयोग करने का परिणाम लेखक और प्रकाशक के नियंत्रण से हटकर पाठक की परिस्थितियों और कारकों पर पूरी तरह निर्भर करेगा।

पुस्तक में दिये गये विचारों को आजमाने से पूर्व किसी विशेषज्ञ से सलाह लेना आवश्यक है। पाठक पुस्तक को पढ़ने से उत्पन्न कारकों के लिए पाठक स्वयं पूर्ण रूप से जिम्मेदार समझा जायेगा।

उचित मार्गदर्शन के लिए पुस्तक को माता-पिता एवं अभिभावक की निगरानी में पढ़ने की सलाह दी जाती है। इस पुस्तक के खरीददार स्वयं इसमें दिये गये सामग्रियों और जानकारी के उपयोग के लिए सम्पूर्ण जिम्मेदारी स्वीकार करते हैं।

इस पुस्तक की सम्पूर्ण सामग्री का कॉपीराइट लेखक/प्रकाशक के पास रहेगा। कवर डिजाइन, टेक्स्ट या चित्रों का किसी भी प्रकार का उल्लंघन किसी इकाई द्वारा किसी भी रूप में कानूनी कार्रवाई को आमंत्रित करेगा और इसके परिणामों के लिए जिम्मेदार समझा जायेगा।

भूमिका

एक हृदय रोगी को इस विषय पर पुस्तक लिखने की आवश्यकता क्यों हुई, इसकी पृष्ठभूमि मैं स्पष्ट करना चाहूंगा ।

सन् 1973 में, जब मैं 38 साल का था, पहले-पहल खून में कोलस्ट्रोल की मात्रा की जांच हुई, जो 310 मिलीग्राम निकला । डॉक्टर ने साधारण ढंग से बस, इतना कहा कि यह मात्रा ज्यादा है, कुछ वजन कम करें । मेरा वजन उस समय 73 किलो था। 5 फुट 4 इंच के व्यक्ति के लिए यह वजन औसत से लगभग 13 किलो ज्यादा था। मुझे यह ज्ञान था कि खून में कोलस्ट्रोल का आधिक्य हृदय रोग पैदा करने वाला मुख्य कारक होता है । इसलिए मैंने स्व-प्रेरणा से अपनी जीवन-शैली एवं खान-पान में परिवर्तन करके लगभग छः महीने में अपना वजन 9 किलो घटा लिया, जिसके परिणामस्वरूप कोलस्ट्रोल भी 260 तक घट गया । 260 तक का कोलस्ट्रोल आम तौर पर सामान्य माना जाता है। अतः मैं लगभग चिंतामुक्त हो गया । 18 साल तक मेरा वजन 63-64 किलो एवं कोलस्ट्रोल 260 पर स्थिर रहा और कभी कोई परेशानी नहीं हुई ।

फरवरी, 1991 में, 56 साल की उम्र में कुछ अस्वस्थता हुई, जिसके संदर्भ में ट्रेडमिल टेस्ट किया गया तो नतीजा यह आया कि मुझे इस्कीमिया (हृदय को पूरा रक्त न मिल पाना) हो गया है । एस्कॉर्ट हार्ट इंस्टीट्यूट में ऐंजियोग्राफी हुई, तो पता चला कि हृदय की धमनियों में तीन जगह अवरोध थे । एक अवरोध तो 90 प्रतिशत तक का था। सौभाग्य यही था कि मुझे उस समय तक दिल का दौरा नहीं पड़ा था । संस्थान के निदेशक डॉ. नरेश त्रेहान ने बड़ी सहृदयता से मुझे मेरी स्थिति से अवगत करवाया । विचार-विमर्श के दौरान मैंने यह संकल्प प्रकट किया कि बाईपास सर्जरी की नौबत ही नहीं आने दूंगा। उन्होंने मुझे प्रोत्साहित किया और राय दी कि हर छः महीने में नियमित रूप से ट्रेडमिल टेस्ट करवाता रहूँ ।

जयपुर के चिकित्सक, डॉ. आर.के. मधोक, हृदय रोग विशेषज्ञ की देखरेख में मैंने अपनी जीवन-शैली में और संशोधन किया, जिसके फलस्वरूप मेरा वजन छः किलो और घट गया और कोलस्ट्रोल भी 220 से नीचे आ गया । समय-समय पर हुए ट्रेडमिल टेस्ट से प्रकट हुआ कि मेरी बीमारी में और विस्तार नहीं हुआ है, बल्कि स्थिति कुछ बेहतर ही हुई है । ईश कृपा से अब तक दिल का दौरा नहीं पड़ा है एवं बाईपास सर्जरी करवाने की नौबत नहीं आई है । यह बात अवश्य है कि मैं आज नदी किनारे के वृक्ष जैसी स्थिति में हूं, जो मिट्टी के कटाव से कभी भी धराशायी हो सकता है ।

इस बीस साल के अपने जीवन पर जब मैं दृष्टि दौड़ाता हूं तो दो निष्कर्ष स्पष्ट उभर कर सामने आते हैं । पहला यह कि अधिक कोलस्ट्रोल की'जानकारी होते ही जो सावधानियां मैंने बरतीं, वे यदि नहीं बरती होतीं तो 45 साल की उम्र तक मुझे प्राणघातक दिल का दौरा पड़ चुका होता । दूसरा निष्कर्ष यह कि हृदय-स्वास्थ्य के बारे में कुछ और ज्ञान प्राप्त करके, कुछ अधिक सावधानियां बरती होतीं तो मैं आज तक भी हृदय रोगी नहीं हुआ होता ।

संतोष की बात यह है कि देर से ही सही, लेकिन सही रास्ते पर तो मैं आया । देर आयद, दुरुस्त आयद । जैसे ही मैंने अपनी बीमारी को काबू में रखने का संकल्प लिया, उसी के साथ हृदय रोग एवं हृदय-स्वास्थ्य के सम्बन्ध में विस्तृत अध्ययन भी प्रारम्भ कर दिया, क्योंकि जब तक दुश्मन को पूरी तरह से जानेंगे नहीं, तब तक उससे असरदार तरीके से मुकाबला नहीं किया जा सकता है । हृदय रोग के क्षेत्र में जो नवीनतम शोध एवं अध्ययन हो रहे हैं, उन पर भी नजर रखी । इसके साथ-साथ हृदय रोग से पीड़ित परिचितों एवं साथियों को जीवनशैली-सुधार के सम्बन्ध में अपने ढंग से परामर्श देना भी प्रारम्भ कर दिया । बहुत लोगों ने मेरी सलाह को उपयोगी पाया एवं कुछ साथियों न सुझाव दिया कि क्यों न मैं इस विषय पर कुछ लिखूं ।

इसी दौरान दो चीजें मेरे अन्तर्मन को लगातार कुरेदती रही हैं । प्रथम तो यह कि उच्च बौद्धिक स्तर के लोगों में भी स्वस्थ जीवनशैली के सम्बन्ध में काफी अनभिज्ञता एवं अज्ञानता है । जिन्हें ज्ञान है, उनमें भी स्वस्थ जीवनशैली अपनाने की इच्छाशक्ति की कमी है। दूसरी बात यह कि हमारी सम्पूर्ण स्वास्थ्य एवं चिकित्सा-व्यवस्था रोग-आधारित है, रोग निरोधन-आधारित नहीं । हृदय रोग जानलेवा तो है ही, इसके साथ ही हृदय रोग चिकित्सा बहुत महंगी है और आम आदमी की सामर्थ्य से बाहर है । इसके विपरीत प्रारम्भ से ही यदि कुछ सावधानियां बरती जाएं तो हृदय रोग से बचे रहना कठिन काम नहीं है । डॉक्टरों को तो इलाज से ही फुरसत नहीं है । अत: हृदय रोग निरोधन चेतना का कार्य समाज के प्रबुद्ध लोगों को ही अपने हाथ में लेना होगा ।

हृदय रोग निरोधन के लिए जन-चेतना जगाने का एक बृहत् कार्यक्रम मेरे दिमाग में है, जिसकी पहली कड़ी के रूप में सेवानिवृत्ति के तुरन्त बाद मैंने यह लेखन कार्य हाथ में लिया । आशा है, हृदय-स्वास्थ्य के प्रति जागरूक पाठकगण इसे उपयोगी पाएंगे । हृदय रोग क्षेत्र में हो रहे नवीनतम शोध निष्कर्षों का उल्लेख इस पुस्तक में किया गया है, ताकि हृदय रोग से बचने एवं हृदयाघात होने के पश्चात् भी स्वस्थ जीवन जीने के इच्छुक पाठकों के लिए यह पुस्तक एक उपयोगी निर्देशिका सिद्ध हो सके ।

हृदय रोग आज सिर्फ अमीर वर्ग की ही बीमारी नहीं रही है, मध्यम एवं गरीब वर्ग

में भी यह रोग तेजी से फैल रहा है। हिन्दी के पाठकों के लिए इस विषय पर अच्छी पुस्तकों का आज भी अभाव है। मुझे आशा है कि यह पुस्तक इस अभाव को दूर करने में सफल होगी।

इस संशोधित संस्करण में एक नया अध्याय 'शोधकार्यों की वर्तमान उपलब्धियां एवं भावी संभावनाएं' जोड़ा गया है। विशाल सूचनासामग्री को अति संक्षिप्त रूप में प्रस्तुत करना मेरे लिए कठिन कार्य था। आशा करता हूं कि मेरा यह प्रयास पाठकों को हृदयरोग के क्षेत्र में चल रहे शोधकार्यों की दिशा एवं उपलब्धियों से भलीभांति परिचित करवाने में सफल होगा।

पुस्तक के लिए चित्रांकन मेरी पत्नी श्रीमती सीमा एवं पुत्र लेफ्टिनेंट असीम (भारतीय नौसेना) ने किया है। उनके इस सहयोग के बिना यह कार्य पूर्ण नहीं होता। ग्रामीण विकास एवं पंचायती राज विभाग में कार्यरत श्री सुमन जोशी ने साफ-सुथरा टंकन कार्य अति अल्प समय में करके अमूल्य सहयोग दिया।

मैं इन सभी का हृदय से आभारी हूं।

–धर्मवीर

अनुक्रमणिका

		पृष्ठ
1.	समय रहते चेतो	7
2.	हृदय की बनावट एवं कार्य	10
3.	हृदय की बीमारियां एवं उनके प्रकार	19
4.	दिल का दौरा: क्या और क्यों?	23
5.	कोलस्ट्रोल तथा वसा का कुप्रभाव	28
6.	कोलस्ट्रोल और वसा की मात्रा घटाने के उपाय	33
7.	दिल के चार दुश्मन	41
8.	मानसिक भावों का हृदय पर प्रभाव	54
9.	सौ दवाओं की एक दवा: व्यायाम	59
10.	हृदय रोग के अन्य कारण तथा नए शोध	66
11.	महिलाओं में हृदय रोग	71
12.	भरपेट खाएं, वजन घटाएं	74
13.	हृदय रोग को पलटा जा सकता है	82
14.	हृदय एवं धमनियों के लिए कुछ हितकारी पथ्य	90
15.	हृदय रोग: आयुर्वेद के संदर्भ में	94
16.	आपको हृदयाघात या पक्षाघात की कितनी सम्भावनाएं हैं?	98
17.	दिल का दौरा कब पड़ता है?	100
18.	हृदयाघात-परीक्षण एवं उपचार	105
19.	प्राथमिक उपचार से पुनर्जीवन	107
20.	हृदय रोग-निदान के लिए किए जाने वाले मुख्य परीक्षणों की जानकारी	114
21.	हृदय रोग का दवाओं से उपचार	119
22.	शल्य-क्रिया द्वारा हृदय रोग का इलाज (बाईपास सर्जरी व एनजियोप्लास्टी)	126
23.	नवीनतम शोध की दिशाएं एवं आयाम	131
24.	शोधकार्यों की वर्तमान उपलब्धियां एवं भावी संभावनाएं	137
25.	सवाल-जवाब	145
26.	तत्त्व बिन्दु	153
	शब्दावली	155

1

समय रहते चेतो

पाश्चात्य देशों में प्रतिवर्ष होने वाली मौतों में सबसे अधिक संख्या हृदयाघात अर्थात् दिल के दौरे से मरने वालों की रहती है। अमेरिका में प्रति वर्ष लगभग ढाई लाख लोग दिल के दौरे के शिकार हो जाते हैं। भारत में भी हृदय-रोगियों की संख्या पिछले कुछ सालों से लगातार बढ़ रही है। लगभग 24 लाख हिन्दुस्तानी प्रतिवर्ष हृदय रोगों के कारण काल के ग्रास बन जाते हैं। दिल के दौरे के कारण मरने वालों में अधिकांश 45 से 60 साल की उम्र के बीच के लोग होते हैं। चिंता की बात यह है कि कम उम्र में दिल के दौरे से मरने वाले नौजवानों की संख्या में निरन्तर वृद्धि होती जा रही है। यदि जनचेतना के माध्यम से हृदय रोगों की रोकथाम के सतत् उपाय तुरन्त ही प्रारम्भ नहीं किए गए, तो इक्कीसवीं सदी में दिल की बीमारी निश्चय ही भारत में महामारी का रूप धारण कर लेगी।

हृदय रोग का मुख्य कारण होता है रक्तवाहिनी धमनियों (Arteries) का लचीलापन समाप्त होकर उनमें कड़ापन आ जाना एवं उनकी भीतर की परत पर चर्बी जैसे पदार्थ कोलस्ट्रोल (Cholesterol) का जमा हो जाना। जब यह जमाव बहुत अधिक हो जाता है, तो धमनियों के भीतर अवरोध पैदा हो जाता है, रक्त-संचार पूरी मात्रा में नहीं हो पाता। हृदय की मांसपेशियों को खून पहुंचाने वाली धमनियों में कड़ापन व चर्बीनुमा पदार्थ का जमाव यदि इतना अधिक हो जाता है कि उससे हृदय की मांसपेशियों की आवश्यकता के परिमाण में खून पहुंचने में बाधा पड़ने लगती है, तो समझिए कि हृदय रोग का आधार बन गया। धमनियों में कोलस्ट्रोल के जमाव की प्रक्रिया को ऐथिरोस्किलिरोसिस (Atherosclerosis) कहते हैं। कोलस्ट्रोल का यह जमाव बढ़ते-बढ़ते हृदय में खून पहुंचाने वाली धमनी की नलिका में खून के प्रवाह को यदि पूरी तरह से बंद कर देता है, तो प्रतिफल होता है हृदयाघात (Heart Attack) या दिल का दौरा। दिल का दौरा अधिकांशत: सिकुड़ी हुई धमनी में खून के किसी थक्के (Blood-clot) के अटक जाने से होता है, क्योंकि इससे भी हृदय से खून का प्रवाह बन्द हो जाता है।

धमनियों में कड़ापन आना व उनके भीतर कोलस्ट्रोल का जमाव एक ऐसी प्रक्रिया है, जिसे रोका नहीं जा सकता – ठीक उसी प्रकार, जैसे कि बुढ़ापे को नहीं रोका जा

सकता, परंतु सही जीवनपद्धति को अपनाकर इस प्रक्रिया को धीमा अवश्य किया जा सकता है। विज्ञान ने लगभग उन सभी कारणों का पता लगा लिया है, जो इस जमावप्रक्रिया को बढ़ाते हैं अर्थात् गति देते हैं। यदि कोई व्यक्ति सदैव ही अधिक वसायुक्त भोजन करता है, व्यायाम नहीं करता, अधिक मोटा है, धूम्रपान व मदिरापान करता है, किसी-न-किसी कारण से मानसिक तनाव में रहता है, तो समझ लीजिए कि उसकी धमनियों में उपर्युक्त चीजों से बचने वाले मनुष्य की तुलना में धमनियों के कड़ा होने तथा उनके भीतर कोलस्ट्रोल के जमाव की गति तीन-चार गुणा अधिक हो जाएगी। इसके साथ ही यदि उसे उच्च रक्तचाप व मधुमेह की बीमारी भी है, तो समझ लीजिए कि हो गया सत्यानाश, क्योंकि ये दोनों बीमारियां ऐथिरोस्किलिरोसिस की गति को और भी अधिक बढ़ा देती हैं। वंशानुगत कारण (Hereditary Characters) भी इसमें काफी महत्त्वपूर्ण भूमिका निभाते हैं।

उपर्युक्त विवरण से स्पष्ट है कि दिल का दौरा पड़ने की स्थिति किसी भी मनुष्य के जीवन में अचानक ही नहीं आती, बल्कि इसके पीछे गफ़लत से जी हुई वर्षों की जिन्दगी होती है। समय रहते आदमी सम्भलता इसलिए नहीं है कि जब तक धमनियों में कोलस्ट्रोल का जमाव इतना नहीं बढ़ जाए कि रक्त-संचार में बाधा पड़ने लगे, तब तक रोगी को न तो कोई असुविधा होती है और न ही कोई दर्द। हृदय रोग के लक्षण उसी समय उभरते हैं, जब हृदय में रक्त ले जाने वाली धमनियों में रक्त का संचार इतना कम हो जाए कि हृदय की मांसपेशियों में लगातार आवश्यकतानुसार खून पहुंचने में बाधा पड़ने लगे। यह स्थिति जब आती है, उससे पहले ही बहुत विलम्ब हो चुका होता है। अधिकतर मनुष्य तो उस समय ही चेतते हैं, जब अवरोधित धमनी में अचानक सिकुड़न अथवा खून के थक्के के अटकने से दिल का दौरा पड़ जाता है एवं सौभाग्य से बच जाते हैं। यह चेत तो वैसा ही हुआ, जैसे घोड़ी चोरी चले जाने के बाद अस्तबल का दरवाजा बन्द करना। समझदारी इसी में है कि समय रहते चेतो। सही चेत यही होगा कि प्रारम्भ से ही, सही जीवन-पद्धति अपनाई जाए एवं खानपान के सम्बन्ध में चली आ रही कुछ सामाजिक व पारम्परिक भ्रांतियों को दूर करके सही जीवन-पद्धति के सम्बन्ध में जागरूकता पैदा की जाए।

अमेरिका में यह सामाजिक जागरूकता पैदा हो चुकी है, जिसके फलस्वरूप अधिक से अधिक लोग अपने खानपान व दिनचर्या में सही दिशा में परिवर्तन करने लगे हैं। प्रतिफल यह हुआ है कि पिछले आठ सालों में उस देश में हृदयरोग में 20 प्रतिशत की कमी आई है, जिसके फलस्वरूप प्रतिवर्ष एक लाख से भी अधिक लोग इस रोग के कारण मौत के मुंह में जाने से बच रहे हैं। यह एक बहुत बड़ा सामाजिक परिवर्तन

है। ऐसा ही परिवर्तन यदि हम भारत में लाने में असमर्थ रहते हैं, तो इसमें कोई संदेह नहीं कि शीघ्र ही हृदयरोग महामारी का रूप ले लेगा। आज भी भारत में एक हजार में से लगभग 30-32 लोग हृदय रोगी हैं। अब तक इस रोग को अमीर व शहरी लोगों का ही रोग माना जाता रहा है, लेकिन स्थान-स्थान पर किए गए सर्वेक्षणों से चौंकाने वाले तथ्य सामने आ रहे हैं। जैसे कि ग्रामीण क्षेत्रों एवं गरीबों में भी इस रोग का विस्तार समान गति से हो रहा है। नवयुवकों में दिल के दौरे से होने वाली मृत्यु-दर में बहुत तेजी से बढ़ोत्तरी हो रही है। आए दिन होने वाली इन जवानों की मौतों से छिन्न-भिन्न हुए परिवारों की हृदयविदारक स्थितियां हमारे लिए राष्ट्रीय चिंता का विषय होनी चाहिए।

गुल भला कुछ तो बहारें ऐ सबा, दिखला गए।
हसरत उन गुंचों पे है, जो बिन खिले मुर्झा गए।।

—ज़ौक

इन असामयिक जवान मौतों को निश्चय ही टाला जा सकता है। यही नहीं, बल्कि सदा के लिए हृदयरोग से बचा भी जा सकता है। यह आपके स्वयं के हाथ में है। इसके लिए किसी डाक्टर या वैद्य की आवश्यकता नहीं। आवश्यकता है, मात्र सही खान-पान एवं आचार-व्यवहार अपनाने की। यदि प्रारम्भ से ही आप अपने हृदय का थोड़ा भी ख्याल, सार-सम्भाल रखें, तो दिल रूपी आपका यह सच्चा साथी सौ साल तक भी आपका साथ निभाने के लिए तैयार है। यह कैसे सम्भव हो, इसकी विस्तृत जानकारी आपको पुस्तक के अगले अध्यायों में मिलेगी। आपको तो मात्र संकल्प कर लेना है कि हृदयरोग से ग्रसित नहीं होऊंगा। यदि दुर्भाग्यवश आप हृदय-रोगी हो चुके हैं, तो भी आगामी दिल का दौरा टालने एवं स्वस्थ जीवन जीने के उपयोगी गुर आपको इस पुस्तक में मिलेंगे।

■ ■

2

हृदय की बनावट एवं कार्य

स्थिति एवं आकार

हृदय हमारी छाती में वक्षस्थल के बीच की हड्डी के ठीक नीचे अवस्थित होता है, जिसका आकार नीचे से कुछ तिकोना एवं बाईं ओर झुका हुआ होता है। इसका वजन 300 से 340 ग्राम, लम्बाई 13 से 15 सेंटीमीटर (5-6 इंच) व चौड़ाई लगभग 10 सेंटीमीटर (3 से 4 इंच के बीच) होती है। चारों तरफ से यह एक झिल्ली में लिपटा हुआ रहता है, जिसे पेरीकार्डियम (Pericardium) कहते हैं।

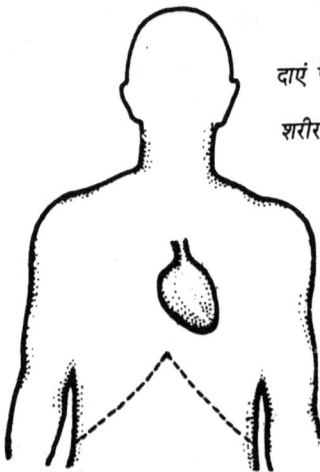

छाती में हृदय की स्थिति

चित्र-संख्या 1

शरीर के सभी भागों को
बाएं फेफड़े को
दाएं फेफड़े को
शरीर के ऊपरी भाग से
फेफड़ों से वापस आता हुआ

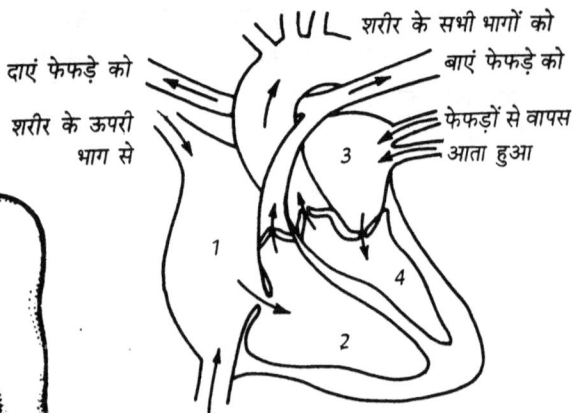

शरीर के निचले भाग से : 1. दायां एट्रियम, 2. दायां वैन्ट्रिकल, 3. बायां एट्रियम, 4. बायां वैन्ट्रिकल। तीरों से हृदय में खून का संचरण-पथ दर्शाया गया है।

चित्र-संख्या 2

कार्य

विश्व की सभी भाषाओं के साहित्य का सृजन हृदय, दिल अथवा हार्ट को केन्द्र-बिन्दु मान कर ही किया गया है, क्योंकि मानवीय भावनाओं एवं प्रवृत्तियों का उद्‌गम-स्थल हृदय को ही माना गया है, परन्तु शुष्क वैज्ञानिक तथ्य यह है कि हृदय केवल एक पंप है, जो फेफड़ों से आए शुद्ध रक्त को शरीर के अंग-प्रत्यंग में पहुंचाने एवं वहां से लौटे हुए अशुद्ध रक्त को शुद्धिकरण हेतु फेफड़ों में भेजने का कार्य करता है । वास्तविक स्थिति यह है कि हृदय एक पंप नहीं, बल्कि समानान्तर स्थित दो पंप हैं । हृदय का दायां भाग अशुद्ध रक्त को ऑक्सीजनीकरण अर्थात् शुद्ध करने हेतु दाएं व बाएं दोनों फेफड़ों में भेजता है एवं बायां भाग फेफड़ों से आए शुद्ध रक्त को शरीर के सभी अवयवों में संचारित करता है ।

इस प्रकार हृदय का कार्य यह है कि हमारे शरीर में खून के दौरे को बिना रुके निरन्तर बनाए रखे । प्रश्न उठता है कि इस खून के दौरे को बनाए रखना क्यों आवश्यक है? यह तो हम सभी जानते हैं कि जिन्दा एवं क्रियाशील रहने के लिए हमें भोजन की आवश्यकता रहती है । जो भी भोजन हम करते हैं, उसे मुख्यत: तीन श्रेणियों में विभाजित कर सकते है: वसा (Fats) अर्थात् चिकनाई, जैसे-तेल, घी आदि, प्रोटीन (Proteins) जो दालों, मांस व दूध आदि में पाया जाता है एवं कार्बोहाइड्रेट (Carbohydrates) जैसे-अनाज, चीनी आदि । जो भी भोजन हम करते हैं, उसमें पाचन क्रिया के माध्यम से बहुत से रासायनिक परिवर्तन होते हैं, जिसके फलस्वरूप भोजन का वसा तत्त्व विभिन्न प्रकार के फैटी ऐसिड (Fatty Acids) अथवा ट्राइग्लिस्राइड्स (Triglycerides) में परिवर्तित हो जाता है । इन्हें शरीरीय वसा (Body Fats) भी कहते हैं । इसी प्रकार हमारे द्वारा भोजन में खाए हुए सभी प्रोटीन विभिन्न ऐमीनो ऐसिड्स (Amino Acids) में परिवर्तित हो जाते हैं । भोजन के सभी कार्बोहाइड्रेट अन्तत: ग्लूकोज (Glucose) में परिवर्तित होते हैं । हमारे शरीर की करोड़ों कोशिकाओं (Cells) को शरीर के पोषण के लिए भोजन की आवश्यकता रहती है । यही नहीं, बल्कि शरीर की विभिन्न क्रियाओं के संचालन के लिए ऊर्जा (Energy) उत्पादन के लिए ईंधन की भी आवश्यकता रहती है। शरीर की कोशिकाएं अपना यह भोजन व ईंधन फैटी ऐसिड्स, ऐमीनो ऐसिड्स एवं ग्लूकोज के रूप में ही ग्रहण कर सकती हैं ।

पाचन-क्रिया के फलस्वरूप उत्पादित ये सभी पदार्थ छोटी आंतों की आंतरिक सतह द्वारा चूस लिए जाते हैं एवं वहां से ये सभी पदार्थ खून में मिल जाते हैं । खून की नाड़ियां पेड़ों की शाखाओं की भांति विभाजित तथा उपविभाजित होती चली जाती हैं एवं अन्तत: बाल की तरह महीन हुई इन नाड़ियों, जिन्हें कैपिलरीज (Capillaries) कहते हैं, का जाल शरीर के अंग-प्रत्यंग की कोशिकाओं में फैल जाता है, ताकि प्रत्येक कोशिका अपनी आवश्यकतानुसार पोषण एवं भोजन खून में से चूसकर प्राप्त कर ले ।

शरीर के विभिन्न अंगों के कार्य-संचालन एवं जो भी कार्य हम करते हैं, उसके लिए ऊर्जा रूपी शक्ति का उत्पादन शरीर की करोड़ों कोशिकाओं में ही होता है । प्रत्येक कोशिका (Cell) वास्तव में एक भट्टी के रूप में कार्य करती है, जिसमें एक प्रकार का रासायनिक प्रज्वलन निरन्तर चलता ही रहता है । खून के माध्यम से प्राप्त ग्लूकोज एवं फैटी ऐसिड्स, जिन्हें ग्लिसरोल (Glycerol) भी कहते हैं, का उपयोग ये कोशिकाएं ईंधन के रूप में करती हैं । हम यह भी जानते हैं कि प्रज्वलन के लिए ऑक्सीजन की भी आवश्यकता रहती है । यह ऑक्सीजन भी हृदय से प्राप्त शुद्ध खून में मिली रहती है, जो प्रज्वलन के फलस्वरूप कार्बन डाई ऑक्साइड में परिवर्तित हो जाती है, जो खून में मिल जाती है । इस कार्बन डाई ऑक्साइड मिले खून को ही हम अशुद्ध खून कहते हैं, जो खून की शिरा नाड़ियों (Veins) के द्वारा पुन: हृदय में पहुंचता है, जहां से हृदय इस अशुद्ध खून को फेफड़ों मे भेजता है ।

फेफड़ों का कार्य यह है कि सांस के द्वारा अन्दर ली गई ऑक्सीजन को खून में घोल दे एवं उसमें मिली हुई कार्बन डाइऑक्साइड को अलग करके सांस के द्वारा बाहर निकाल दे । इस प्रकार से शुद्ध हुआ खून फिर हृदय में जाता है । उधर कोशिकाओं में प्रज्वलन के फलस्वरूप पैदा हुए ताप का उपयोग हम ऊर्जा के रूप में करते हैं । हमारे शरीर में कोशिकाओं की संख्या 30 करोड़ के लगभग होती है । इन 30 करोड़ भट्टियों के निरन्तर प्रज्वलित रहने के कारण ही हमारे शरीर का तापमान सर्दी हो या गर्मी, सदा ही स्थिर बना रहता है । इसी कारण से इन कोशिकाओं के पोषण व ईंधन की आवश्यकता निरन्तर बनी रहती है, जिसकी पूर्ति खून के निरन्तर संचरण के माध्यम से होती है ।

रक्त-संचारण की निरन्तरता को बनाए रखने का दायित्व हृदय का है । इस दायित्व का निर्वहन आसान कार्य नहीं है । इसके लिए जीवनपर्यन्त, बिना रुके प्रत्येक मिनट में इसे लगभग 72 बार धड़कना होता है । (नींद में धड़कन की गति लगभग 55 हो जाती है) । हृदय की मजबूत मांसपेशियों के सिकुड़ने एवं फैलने से जो झटकानुमा कंपन पैदा होता है, उसी को हम 'दिल की धड़कन' कहते हैं । कुल मिलाकर प्रतिदिन हमारा हृदय लगभग एक लाख बार धड़कता है । यों तो हमारे शरीर में खून की मात्रा 5 लीटर से 6 लीटर के लगभग होती है, लेकिन हृदय को दिनभर में कुल कितना खून पंप करना होता है, शायद आप अन्दाज नहीं लगा सकेंगे । यह मात्रा 15,000 लीटर से भी अधिक हो जाती है अर्थात् दिनभर में हृदय द्वारा पंप किए हुए खून को किसी टैंकर में भरा जाए, तो पेट्रोल व डीजल परिवहन के लिए प्रयुक्त होने वाला एक बड़ा मोटर टैंकर भर जाएगा। इस प्रकार 45 साल की उम्र तक इस बेचारे छोटे-से हृदय, जो आकार में केवल आपकी बन्द मुट्ठी के बराबर होता है, को तीन लाख टन **खून** पंप करना पड़ता है ।

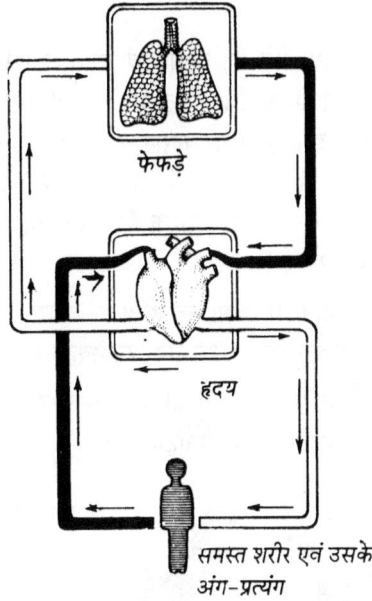

फेफड़े

हृदय

समस्त शरीर एवं उसके
अंग-प्रत्यंग

रक्त का परिसंचरण पथ

(हृदय के निचले दाएं भाग से अशुद्ध खून फेफड़ों को, फेफड़ों से शुद्ध खून हृदय के ऊपरी दाएं भाग में, हृदय के बाएं निचले भाग से शुद्ध खून शरीर को व शरीर से अशुद्ध खून हृदय के ऊपरी दाएं भाग में ।)

चित्र-संख्या 3

एक आश्चर्यजनक तथ्य यह भी है कि रक्तवाहिनी नाड़ियों अर्थात् धमनियों, शिराओं एवं कैपिलरीज का जो जाल हमारे शरीर में बिछा हुआ है, उसकी कुल लम्बाई 90,000 से लेकर 1,20,000 किलोमीटर तक होती है । इन सभी नाड़ियों को सीधा करके यदि धागा बनाया जाए, तो उसे पृथ्वी के ऊपर तीन बार लपेटा जा सकता है । स्पष्ट है कि रक्तवाहिनियों के माया-जाल में खून का संचरण बनाए रखने के लिए हृदय को हर धड़कन के साथ बहुत अधिक दाब पैदा करना पड़ता है । यह दाब इतना अधिक होता है कि इससे यदि फव्वारा चलाया जाए, तो उसकी धार छ: फीट ऊंची रहेगी । इस दाब के कारण खून का वेग भी बना रहता है, जो प्रति सेकंड में लगभग एक मीटर होता है ।

आपका हृदय वास्तव में प्रकृति का एक अद्भुत आश्चर्य है । करोड़ों रुपये खर्च करके भी ऐसा पंप बनाया जाना सम्भव नहीं है, जो इतना अदना-सा व हल्का-फुल्का होते हुए भी इतना कठिन कार्य बिना रुके सौ साल तक पूरा कर सकने की क्षमता रखता हो ।

बनावट

हृदय के दो मुख्य भाग होते हैं, दायां एवं बायां, जो एक मांसल पटल के द्वारा विभाजित रहते हैं । दोनों भागों को विभाजित करने वाली इस मासंपेशियों की दीवार को सेप्टा (Septa) कहते हैं । इस सेप्टा के कारण बाएं भाग से खून न तो दाएं भाग में जा सकता है एवं न दाएं भाग से बाएं भाग में आ सकता है । इस प्रकार दायां एवं बायां भाग पृथक-पृथक पंप के रूप में कार्य करता है । इसीलिए यह कहा जाता है कि हृदय एक पंप नहीं, बल्कि दो पंप है ।

प्रत्येक भाग फिर दो भागों में विभाजित होता है–ऊपरी व निचला भाग । ऊपरी भाग को ऐट्रियम (Atrium) एवं निचले भाग को वेनट्रिकल (Ventricle) कहते हैं ।

इस प्रकार हृदय में दो ऐट्रियम एवं दो वेनट्रिकल हो गए–बायां ऐट्रियम व दायां ऐट्रियम एवं बायां वेनट्रिकल व दायां वेनट्रिकल ।

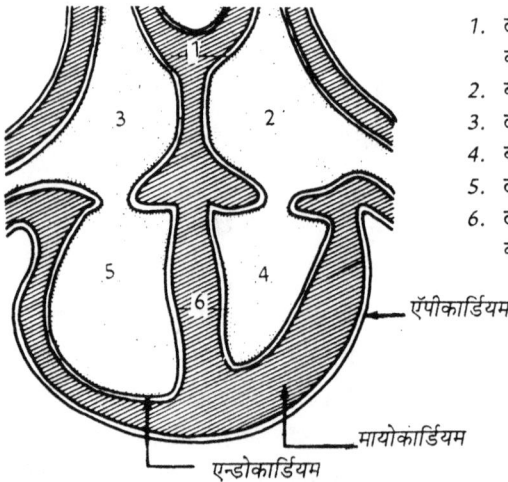

1. दोनों ऐट्रियमों के बीच की दीवार (सेप्टम)
2. बायां ऐट्रियम
3. दायां ऐट्रियम
4. बायां वेनट्रिकल
5. दायां वेनट्रिकल
6. दोनों वेनट्रिकलों के बीच की दीवार (सेप्टम)

एॅपीकार्डियम

मायोकार्डियम

एन्डोकार्डियम

चित्र-संख्या 4

शरीर के सभी भागों से कार्बन डाई-ऑक्साइड युक्त खून दो बड़ी शिराओं, जिनको सुपीरियर वेनाकेवा एवं इनफीरियर वेनाकेवा (Superior Venacava and Inferior Venacava) कहते हैं, हृदय के दाएं ऐट्रियम में आता है । जब यह दायां ऐट्रियम खून से पूरा भर जाता है, तो इसमें सिकुड़न होती है एवं यह सारा खून नीचे स्थित दाएं वेनट्रिकल में चला जाता है । पूरा भर जाने पर फिर यह दायां वेनट्रिकल सिकुड़ता है, तो पल्मोनरी धमनी (Pulmonary Artery), जो दो भागों में विभाजित हो जाती है, के

14

द्वारा दाएं एवं बाएं फेफड़े में चला जाता है, जहां खून का शुद्धिकरण होता है अर्थात् उसमें घुली हुई कार्बन डाई-ऑक्साइड तो निकल जाती है एवं उसमें ऑक्सीजन घुल जाती है। फेफड़ों में शुद्ध हुआ खून अब हृदय की बाईं तरफ पहुंचता है। फेफड़ों से बाएं ऐट्रियम में खून पहुंचाने वाली नाड़ियों को पल्मोनरी शिराएं (Pulmonary Veins) कहते हैं। बाएं ऐट्रियम के सिकुड़ने पर सारा खून बाएं वेनट्रिकल में पहुंच जाता है। जब बायां वेनट्रिकल सिकुड़ता है, तो खून एक बहुत मोटी धमनी, जिसे ऐओर्टा (Aorta) कहते हैं, में पहुंचता है। ऐओर्टा में से शाखाएं-उपशाखाएं निकलती जाती हैं, जो शरीर के प्रत्येक अंग एवं हिस्से में शुद्ध रक्त पहुंचाती हैं। खून-संचरण का यह क्रम निरन्तर बना रहता है।

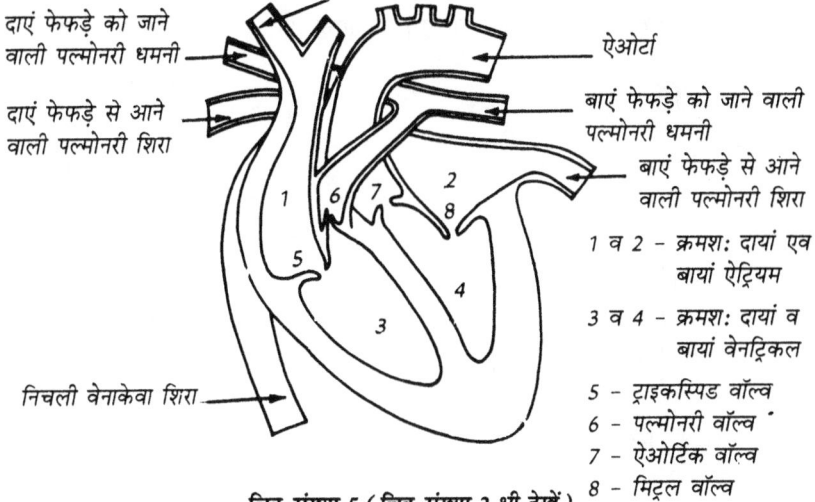

ऊपर की वेनाकेवा शिरा

दाएं फेफड़े को जाने वाली पल्मोनरी धमनी

दाएं फेफड़े से आने वाली पल्मोनरी शिरा

निचली वेनाकेवा शिरा

ऐओर्टा

बाएं फेफड़े को जाने वाली पल्मोनरी धमनी

बाएं फेफड़े से आने वाली पल्मोनरी शिरा

1 व 2 - क्रमशः दायां एवं बायां ऐट्रियम

3 व 4 - क्रमशः दायां व बायां वेनट्रिकल

5 - ट्राइकस्पिड वॉल्व

6 - पल्मोनरी वॉल्व

7 - ऐओर्टिक वॉल्व

8 - मिट्रल वॉल्व

चित्र-संख्या 5 (चित्र-संख्या 2 भी देखें)

हृदय के चारों भागों की भराव-क्षमता बराबर होती है, जो लगभग 70 घन सेंटीमीटर होती है। दोनों ऐट्रियम एवं वेनट्रिकल के बीच वाल्व (Valves) लगे हुए होते हैं। इसी प्रकार हृदय में खुलने वाली सभी नाड़ियों के मुंह पर भी वाल्व लगे होते हैं। इन वाल्वों की संरचना इस प्रकार की होती है कि खून का बहाव एक तरफ ही होगा। जब दायां ऐट्रियम सिकुड़ता है, तो खून नीचे दाएं वेनट्रिकल में ही जाएगा। वापस वेनाकेवा नाड़ियों में नहीं जा सकता, क्योंकि उनके मुंह बन्द हो जाते हैं। दायां वेनट्रिकल जब सिकुड़ेगा, तो खून फेफड़ों में ही जाएगा, वापस ऐट्रियम में नहीं जा सकता, क्योंकि बीच का वाल्व बन्द हो जाता है। ऐसी ही व्यवस्था बाईं तरफ भी रहती है।

हृदय के फैलने एवं सिकुड़ने का कार्य इसकी मजबूत मांसपेशियों के द्वारा किया जाता

है । मनुष्य के शरीर में हृदय की मांसपेशी से अधिक मजबूत मांसपेशी केवल महिला बच्चादानी की ही होती है, परन्तु फर्क यह है कि उनकी मजबूती की दरकार तो जीवन में कुछ ही बार पड़ती है, जबकि हृदय की मांसपेशियों की मजबूती का परीक्षण तो हर पल, हर घड़ी जीवनपर्यन्त होता रहता है ।

हृदय की इन मांसपेशियों का तकनीकी नाम मायोकार्डियम (Myocardium) है। हृदय मांसपेशियों की ऊपरी एवं भीतरी सतह को क्रमश: एपीकार्डियम (Epicardium) व एंडोकार्डियम (Endocardium) कहा जाता है ।

हृदय के चारों कोषों में से सबसे भारी काम बाएं वेनट्रिकल का होता है, क्योंकि इसकी सिकुड़न से पैदा हुए दाब से ही स्वच्छ खून शरीर के हर हिस्से में पहुंचता है। इसी कारण यहां की मायोकार्डियम लगभग तीन गुना अधिक मोटाई लिए हुए होती है।

हृदय का बिजलीघर

जैसे पंप या मोटर को चलाने के लिए बिजली की आवश्यकता होती है, उसी प्रकार हृदय की मांसपेशियों के सिकुड़ने व फैलने की क्रिया का संचालन भी बिजली के द्वारा ही होता है । इस कार्य के लिए हृदय स्वयं ही बिजली-उत्पादन का कार्य करता है । दाएं ऐट्रियम के ऊपरी भाग में कुछ विशेष प्रकार के कोष (Cell) होते हैं, जिनमें इस बिजली का उत्पादन होता है । इस स्थान को अर्थात् हृदय के बिजलीघर को साइनस नोड (Sinus Node) कहते हैं । यहां पैदा हुई बिजली की तरंग, मांसपेशियों के कुछ विशिष्ट तंतुओं के माध्यम से दोनों ऐट्रियम में फैल जाती है । यह संदेश पाते ही दोनों ऐट्रियम सिकुड़ना शुरू कर देते हैं, जिससे खून दोनों ऐट्रियम में से नीचे के दोनों वेनट्रिकलों में भरना शुरू हो जाता है । जब तक ये दोनों वेनट्रिकल खून से पूरा भरते हैं, साइनस नोड से चला हुआ संदेश दोनों वेनट्रिकलों तक पहुंच जाता है । यह आदेश पाते ही ये दोनों वेनट्रिकल सिकुड़ने लगते हैं, जिसके फलस्वरूप दाएं वेनट्रिकल का खून सारे शरीर में दौड़ जाता है । बिजली-उत्पादन एवं हृदय की मांसपेशियों में इसकी तरंग रूपी आदेशों का परिचालन एक लयबद्ध तरीके से होता रहता है । हृदय के स्वास्थ्य की जांच के लिए जो ई.सी.जी ली जाती है, उससे वास्तव में यही जांचा जाता है कि विद्युत परिचालन के सर्किट में कोई बाधा अथवा अनियमितता तो नहीं है ।

हृदय की पोषण एवं ईंधन व्यवस्था

जैसा कि पहले बताया जा चुका है, शरीर की मांसपेशियों को पोषण एवं ईंधन खून के माध्यम से ही प्राप्त होता है । यों तो हृदय सदैव ही खून से भरा रहता है, परन्तु प्रकृति

ने उसे यह अनुमति नहीं दी कि वह अपनी इच्छानुसार, अपनी आवश्यकतानुसार खून सोख ले । जैसे शरीर के अन्य अवयवों के लिए धमनियों एवं कैपिलरियों के माध्यम से खून पहुंचाया जाता है, उसी प्रकार की व्यवस्था हृदय के लिए भी की गई है । हृदय के बाएं वेनिट्रकल से खून पहले सबसे बड़ी धमनी ऐओर्टा में जाता है । जैसे ही ऐओर्टा हृदय के ऊपरी भाग में पहुंचती है, इसमें से दो शाखाएं निकलती हैं । दाईं शाखा को राइट कोरोनरी आर्टरी (Right Coronary Artery) अथवा R C.A. कहते हैं । बाईं शाखा लेफ्ट कोरोनरी आर्टरी (Left Coronary Artery) अथवा L.C.A. कहलाती है। एल.सी.ए. तुरन्त ही दो शाखाओं में विभाजित हो जाती है । एक शाखा सरकम्फ्लेक्स (Circumflex) आर्टरी एवं दूसरी लेप्ट डिसेंडिंग आर्टरी (Left Descending Artery) कहलाती है ।

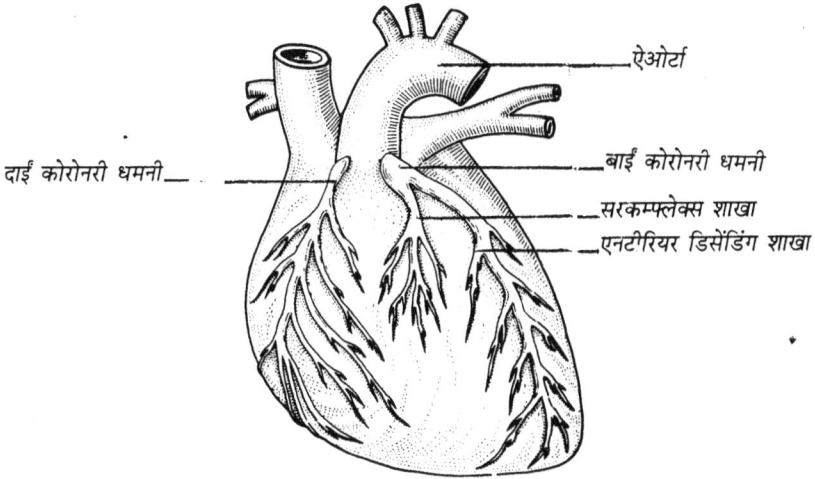

ऐओर्टा
दाईं कोरोनरी धमनी
बाईं कोरोनरी धमनी
सरकम्फ्लेक्स शाखा
एनटीरियर डिसेंडिंग शाखा

चित्र-संख्या 6

आर.सी.ए. एवं. एल.सी.ए. की दोनों शाखाओं का विभाजन उपशाखाओं में होता चला जाता है । इस प्रकार ये तीनों धमनियां मिल कर हृदय की सभी मांसपेशियों में खून पहुंचाने का कार्य करती हैं । वैसे तो हर धमनी का क्षेत्र निर्धारित है, परन्तु भिन्न-भिन्न व्यक्तियों में धमनियों के विस्तार में अन्तर भी होता है । इस विस्तार के अनुसार ही प्रत्येक धमनी का महत्त्व घट या बढ़ जाता है । जिस व्यक्ति में जिस धमनी का विस्तार सबसे अधिक हो, उस धमनी को डोमिनैंट वेसल (Dominant Vessel) कहा जाता है ।

यों तो हृदय हमारे शरीर का बहुत छोटा-सा अंग है, लेकिन इसके जिम्मे काम हाथी का है । अत: हाथी का काम करने के लिए इसे खुराक (ईंधन) भी हाथी जैसी ही चाहिए । यही कारण है कि हृदय का भार शरीर के भार का लगभग 200वां हिस्सा होते हुए भी शरीर में संचारित खून का बीसवां हिस्सा केवल हृदय को ही चाहिए । जितनी ऑक्सीजन शरीर काम में लेता है, उसकी 10% मात्रा केवल हृदय द्वारा ही काम में ली जाती है । यह खुराक यदि इसे अबाध गति से मिलती रहे, तो फिर यह आपका वफादार साथी 100 साल तक भी आपकी सेवा के लिए तत्पर है । यह कभी आपको चिंता नहीं देगा । इसकी खुराक में कोई रुकावट न आए, यह इन्तजाम आप कैसे कर सकते हैं, यह आगे के पृष्ठों में स्पष्ट होगा ।

■■

3

हृदय की बीमारियां एवं उनके प्रकार

पूर्व अध्याय में हमने देखा कि हमारा हृदय बराबर रखे दो पृथक-पृथक पंपों के रूप में कार्य करता है। हृदय की दाईं तरफ कार्बन डाई-ऑक्साइड युक्त अशुद्ध खून रहता है एवं बाईं तरफ ऑक्सीजन युक्त शुद्ध खून। ये, दोनों प्रकार के खून आपस में नहीं मिल सकते, क्योंकि दोनों भागों के बीच सेप्टा रूपी दीवार रहती है। हमने यह भी देखा कि खून का प्रवाह सदा एक ही दिशा में अर्थात् ऐट्रियम से वेनट्रिकल की ओर रहता है। ऐसा हृदय में खुलने वाली धमनियों एवं शिराओं के मुंह एवं ऐट्रियम एवं वेनट्रिकल के बीच अवस्थित वाल्वों के कारण सम्भव होता है। पंपिंग का कार्य हृदय की मजबूत मांसपेशियों के लयबद्ध तरीके से सिकुड़ने व फैलने से होता है एवं मांसपेशियों को सिकुड़ने-फैलने का आदेश हृदय के बिजलीघर में पैदा हुई विद्युत के द्वारा प्राप्त होता है। इस विद्युतीय आदेश अथवा संदेश के परिचालन हेतु भी पूरी व्यवस्था हृदय में विद्यमान है।

उपरोक्त समस्त व्यवस्था में कहीं भी व्यवधान अथवा खराबी आने से हृदय रोगग्रस्त हो जाता है एवं उसकी कार्यक्षमता किसी-न-किसी रूप से प्रभावित होती है। इस पुस्तक का उद्देश्य आपको यह जानकारी देना है कि हृदयाघात (Heart Attack) अथवा दिल का दौरा क्यों होता है, इससे कैसे बचा जा सकता है एवं हृदयाघात यदि हो जाता है, तो क्या-क्या इलाज उपलब्ध हैं तथा क्या सावधानियां अपेक्षित हैं। दिल के दौरे सम्बन्धी जानकारी अगले अध्याय में दी जाएगी। यहां हृदय की अन्य विभिन्न बीमारियों का उल्लेख मात्र किया जा रहा है।

जन्मजात अथवा आनुवांशिक रोग

कई बार ऐसा होता है कि गर्भावस्था में हृदय के निर्माण अथवा विकास में कोई कमी किन्हीं दवाओं के प्रभाव अथवा आनुवांशिक (Hereditary or genetic) कारणों से रह जाती है। मुख्य कमियों का संक्षिप्त उल्लेख निम्न प्रकार है:-

1. दोनों ऐट्रियम की बीच की दीवार (Septa) में छेद होना या फिर दोनों वेनट्रिकल के बीच की दीवार में छेद होना। इसका नतीजा यह होगा कि शुद्ध एवं अशुद्ध खून आपस में मिलते रहेंगे।

2. वाल्वों का पूरा विकास नहीं होना, उनमें ढीलापन होना अथवा सिकुड़े हुए होना। मान लीजिए कि बाएं ऐट्रियम व बाएं वेनट्रिकल के बीच का वाल्व, जिसे मिट्रल (Mitral) वाल्व कहते हैं, में कोई खराबी है, तो उसका नतीजा यह होगा कि बाएं वेनट्रिकल के सिकुड़ने से जहां सारा खून ऐओर्टा धमनी से होकर शरीर में जाना चाहिए, वहां कुछ खून वापस ऊपर बाएं ऐट्रियम में चला जाएगा। इस प्रकार हृदय की कार्यक्षमता प्रभावित होगी। अन्य वाल्वों में खराबी होने से भी कोई-न-कोई दुष्प्रभाव हृदय की कार्यक्षमता पर पड़ेगा।

3. हृदय से जुड़ी खून की नाड़ियों में सिकुड़न अथवा उनका गलत ढंग से जुड़े होना या आपस में मिले होना।

इस प्रकार की खराबियों में सबसे सामान्य खराबी यह है कि शरीर में शुद्ध खून ले जाने वाली ऐओर्टा धमनी एवं हृदय से फेफड़ों में अशुद्ध खून ले जाने वाली पल्मोनरी धमनी आपस में जुड़ी रह जाती हैं।

यहां किसी पाठक के दिमाग में यह प्रश्न उठ सकता है कि अशुद्ध खून ले जाने वाली नाड़ी धमनी कैसे हुई? सामान्य मान्यता के अनुसार शुद्ध खून की नाड़ी को धमनी एवं अशुद्ध खून की नाड़ी को शिरा के नाम से जाना जाता है, लेकिन तकनीकी आधार पर जो नाड़ी हृदय से खून लेकर जाए, वह धमनी होती है एवं जो हृदय में खून लेकर आए, वह शिरा कहलाती है। वैसे, साधारण मान्यता भी सही है कि धमनी में शुद्ध खून होगा व शिरा में अशुद्ध— केवल दो अपवादों को छोड़कर। प्रथम यह कि हृदय से फेफड़ों में खून ले जाने वाली पल्मोनरी धमनियों में शुद्ध नहीं, बल्कि अशुद्ध खून होता है एवं द्वितीय यह कि फेफड़ों से हृदय में शुद्ध खून लाने वाली पल्मोनरी शिराओं में शुद्ध खून होता है।

ऐओर्टा एवं पल्मोनरी धमनी के आपस में जुड़े होने का प्रभाव भी यह होगा कि शुद्ध खून में अशुद्ध की मिलावट होती रहेगी।

लगभग 1% नए जन्मे बच्चों में हृदय-संबंधी बीमारियों में से कोई-न-कोई बीमारी पाई जाती है। आनुवांशिक कारणों से हुई बीमारियों को तो नहीं रोका जा सकता, परन्तु गर्भवती माताओं को सावधान करने के लिए चेतावनीस्वरूप यह बताना उपयुक्त होगा कि शराब पीने वाली एवं धूम्रपान करने वाली माताओं के शिशुओं में ये रोग अक्सर पाए जाते हैं। यदि भावी शिशु के स्वास्थ्य की कामना है, तो कम-से-कम गर्भावस्था में इन व्यसनों से बचना ही श्रेयस्कर है। गर्भ काल के तीसरे माह में कुछ दवाओं के सेवन से भी ये रोग उभर सकते हैं। अत: इस अवधि में दवाओं का सेवन सुयोग्य डॉक्टर के परामर्श से ही करें। गर्भ-काल में माता को जर्मन खसरा होने से भी शिशु को हृदय रोग

हो जाने का खतरा बहुत बढ़ जाता है । गर्भ-काल में माता को एक्स-रे करवाने से भी बचना चाहिए ।

कई बार तो हृदय के छेदों को प्रकृति ही दया करके बन्द कर देती है । वैसे, जन्म से पाई जाने वाली बीमारियों का इलाज शल्य चिकित्सा ही है ।

संक्रमण के कारण हुई वाल्व-संबंधी बीमारी

वाल्व-सम्बंन्धी जन्मजातीय अथवा आनुवांशिक बीमारी का जिक्र हम ऊपर पढ़ चुके हैं । हृदय कपाटों के रोगग्रस्त होने का दूसरा मुख्य कारण है संधिवातीय अथवा गठिया बुखार (Rheumatic Fever) । यह रोग एक प्रकार के जीवाणु (Bacterium) के संक्रमण से होता है, जिसमें पहले तो गले में सूजन एवं बाद में जोड़ों में सूजन व दर्द होता है । इसी प्रकार शरीर के भीतरी अंगों में सूजन हो जाती है । इस बीमारी का सबसे बड़ा दुष्प्रभाव हृदय कपाटों (Valves) पर पड़ता है एवं वे रोगग्रस्त हो जाते हैं । विदेशों में तो यह बीमारी बहुत अधिक नहीं है, लेकिन दुर्भाग्यवश भारत में इस बीमारी की व्यापकता चिन्ताजनक स्तर पर है । बीस साल से कम उम्र के जितने हृदय रोगी अस्पतालों में आते हैं, उनमें से लगभग 40% गठियाजनित कपाट रोग से ग्रसित होते हैं । माता-पिताओं के लिए चेतावनी है कि बच्चों के गले का पूरा ध्यान रखें, ताकि गला खराब होने ही न पाए एवं यदि खराब हो जाता है, तो तुरन्त इलाज करवाएं । इस ओर जनचेतना पैदा किए जाने की आवश्यकता है । पश्चिमी देशों की तरह जरा-सी सावधानी से लाखों बच्चों को रोगग्रस्त होने एवं असमय में काल-कवलित होने से बचाया जा सकता है ।

हृदय की धड़कन-संबंधी बीमारियां

इन बीमारियों में हृदय की धड़कन बहुत अधिक तेज अथवा बहुत धीमी हो जाती है अथवा बीच-बीच में हृदय मानो धड़कना ही भूल जाता है अथवा धड़कन की लय-ताल में व्यवधान आ जाता है । ऐसा या तो हृदय के बिजलीघर (Sinus Node) अथवा वेनट्रिकल क्षेत्र में स्थित उपकेन्द्र (Substation) ए.वी. नोड (Atrio Ventricular Node) में खराबी आ जाने या विद्युत संकेतों के परिचालन-मार्ग में कोई बाधा आ जाने के कारण होता है ।

दिल की धड़कन को नियंत्रित करने वाला विद्युतीय संकेत यदि पैदा ही नहीं होता है या उसके परिचालन-मार्ग में कोई बाधा आ जाती है, तो हृदय की मांसपेशियों की धड़कन की क्रिया बन्द हो जाती है । परिणामस्वरूप मृत्यु हो जाती है । इस परिस्थिति को हार्ट ब्लॉक (Heart Block) कहा जाता है । गम्भीर हृदयाघात के बाद इस प्रकार

की स्थितियां अक्सर पैदा हो जाती हैं । यदि दवाओं से यह रोग शान्त नहीं होता, तो शल्य क्रिया द्वारा हृदय के ऊपर एक छोटी इलेक्ट्रॉनिक मशीन, जिसे पेस मेकर कहते हैं, को फिट करना आवश्यक हो जाता है । यह यन्त्र हृदय की धड़कन को नियमित करके पुन: तालबद्ध करने में सहायक होता है ।

हृदय की मांसपेशियों से संबंधित रोग

हृदय को सिकुड़ने की शक्ति इसकी मांसपेशियां प्रदान करती हैं । कई बार ये मांसपेशियां कड़ी अथवा ढीली पड़ जाती हैं, जिससे हृदय की पंपिंग क्षमता कमजोर पड़ जाती है । हृदय की आन्तरिक दीवार (Endocardium) क्षतिग्रस्त हो जाती है अथवा इसमें गांठ बन जाती है । मांसपेशियों का रोग आम तौर पर विभिन्न प्रकार के जीवाणुओं (Bacteria) अथवा विषाणुओं (Viruses) के संक्रमण के फलस्वरूप होते हैं । हृदय के ऊपरी आवरण पैरीकार्डियम व हृदय के बीच पानी भरना भी इसका कारण होता है । इन रोगों का इलाज यदि दवाओं द्वारा नहीं हो, तो फिर बीमार हृदय को निकालकर किसी अन्य मृतक व्यक्ति के स्वस्थ हृदय का प्रत्यारोपण ही एकमात्र विकल्प रह जाता है । यह चिकित्सा न केवल महंगी है, बल्कि दुर्लभ भी है ।

इन सभी रोगों का सही निदान सुयोग्य चिकित्सकों एवं हृदय रोग विशेषज्ञों द्वारा ही सम्भव है ।

■ ■

4

_____दिल का दौराः क्या और क्यों?

हम यह जान चुके हैं कि शरीर के अन्य अंगों की तरह हृदय को भी ऑक्सीजन एवं पोषण चाहिए, जो इसे कोरोनरी धमनियों व इनकी शाखाओं-उपशाखाओं के माध्यम से पहुंचने वाले खून से प्राप्त होते हैं । किसी अन्य मांसपेशी की तरह से हृदय की मांसपेशियों की ऑक्सीजन एवं पोषण (मुख्यतः ग्लूकोज के रूप में) की आवश्यकता भी घटती-बढ़ती रहती है । जब हम आराम कर रहे होते हैं या सोए हुए होते हैं, तो ऑक्सीजन व पोषण की आवश्यकता न्यूनतम होती है लेकिन जब हम कार्य करते हैं तो यह आवश्यकता बढ़ जाती है । यदि कार्य बहुत ही कड़ा एवं थकान वाला हो, तो ऑक्सीजन व पोषण की आवश्यकता बहुत अधिक बढ़ जाएगी । उदाहरण के लिए, आराम या नींद की स्थिति में हमारे शरीर को प्रति मिनट लगभग 0. 25 लिटर ऑक्सीजन की आवश्यकता प्रति मिनट होती है, परन्तु कठिन व्यायाम करते समय यह आवश्यकता बढ़कर 3 लिटर प्रति मिनट तक हो जाती है । इस मांग की पूर्ति के लिए हृदय को तुरन्त ही अपना कार्य तेज करना होता है । पहले जहां हृदय प्रति मिनट 60 बार धड़क रहा था, उसे अपनी धड़कन-गति 200 प्रति मिनट तक बढ़ानी पड़ सकती है । पहले जहां हृदय प्रति मिनट में लगभग 5 लिटर खून शरीर में पंप कर रहा था, वहां अब उसे लगभग 30 लिटर (दो बड़ी बाल्टियों के बराबर) खून शरीर में पंप करना पड़ सकता है ।

हृदय की अपनी खून का आवश्यकता भी इसी अनुपात में बढ़ जाती है । किसी भी समय यदि हृदय को अपनी आवश्यकता के अनुसार खून नहीं मिल पाता है, तो मांसपेशियों में ऑक्सीजन व पोषण की कमी हो जाती है । अन्य शब्दों में-वे ऑक्सीजन की भूखी हो जाती हैं । इस स्थिति को इस्कीमिया (Ischaemia) कहते हैं । ऑक्सीजन की कमी के लक्षण तुरन्त ही छाती में दबाव अथवा दर्द के रूप में परिलक्षित हो जाते हैं । इस कारण होने वाले दर्द को एन्जाइना (पूरा नाम Angina Pectoris अर्थात् एन्जाइना का दर्द) कहते हैं । आराम करने से ये लक्षण शीघ्र ही समाप्त हो जाते हैं, क्योंकि कार्य बन्द करते ही शरीर एवं हृदय की ऑक्सीजन मांग कम हो जाती है या यों कहिए कि हृदय की मांसपेशियों की ऑक्सीजन की भूख समाप्त होते ही एन्जाइना का दर्द भी दूर हो जाता है अर्थात् इस्कीमिया की स्थिति समाप्त हो जाती है, परन्तु यदि कोरोनरी धमनियों में अवरोध पैदा हो जाने के कारण लगातार ही हृदय की मांसपेशियों को पर्याप्त मात्रा में

खून नहीं पहुंच पाता तथा इसके कारण यदा-कदा इस्कीमिया की स्थिति बनती रहती हो, तो समझ लीजिए कि हृदय रोग हो गया । डॉक्टर इस रोग को आई.एच.डी. (Ischaemic Heart Disease) या सी.एच.डी. (Coronary Heart Disease) कहते हैं ।

यदि किसी कोरोनरी धमनी में खून का थक्का आदि अटक जाने से हृदय के किसी हिस्से में खून का संचार बिलकुल ही बन्द हो जाए, तो ऑक्सीजन न मिल सकने के कारण उस हिस्से की मांसपेशियां शीघ्र ही निष्क्रिय हो जाएंगी । इस प्रकार हृदय की किसी भी मांसपेशी का ऑक्सीजन आपूर्ति से पूरी तरह से वंचित हो जाने की स्थिति को ही हृदयाघात (Heart Attack) या दिल का दौरा कहते हैं । तकनीकी भाषा में इसे मायोकार्डियल इनफारक्शन (Myocardial Infarction) अथवा मायोकार्डियल थ्रोम्बोसिस (Myocardial Thrombosis) कहते हैं ।

यों तो दिल का दौरा अचानक तथा बिना किसी पूर्व चेतावनी के पड़ता है, लेकिन इसका कारण होता है धमनियों की एक बीमारी का होना, जिसे ऐथिरोस्किलिरोसिस (Atherosclerosis) कहते हैं । इस बीमारी में धमनियों की भीतरी नली में चर्बीयुक्त चिपचिपे पदार्थ का जमाव हो जाता है, जो बाद में कड़ा हो जाता है । इस जमाव के कारण धमनियों का मुंह (Lumen) संकरा हो जाता है । इससे न केवल खून के बहाव में अवरोध पैदा हो जाता है, बल्कि धमनी के खून के बहाव की क्षमता भी कम हो जाती है ।

अब हमें यह समझना है कि ऐथिरोस्किलिरोसिस क्यों व किस प्रकार होती है? हमारे शरीर की धमनियां बहुत ही लचीली रबड़ की नली की तरह होती हैं, जिनकी भीतरी सतह बहुत ही चिकनी होती है, ताकि खून के बहाव में सरलता रहे एवं कम-से-कम घर्षण हो । चूंकि धमनियों में खून का प्रवाह बहुत तेजी से और अत्यधिक दबाव व झटके

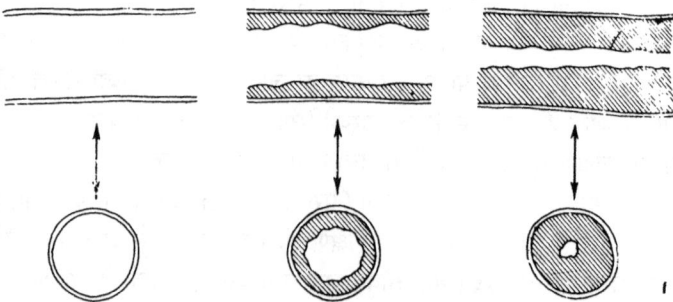

धमनियों में जमाव की प्रगति का अनुक्रम : लंबाई एवं क्रॉस सेक्शन में

चित्र-संख्या 7

से होता है अत: उम्र के साथ धमनियों की भीतरी सतह में धीरे-धीरे कुछ खुरदरापन आने लगता है या यों कहिए कि अति सूक्ष्म घाव होने लगते हैं। इन घावों के प्राथमिक उपचार के प्रयास में प्रकृति इनको ढकना शुरू कर देती है–ठीक वैसे ही, जैसे शरीर पर हुए किसी घाव को बैंड-ऐड से हम ढकते हैं ।

प्रकृति का यह बैंड-ऐड एक चिपचिपे पदार्थ के रूप में होता है, जिसका मुख्य अंश चर्बीनुमा पदार्थ कोलस्ट्रोल होता है । एक बार जब जमाव शुरू हो गया, तो वह धीरे-धीरे बढ़ता चला जाता है एवं उसमें खून के कुछ ठोस पदार्थ भी सम्मिलित हो जाते हैं, जिनमें से एक कैलशियम होता है । धीरे-धीरे इस जमाव में न केवल उभार बल्कि कड़ापन भी आ जाता है, जिसके कारण धमनी का मुंह (भीतरी भाग) संकरा होता चला जाता है । इस जमाव को प्लेक (Plaque) कहते हैं ।

ज्यों-ज्यों प्लेक का उभार अथवा विस्तार होता चला जाएगा, धमनी का मुंह छोटा होता चला जाएगा एवं खून की बहाव-क्षमता कम होती चली जाएगी । खून के बहाव में पैदा हुआ अवरोध, जिसे ब्लॉकिज (Blockage) कहते हैं, जब तक लगभग 70% नहीं पहुंच जाता, तब तक उसका कोई लक्षण प्रतीत नहीं होता एवं न ही कोई असुविधा की अनुभूति होती है । यदि अवरोध कोरोनरी धमनियों में हुआ है, तो 70% अवरोध के बाद अक्सर इस्कीमिया की स्थितियां आने लगती हैं एवं दम फूलने, छाती में दबाव अथवा दर्द (Angina) के लक्षण प्रतीत होने लगते हैं । समझ लीजिए कि दिल के दौरे के लिए मंच सज चुका है–तमाशा कभी भी हो सकता है ।

दिल के दौरे के आकस्मिक कारण निम्न होते हैं:-

1. अतिसंकुचन (Spasm):

लचीली होने के कारण हमारी धमनियां संकुचनशील होती हैं । अचानक अत्यधिक ठंड में निकल जाने, अधिक ठंडे पानी से नहाने या मानसिक आघात पहुंचने से धमनियों में अचानक ही अति संकुचन पैदा हो जाता है, जिसे स्पैज्म (Spasm) कहते हैं । यदि प्लेक के कारण किसी भी कोरोनरी धमनी का मुंह बहुत संकरा हो चुका है, तो सम्भव है कि संकुचन के कारण मुंह बिलकुल ही बन्द हो जाए । ऐसा होते ही हृदय में खून की आपूर्ति बन्द हो जाएगी अर्थात् दिल का दौरा पड़ जाएगा ।

2. प्लेक के टुकड़े फंसने से हुआ दौरा (Embolism):

जब प्लेक बहुत बड़ी हो जाती है, तो खून के बहाव व दबाव से या धमनी के संकुचन से कई बार उसका कोई टुकड़ा टूटकर अलग हो जाता है । वह खून के साथ बह चलता है एवं प्लेक के जमाव से तंग हुई धमनी में आगे जाकर फंस जाता है और बोतल के मुंह में लगाए डॉट जैसा काम करता है । यदि यह टुकड़ा किसी कोरोनरी धमनी में फंस

जाता है, तो नतीजा होता है हार्ट अटैक। प्लेक के इस टुकड़े को एम्बोलस (Embolus) और इस विधि से हुए हैर्ट अटैक को एम्बोलिज्म (Embolism) कहा जाता है।

3. खून के थक्के के कारण हुआ हृदयाघात (Thrombosis):

किसी भी कारण से प्लेक की सतह की पपड़ी टूट जाती है, तो उससे खून बहना शुरू हो जाता है। जहां भी खून बहे, प्रकृति खून का थक्का बनाकर घाव को सील करने का प्रयत्न करती है। धमनी के अन्दर बन रहा थक्का कभी-कभी खून के साथ बह निकलता है। प्लेक के टुकड़े की तरह यह थक्का भी तंग हुई कोरोनरी धमनी में खून के बहाव को बिलकुल बन्द कर सकता है। नतीजा वही-हृदयाघात! खून का थक्का थ्रोम्बस कहलाता है। इसीलिए इस प्रकार हुए हृदयाघात को कोरोनरी थ्रोमबोसिस या केवल थ्रोम्बोसिस (Thrombosis) कहते हैं।

हृदयाघात कितना गम्भीर है, यह इस बात पर निर्भर करता है कि अवरोध किस धमनी में एवं किस स्थान पर है? यदि अवरोध धमनी के मुंह पर ही है, तो हृदय का बहुत बड़ा हिस्सा ऑक्सीजन से वंचित रह जाएगा, जिसके कारण मृत्यु होने की आशंका बहुत अधिक होगी। यदि अवरोध नीचे किसी छोटी शाखा में है, तो उस स्थिति में मांसपेशी का बहुत छोटा हिस्सा प्रभावित होगा और दौरे की प्रकृति अधिक गम्भीर नहीं होगी। हृदयाघात की गम्भीरता इस बात पर निर्भर करती है कि हृदय का कौन-सा भाग प्रभावित हुआ है। मान लीजिए कि हृदय की वह मांसपेशी प्रभावित हो गई, जहां विद्युत-उत्पादन का केन्द्र स्थित है, तो उस स्थिति में मांसपेशी का छोटा हिस्सा ही प्रभावित होगा, मगर परिणाम गम्भीर हो सकता है, क्योंकि दिल की धड़कन अनियन्त्रित या बन्द हो जाएगी।

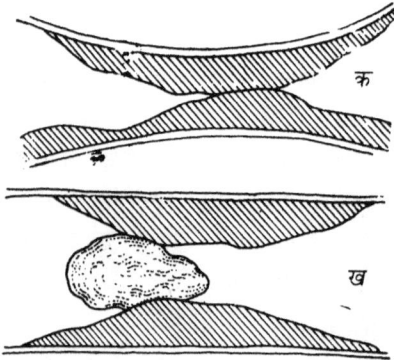

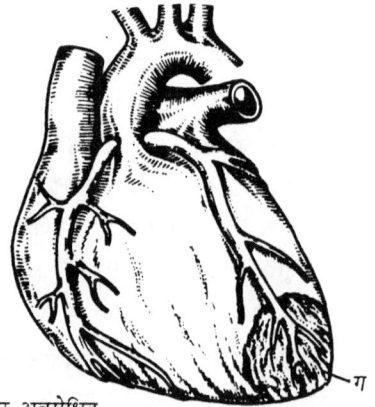

क. अति संकुचन के कारण रक्त-संचार अवरोधित
ख. खून के थक्के के अटक जाने के कारण रक्त-संचार अवरोधित
ग. हृदयाघात के फलस्वरूप मृत हुए हृदय पिंड का क्षेत्र

चित्र-संख्या 8

इस प्रकार हमने देखा कि रोग की असली जड़ है एथिरोस्किलिरोसिस अर्थात् धमनियों के भीतर चर्बीनुमा पदार्थों का जमाव। यदि धमनियों में अधिक जमाव नहीं हो, तो दिल का दौरा पड़ने की आशंका नगण्य हो जाती है।

यह जमाव केवल कोरोनरी धमनियों में ही होता हो, ऐसी बात नहीं है। जब जमाव की प्रक्रिया प्रारम्भ हो जाती है, तो शरीर की करीब-करीब सभी बड़ी धमनियां इस रोग का शिकार बनती हैं। दिमाग को खून पहुंचाने वाली धमनियों में भी एम्बोलिज्म अथवा थ्रोम्बोसिस होता है और उसका नतीजा होता है स्ट्रोक (Stroke) अथवा लकवा। लगभग 15% मौतें स्ट्रोक के कारण होती हैं। इस प्रकार हार्ट अटैक व स्ट्रोक--दोनों मिलकर मृत्यु का सबसे बड़ा कारण बन जाते हैं। गुर्दों व शरीर के अन्य अंगों को भी ऐसी स्थिति का सामना करना पड़ता है। इस प्रकार ऐथिरोस्किलिरोसिस एक बहुत ही भयानक बीमारी या यों कहिए कि अनेक बीमारियों को जन्म देने वाली (माता) है। यदि हम इससे बच सकें, तो न केवल दिल के दौरे से, बल्कि स्ट्रोक जैसी अन्य जानलेवा बीमारियों से भी बच सकने में समर्थ हो जाएंगे।

अब तक हुए शोध से यह लगभग प्रमाणित हो चुका है कि निम्नलिखित कारक धमनियों में जमाव की प्रक्रिया को गतिमान करते हैं:-

1. खून में अधिक कोलस्ट्रोल एवं चर्बी का होना।
2. मोटापा
3. धूम्रपान
4. उच्च रक्तचाप
5. मधुमेह (Diabetes)
6. निष्क्रिय जीवन अर्थात् व्यायाम की कमी
7. मानसिक तनाव
8. आनुवांशिक कारण एवं
9. अन्य कारण, जैसे-पुरुष होना, शराब पीना आदि।

कुल मिलाकर सारी बातें आचार-विचार पर आ जाती हैं। आवश्यकता है सही जीवन पद्धति अपनाने की। इन सभी कारकों पर हम आगे के अध्यायों में विस्तार से विचार करेंगे।

■■

5

कोलस्ट्रोल तथा वसा का कुप्रभाव

कोलस्ट्रोल हमारे शरीर एवं खून में विद्यमान मोम जैसा चिपचिपा पदार्थ होता है जो चर्बी अथवा वसा जैसा तो है, लेकिन वास्तव में वसा नहीं है, क्योंकि इसकी रासायनिक संरचना वसा से भिन्न है । हमारे शरीर की सभी कोशिकाओं (Cells) में कोलस्ट्रोल विद्यमान रहता है, क्योंकि कोशिकाओं के कार्य-संचालन में कोलस्ट्रोल का महत्त्वपूर्ण योगदान रहता है । बिना इसके कोशिकाएं कार्यशील नहीं रह पातीं । पुरुषत्व एवं नारीत्व सम्बन्धी हार्मोन का निर्माण भी बिना कोलस्ट्रोल के नहीं हो सकता ।

हमारे मस्तिष्क से शरीर के सभी अंगों को एवं शरीर के सभी अंगों से मस्तिष्क को, संदेश-वाहन कार्य स्नायुतन्त्रों (Nerve) द्वारा किया जाता है । स्नायुओं में कोलस्ट्रोल इन्सुलेशन कार्य करता है, ठीक उसी तरह, जैसे बिजली के तारों में रबड़ या प्लास्टिक के खोल द्वारा किया जाता है । इसी कारण से मस्तिष्क में कोलस्ट्रोल की मात्रा काफी अधिक पाई जाती है । इस प्रकार शरीर की जैविक क्रियाओं के संचालन में कोलस्ट्रोल का महत्त्वपूर्ण योगदान है । इसके महत्त्व को देखते हुए ही सम्भवत: प्रकृति ने यह व्यवस्था की है कि इसके लिए शरीर को किसी बाहरी स्रोत पर निर्भर नहीं रहना पड़े। कोलस्ट्रोल उत्पादन का कार्य मुख्य रूप से यकृत अर्थात् जिगर में होता है एवं कुछ योगदान आंतों का भी रहता है । अब तक यह माना जाता रहा है कि शरीर की आवश्यकता की लगभग दो-तिहाई मात्रा का उत्पादन शरीर स्वयं कर लेता है और लगभग एक-तिहाई हमारे द्वारा किए गए भोजन से प्राप्त होता है, लेकिन आधुनिक शोध से यह पता चला है कि शरीर की पूरी आवश्यकता की पूर्ति का कोलस्ट्रोल उत्पादन यकृत एवं आंतें कर सकती हैं ।

कोलस्ट्रोल गाथा को फिलहाल यहीं पर छोड़कर हम अब वसा अथवा चर्बी (Fats) पर आ जाते हैं । यह तो हम सभी जानते हैं कि चिकने पदार्थों को वसा कहते हैं । इन्हें शक्तिदायक खाद्य पदार्थ के रूप में जाना जाता है, क्योंकि वसा ऊर्जा का सबसे सशक्त स्रोत है । एक ग्राम वसा से नौ कैलोरी ऊर्जा प्राप्त होती है, जबकि एक ग्राम कार्बोहाइड्रेट अथवा प्रोटीन से लगभग चार कैलोरी ऊर्जा ही प्राप्त होती है । (जैसे लम्बाई की मापक इकाई इंच, फुट या सेंटीमीटर होती है, उसी प्रकार ऊर्जा की मापक इकाई को कैलोरी

कहते हैं । एक ग्राम पानी को एक डिग्री सेंटीग्रेड गर्म करने के लिए जितनी ऊर्जा की आवश्यकता होती है, उस परिमाण को एक कैलोरी कहते हैं ।)

भोजन के रूप में ग्रहण की जाने वाली वसा के दो स्रोत होते हैं । पहला–जानवरों से, जैसे–घी, मांस, दूध इत्यादि एवं दूसरा वनस्पतियों से, जैसे–सरसों, तिल, खोपरा, मूंगफली इत्यादि ।

हर प्रकार की वसा की रासायनिक अथवा आणविक रचना कार्बन एवं हाइड्रोजन के परमाणुओं के बंधन से होती है । एक-एक कार्बन परमाणु के साथ दो-दो हाइड्रोजन परमाणु जुड़ जाते हैं अर्थात् किसी वसा के अणु में यदि कार्बन के दस परमाणु हैं, तो हाइड्रोजन के बीस परमाणु होंगे । इस प्रकार की रासायनिक संरचना वाली वसा को संतृप्त वसा (Saturated Fat) कहते हैं । जानवरों के स्रोत से प्राप्त सभी वसाएं, जैसे–घी अथवा चर्बी संतृप्त वसा होती है । केवल एक अपवाद को छोड़कर, वो है मछली का तेल ।

दूसरी प्रकार की वसा असंतृप्त वसा (Unsaturated Fat) कहलाती है । असंतृप्त वसा के अणु में कुछ कार्बन परमाणु स्वतन्त्र रह जाते हैं, उनके साथ हाइड्रोजन के दो-दो परमाणु नहीं जुड़ते । मान लीजिए कि दस कार्बन परमाणुओं में से छ: के साथ तो दो-दो हाइड्रोजन के परमाणु जुड़ गए, लेकिन शेष चार कार्बन परमाणु स्वतन्त्र रह गए, तो यह वसा असंतृप्त वसा कहलाएगी । असंतृप्त वसा के भी दो भेद किए जाते हैं– (1) बहुअसंतृप्त वसा (Polyunsaturated Fat) एवं (2) एकल असंतृप्त वसा (Mono-unsaturated Fat) । पहली प्रकार की वसा के अणु में एक से अधिक कार्बन परमाणु स्वतन्त्र रह जाते हैं, जबकि दूसरे प्रकार की वसा में केवल एक कार्बन परमाणु स्वतन्त्र रहता है । वनस्पति स्रोतों से प्राप्त सभी वसा असंतृप्त वसा होगी । यहां भी केवल एक ही अपवाद है । वह है खोपरे अथवा ताड़ का तेल ।

कोलस्ट्रोल एवं वसा का हृदय रोग (C.H.D.) पैदा करने में योगदान को समझने के लिए कुछ तकनीकी बातों को समझना आवश्यक है । पाठकों के लिए इतना ही समझ लेना पर्याप्त होगा कि संतृप्त वसा हमें जानवरों के स्रोत से प्राप्त होती है । इस प्रकार की वसा का एक गुण-धर्म यह होता है कि वह साधारण तापमान पर जम जाती है । दूसरी प्रकार की वसा अर्थात् असंतृप्त वसा ठंडा करने पर भी द्रव अर्थात् तेल के रूप में ही रहती है व जमती नहीं है । इस प्रकार की वसा हमें वनस्पति स्रोतों से प्राप्त होती है । यहां यह भी स्पष्ट किया जाता है कि वनस्पति घी, जैसे–डालडा, रथ आदि हालांकि वनस्पति तेलों से निर्मित होते हैं, लेकिन इन असंतृप्त वसाओं को विशिष्ट रासायनिक क्रिया द्वारा संतृप्त वसा में परिवर्तित कर दिया जाता है । इसी कारण से ये भी साधारण तापमान पर जम जाते हैं ।

अब हमें यह समझना है कि कोलस्ट्रोल एवं वसा हमारे शरीर की कोशिकाओं तक

पहुंचती कैसे है । इस प्रक्रिया में काफी जटिल रासायनिक क्रियाएं शामिल हैं । जो भी कोलस्ट्रोल हमारे शरीर में निर्मित होता है या जो कोलस्ट्रोल और वसा हम भोजन के साथ ग्रहण करते हैं, वे छोटे-छोटे कणों के रूप में खून में मिल जाते हैं, परन्तु ये खून में घुलनशील नहीं होते । इसलिए ये खून में ठीक उसी तरह से तैरते रहते हैं, जैसे अत्यन्त ठण्डे पानी अथवा दूध में चीनी के कण बहुत देर तक तैरते रहते हैं एवं जल्दी घुलते नहीं हैं । कोलस्ट्रोल के ऐसे कणों को काइलोमाइक्रोन (Chylomicrons) कहते हैं । ये काइलोमाइक्रोन एवं वसा के कण कोशिकाओं की झिल्ली में से छन नहीं सकते । इस कारण कोशिकाएं इन्हें भोजन अथवा ईंधन के रूप में ग्रहण करने में असमर्थ रहती हैं। इसलिए यह आवश्यक हो जाता है कि कोलस्ट्रोल एवं वसा के इन अघुलनशील कणों को घुलनशील बनाया जाए । यह खून में विद्यमान प्रोटीन अणुओं एवं फॉस्फोरिक एसिड के साथ हुई विचित्र रासायनिक क्रियाओं के माध्यम से सम्भव हो पाता है । इन रासायनिक क्रियाओं के फलस्वरूप खून में विद्यमान कोलस्ट्रोल एवं वसा के कण, जिन्हें सामूहिक रूप से लिपिड (Lipids) कहते हैं; घुलनशील कणों में परिवर्तित हो जाते हैं, जिन्हें लिपोप्रोटीन (Lipoproteins) कहते हैं । ये लिपोप्रोटीन तीन प्रकार के होते हैं:-

1. वी.एल.डी.एल. (Very Low Density Lipoproteins)

2. एल.डी.एल. (Low Density Lipoproteins) एवं

3. एच.डी.एल. (High Density Lipoproteins) ।

खून में विद्यमान जो वसा किसी भी प्रकार के लाइप्रोप्रोटीन में परिवर्तित नहीं हो पाती, वह स्वतन्त्र रूप से खून में मिली रहती है । इस प्रकार की वसा को ट्राइग्लिसराइड (Tryglycerides) कहते हैं ।

वी.एल.डी.एल. एवं एल.डी. एल. का कार्य खून में मौजूद कोलस्ट्रोल एवं वसा को आवश्यकतानुसार कोशिकाओं के भीतर पहुंचाना होता है । अर्थात् ये वाहक का काम करते हैं । इस कार्य में मुख्य भूमिका वी.एल.डी.एल.की रहती है । जैसे ही वी.एल.डी.एल. कोलस्ट्रोल एवं वसा रूपी माल को कोशिकाओं के भीतर उतार देते हैं; ये एल.डी.एल. में परिवर्तित हो जाते हैं । यह रासायनिक क्रिया-चक्र निरन्तर चलता रहता है ।

अब हम इस मुख्य मुद्दे पर आते हैं कि धमनियों में कड़ापन एवं जमाव के रोग एथिरोस्किलिरोसिस के पैदा करने या बढ़ाने में कोलस्ट्रोल एवं वसा का क्या योगदान है? निरन्तर किए गए अध्ययनों के परिणामस्वरूप चिकित्सा जगत अब यह मानने लगा है कि यदि खून में कोलस्ट्रोल की मात्रा सामान्य से अधिक हो, तो हृदय रोग की सम्भावना बढ़ जाती है । कुछ सालों तक तो अकेले कोलस्ट्रोल की मात्रा को ही दोषी माना जाता रहा, परन्तु पिछले दशक में किए गए अध्ययनों से यह तथ्य सामने आया कि यदि

एल.डी.एल. की मात्रा अधिक हो, तो खतरा और ज्यादा पुख्ता हो जाता है । इसी के साथ स्वतन्त्र रूप से विद्यमान वसा अर्थात् ट्राइग्लिसराइड की मात्रा भी यदि बढ़ी हुई हो तो समझ लीजिए कि सत्यानाश की जगह सवा सत्यानाश ही हो गया और दिल के दौरे के लिए पूरा साजो-सामान जुटा लिया गया है । इसका कारण यह है कि स्वतन्त्र रूप से खून में विद्यमान कोलस्ट्रोल के कण (काइलोमाइक्रोन) एवं एल.डी.एल. दोनों की प्रकृति एवं प्रवृत्ति धमनियों की भीतरी सतह पर जमाव करने की होती है । इन दोनों की मात्रा यदि सामान्य से अधिक हो, तो उसी अनुपात में जमाव-प्रक्रिया तेज हो जाती है और दिल के दौरे अथवा पक्षाघात के लिए रंगमंच तैयार हो जाता है ।

नवीनतम अध्ययनों से कुछ और महत्त्वपूर्ण तथ्य उजागर हुए हैं । पहला यह कि एच.डी.एल. का काम यह जमादारी करने का है कि धमनियों के भीतर कोलस्ट्रोल व एल.डी.एल. का जमाव नहीं होने पाए । एच.डी.एल. का प्रयास यह रहता है कि कोलस्ट्रोल व एल.डी.एल. के कणों को ठोकरें मार-मार कर खून में सदा गतिशील रखा जाए एवं उन्हें धमनियों में जमने नहीं दिया जाए । इसी गुण के कारण एच.डी.एल. को 'अच्छा कोलस्ट्रोल' कहा जाने लगा है एवं इसके विपरीत चूंकि एल.डी.एल. धमनियों के भीतर जमाव पैदा करता है । इसलिए उसे 'बुरा कोलस्ट्रोल' कहा जाता है ।

दूसरा तथ्य यह प्रकाश में आया है कि संतृप्त वसा (Saturated Fats) जैसे-घी, डालडा आदि वनस्पति घी, दूध, क्रीम, चाकलेट, खोपरा अथवा ताड़ (Palm) का तेल एल.डी.एल. अर्थात् बुरे कोलस्ट्रोल को बढ़ाते हैं, जबकि असंतृप्त वसा (Unsaturated Fats) जैसे सूरजमुखी, कुसुम यानी करड़ी (Safflower) मकई, मूंगफली, तिल, सरसों आदि के तेल एल.डी.एल. की मात्रा घटाते हैं । तीसरा यह तथ्य भी प्रकाश में आया है कि खून में एल.डी.एल. एवं एच.डी.एल. विपरीत अनुपात में रहते हैं अर्थात् यदि एल.डी.एल. की मात्रा घटती है, तो उसी अनुपात में एच.डी.एल. की मात्रा बढ़ जाएगी एवं एच.डी.एल. की मात्रा घटती है, तो उसी अनुपात में एल.डी.एल. की मात्रा बढ़ जाएगी।

इसी कारण से धमनियों को स्वस्थ व लचीला रखने के लिए यह सलाह दी जाती है कि भोजन में घी आदि संतृप्त वसाओं का उपयोग कम-से-कम किया जाए और खाना पकाने में असंतृप्त वसाओं (वे वनस्पति तेल जो जमते नहीं हैं) का उपयोग किया जाए। टेलीविजन एवं अखबारों में हृदय के लिए गुणकारी बतलाते हुए इन तेलों का दमदार प्रचार आजकल किया जा रहा है । इस संदर्भ में एक चेतावनी दी जानी आवश्यक है । यह सही है कि असंतृप्त वसा के उपयोग से एच.डी.एल. एवं एल.डी.एल. का सही अनुपात बना रहता है परन्तु इसका मतलब यह नहीं है कि इन (असंतृप्त वसाओं) का अधिक उपयोग स्वास्थ्य के लिए हितकारी है । असंतृप्त वसा भी खून में स्वतन्त्र वसा कणों (Triglyc-erides) में बढ़ोतरी करते हैं एवं सामान्य से अधिक मात्रा हो जाने पर ट्राइग्लिसराइड

भी धमनियों की भीतरी सतह पर जमने शुरू हो जाते हैं। अतिरिक्त वसा मोटापा भी बढ़ाती है, जो अपने-आप में हृदय रोग पैदा करने वाला स्वतन्त्र कारक भी है । अतः असंतृप्त वसाओं का उपयोग भी सीमित मात्रा में ही किया ज़ाना चाहिए, जिससे खून में लिपिड (Lipids) का सही संतुलन बना रह सके । यह संतुलन ही स्वास्थ्य की कुंजी है ।

अति सर्वत्र वर्जयेत् । आवश्यकता से अधिक खाई हुई अच्छी-से-अच्छी चीज भी हानिकारक होती है ।

संतृप्त वसा से भी ज्यादा खतरा ऐसे पदार्थों के खाने में है, जिनमें कोलस्ट्रोल की मात्रा अधिक हो । कोलस्ट्रोल केवल जीव-जगत में ही पाया जाता है, वनस्पति जगत में नहीं । अंडे की जर्दी में सबसे अधिक कोलस्ट्रोल होता है, जानवरों के मांस (मछली को छोड़कर) में भी प्रचुर मात्रा में कोलस्ट्रोल होता है, विशेषकर कलेजी व भेजे में । अतः यदि हृदय एवं धमनियों को स्वस्थ रखना है तो अंडे व मांस के सेवन को त्यागना ही श्रेयस्कर है । यदि छोड़ना बस की बात नहीं है, तो कम से कम कलेजी, भेजा, गुर्दे आदि एवं अंडे की जर्दी का सेवन तो छोड़ ही दें ।

आपको दिल का दौरा पड़ने की सम्भावना है या नहीं, यह जानने के लिए चिकित्सक सबसे पहली यह जांच करते हैं कि कोलस्ट्रोल की मात्रा खून में कितनी है ? इसके लिए नाड़ी में से खून जांच के लिए लिया जाता है । यदि कोलस्ट्रोल की मात्रा 200 मिलिग्राम प्रति डेसीलीटर (100 मिलीलीटर) से अधिक है एवं रक्तचाप भी अधिक है या मधुमेह भी है, तो उस स्थिति में लिपिड प्रोफाइल नामक जांच भी करवाई जाती है, जिससे एच.डी.एल., एल.डी.एल. का अनुपात व ट्राइग्लिसराइड की मात्रा एवं कोलस्ट्रोल की मात्रा का भी पता चल जाता है । सामान्य मात्राएं नीचे अंकित हैं:-

1. कुल कोलस्ट्रोल :	200 मि.ग्रा. प्रति डी.एल. से नीचे ।
2. एल.डी.एल. : कोलस्ट्रोल	130 मि.ग्रा. प्रति डी.एल. से नीचे ।
3. एच.डी.एल. : कोलस्ट्रोल	35 मि.ग्रा. प्रति डी.एल. से ऊपर ।
4. ट्राइग्लिसराइड :	200 मि.ग्रा. प्रति डी.एल. से नीचे ।

यदि आपको एनजाइना अथवा हृदय रोग हो चुका हो या पृष्ठ 27 पर अंकित कारकों में से कम-से-कम तीन कारकों के लक्षण मौजूद हैं, तो उस स्थिति में कुल कोलस्ट्रोल की मात्रा 160 मि.ग्रा. से नीचे एवं एच.डी. एल. की मात्रा 45 मि.ग्रा. से ऊपर लाए जाने की सलाह दी जाती है।

खून में कोलस्ट्रोल की मात्रा कैसे घटाई जा सकती है-इस पर हम अगले अध्याय में विचार करेंगे ।

■■

6

कोलस्ट्रोल और वसा की मात्रा घटाने के उपाय

खून में कोलस्ट्रोल अथवा वसा की मात्रा औसत से बहुत अधिक हो, तो इसको भी बीमारी की संज्ञा दी जाती है। अधिक कोलस्ट्रोल के रोग को हाइपर कोलस्ट्रोलिमिया (Hyper Cholestrolaemia) एवं अधिक वसा यानी ट्राइग्लिसराइड होने के रोग को हाइपर लिपीडिमिया (Hyper Lipidaemia) कहते हैं। धमनियों एवं हृदय को स्वस्थ रखने के लिए यह आवश्यक है कि खून में विद्यमान कोलस्ट्रोल एवं वसा की मात्रा सुरक्षित स्तर तक नीचे लाई जाए। इसके लिए निम्नलिखित प्रयास एवं उपाय निश्चित ही उपयोगी रहेंगे:-

1. खान-पान में संशोधन

जैसा कि पूर्व अध्याय में हम जान चुके हैं कि हमारे शरीर में यह क्षमता है कि वह आवश्यकतानुसार कोलस्ट्रोल का उत्पादन स्वयं कर लेता है। कोलस्ट्रोल की दैनिक आवश्यकता 150-200 मिलीग्राम होती है। जब हमारा शरीर ही इसका उत्पादन कर लेता है, तो बाहर से कोलस्ट्रोल लिए जाने की आवश्यकता नहीं है। फिर भी एक स्वस्थ आदमी 150-200 मिलीग्राम कोलस्ट्रोल प्रतिदिन भोजन के साथ ग्रहण करता रहे, तो उससे सामान्यत: कोलस्ट्रोल की मात्रा बहुत अधिक नहीं बढ़ेगी, लेकिन यदि लगातार ही हम ऐसा खाना खाते रहें, जिसमें कोलस्ट्रोल की मात्रा बहुत अधिक हो, तो उस स्थिति में हमारे शरीर का संतुलन तंत्र गड़बड़ा जाएगा एवं खून में कोलस्ट्रोल बढ़ जाएगा।

बढ़े हुए कोलस्ट्रोल को नीचे लाने का सबसे कारगर उपाय यही है कि जिन खाद्य पदार्थों में कोलस्ट्रोल की मात्रा बहुत अधिक है, उनका सर्वथा त्याग कर दें। हम यह जान चुके हैं कि कोलस्ट्रोल जीव जगत में ही पाया जाता है, वनस्पति जगत में नहीं। जानवरों एवं पक्षियों के मांस, अंडों एवं दूध में कोलस्ट्रोल प्रचुर मात्रा में पाया जाता है। किस में कितना कोलस्ट्रोल होता है, इसका तुलनात्मक ज्ञान नीचे दी हुई तालिका से हो जाएगा:-

भोज्य-पदार्थ		कोलस्ट्रोल की मात्रा (मिलीग्राम में)
1. एक अण्डे की जर्दी	...	280
2. बकरे या भेड़ का मांस (3 औंस)	...	78
3. बकरे या भेड़ की कलेजी (3 औंस)	...	380
4. मुर्गे की कलेजी (3 औंस)	...	630
5. मुर्गा बिना चमड़ी का (3 औंस)	...	65
6. गुर्दे (3 औंस)	...	329
7. भेजा (3 औंस)	...	1746
8. दूध (एक प्याला)	...	34
9. क्रीम निकला हुआ दूध (एक प्याला)	...	5
10. क्रीम (एक प्याला)	...	180
11. मक्खन (बड़ा चम्मच)	...	35

यदि आप मांसाहारी हैं, तो पहला काम यह करना है कि किसी भी जानवर का आंगिक मांस (Organ Meat) खाना बिलकुल बन्द कर दें, क्योंकि भेजे, गुर्दे, जिगर एवं अन्य अंगों के मांस में कोलस्ट्रोल की मात्रा बहुत अधिक रहती है । जानवरों के मांस के बजाय मुर्गे (चिकन) क़ा मांस कम हानिकर है एवं इससे भी कम हानिकर है मछली का मांस । अण्डा अगर खाना ही हो, तो उसकी केवल सफेदी से ही संतोष करें, जर्दी नहीं खाएं ।

यदि आप दूध के शौकीन हैं, तो इसमें भी कुछ कटौती करनी होगी । दिनभर में एक गिलास दूध आपको स्वस्थ रखने के लिए काफी है । दूध जितना कम चिकनाई वाला हो, उतना ही अच्छा । बड़े शहरों में पूरी चिकनाई निकला हुआ दूध मिल जाता है । ऐसा दूध सर्वोत्तम है । दूध के असली पोषक तत्त्व चिकनाई के अतिरिक्त जो अन्य ठोस पदार्थ दूध में होते हैं, वे होते हैं । अत: आपके मन में यदि धारणा हो कि चिकनाई निकला दूध अथवा कम चिकनाई वाला दूध पोषक नहीं होता, तो आपकी भूल है । यही कारण है कि खाद्य मानकों के अनुसार, दूध में चिकनाई की मात्रा तो घटाई जा सकती है लेकिन दूसरे ठोस पदार्थों (Solids not Fats) की मात्रा $7^1/_2$ प्रतिशत से कम नहीं की जा सकती। इससे कम का दूध मिलावटी माना जाता है ।

कोलस्ट्रोल का कोरोनरी हृदय रोग पैदा करने में क्या योगदान रहता है–इस सम्बन्ध में सबसे मशहूर एवं विश्वसनीय अध्ययन अमेरिका में मैसाच्यूसेट्स राज्य में किया गया था, जहां फ्रैमिंगघम नामक नगर के समस्त निवासियों में कोलस्ट्रोल की मात्रा एवं उन्हें

होने वाले कोरोनरी हृदय रोग व इसके कारण हुई मौतों का ब्योरा लगातार कई दशकों तक रखा गया था । इस अध्ययन के आधार पर डॉक्टरों ने जो निष्कर्ष निकाले, उनमें से एक निष्कर्ष यह भी था कि खून में 150 मि.ग्रा. प्रति डी.एल. से ऊपर 1% चढ़ाव से कोरोनरी हृदय रोग हो जाने का खतरा 2% तक बढ़ जाता है ।

फ्रैमिंगघम अध्ययन की ही तरह एक लम्बा अध्ययन अमेरिका के नॉर्थ वैस्टर्न विश्वविद्यालय के डॉक्टर स्टैमलर एवं उनके सहयोगियों द्वारा किया गया था । फ्रैमिंगघम अध्ययन के अनुरूप उनका भी यह निष्कर्ष था कि खून में कोलस्ट्रोल की मात्रा 180 मि.ग्रा. प्रति डी.एल. से अधिक हो जाने पर आनुपातिक तौर पर कोरोनरी हृदय रोग से मौत का खतरा बहुत अधिक बढ जाता है । उन्होंने अपने निष्कर्ष एक तालिका के रूप में तैयार किए हैं:-

कोलस्ट्रोल की मात्रा (मि.ग्रा. प्रति सीसी अथवा डी.एल.)		**सम्भावित बढ़ी हुई मृत्यु-दर का प्रतिशत**
182 से 202	...	29%
203 से 220	...	73%
221 से 244	...	121%
245 से ऊपर	...	242%

डॉ. स्टैमलर ने अपने एक अन्य महत्त्वपूर्ण निष्कर्ष को इन शब्दों में व्यक्त किया है:

"अधिक कोलस्ट्रोल युक्त खाद्य पदार्थों के सेवन से उन लोगों में भी हृदय रोग का खतरा बढ़ जाता है, जिनके खून में कोलस्ट्रोल की मात्रा नीची होती है । इसीलिए हम सभी को यह सावधानी बरतनी चाहिए कि अधिक कोलस्ट्रोल वाले खाद्य पदार्थों का सेवन नहीं किया जाए, भले ही खून में कोलस्ट्रोल की मात्रा कम ही क्यों न हो ।"

खानपान में दूसरी सावधानी यह बरतनी होगी कि संतृप्त वसा का उपयोग नहीं किया जाए । पहले बताया जा चुका है कि देशी घी, वनस्पति घी, खोपरे एवं ताड़ का तेल–ये सभी संतृप्त वसा हैं । इनके स्थान पर बहुअसंतृप्त अथवा एकल असंतृप्त वसा का उपयोग किया जाना चाहिए, क्योंकि संतृप्त वसा हमारे शरीर में जाकर एल.डी.एल. रूपी कोलस्ट्रोल में परिवर्तित हो जाती है, जिसे बुरा कोलस्ट्रोल कहा जाता है । इसके विपरीत बहुअसृंप्त वसा एच.डी.एल. को बढ़ाती है, जिसे 'अच्छा' कोलस्ट्रोल कहा जाता है, लेकिन एच.डी.एल. बढ़ाने के चक्कर में बहुअसंतृप्त वसा का अधिक उपयोग शुरू न कर दें, क्योंकि यह भी अन्य प्रकार से स्वास्थ्य के लिए हानिकारक हो सकता है ।

कुछ अध्ययनों से पता चला है कि बहुअसंतृप्त वसा हमारे शरीर की रोग प्रतिरोधक

क्षमता (Immune System) को क्षीण कर देती है, जिससे कैंसर या अन्य छूत वाली बीमारियों के होने का खतरा बढ़ जाता है ।

एक बात और स्पष्ट रूप से समझ लेनी चाहिए कि वसा चाहे कोई भी हो, उसमें न्यूनाधिक मात्रा में तीनों प्रकार (संतृप्त, बहुअसंतृप्त एवं एकल असंतृप्त) वसाएं विद्यमान रहती हैं । इसलिए प्रत्येक वसा कोलस्ट्रोल की मात्रा में बढ़ोतरी तो करेगी ही, क्योंकि प्रत्येक वसा में कुछ मात्रा संतृप्त वसा की रहती ही है । अत: समझदारी इसी में है कि ऐसा खाद्य तेल चुनें, जिसमें बहुअसंतृप्त या एकल असंतृप्त वसा की मात्रा अधिक हो एवं संतृप्त वसा की कम। नीचे की तालिका आपको अपने लिए खाद्य तेल के चुनाव में सहायक होगी:-

खाद्य तेल का नाम	एक बड़े चम्मच (करीब 14 ग्राम) में विभिन्न प्रकार की वसा की मात्रा		
	संतृप्त	एकल असंतृप्त	बहु असंतृप्त
1. मकई (corn) का तेल	1.7 ग्राम	3.4 ग्राम	7.9 ग्राम
2. खोपरा (coconut) तेल	11.7 ग्राम	0.8 ग्राम	0.2 ग्राम
3. कुसुम अथवा करड़ी (safflower) तेल	1.3 ग्राम	1.7 ग्राम	10.0 ग्राम
4. मूंगफली (groundnut) तेल	2.6 ग्राम	6.2 ग्राम	4.1 ग्राम
5. सूरजमुखी (sunflower) तेल	1.4 ग्राम	2.8 ग्राम	8.7 ग्राम
6. सोयाबीन तेल	2.0 ग्राम	3.1 ग्राम	7.8 ग्राम
7. बिनौलों (cotton seed) का तेल	3.6 ग्राम	2.6 ग्राम	6.9 ग्राम
8. मक्खन (घी)	9.0 ग्राम	4.1 ग्राम	0.6 ग्राम

अमेरिका में आजकल तोरिया (Rapeseed) का तेल बहुत ही लोकप्रिय हो रहा है, क्योंकि इसमें सबसे अधिक बहुअसंतृप्त वसा होती है । यह वहां कैनोला ऑयल (Canola Oil) के नाम से बिकता है ।

जहां तक वनस्पति घी का प्रश्न है, इसके उपयोग से बचना ही श्रेयस्कर है । वनस्पति घी की उत्पादन-प्रक्रिया में हाइड्रोजिनेशन क्रिया द्वारा सभी वसाओं को न केवल संतृप्त वसा में बदल दिया जाता है, बल्कि इनमें निकल धातु का कुछ अंश भी रहता है, जो स्वास्थ्य के लिए हानिकारक है । इसलिए संतृप्त वसाओं में वनस्पति घी ही सबसे अधिक नुकसानदायक है ।

एक अन्य महत्त्वपूर्ण तथ्य की ओर आपका ध्यान आकर्षित करना है । वह यह है कि किसी भी तेल को यदि अधिक गर्म किया जाता है, जैसे छौंक अथवा बघार के लिए अथवा चीजों को तलने के लिए, तो उसमें रासायनिक क्रियाओं के द्वारा कुछ नुकसानदायक तत्त्व पैदा हो जाते हैं और असंतृप्त वसा संतृप्त वसा में परिवर्तित हो जाती है । इसलिए सब्जियां बनाते समय छौंक या बघार देने के बजाय, सब्जियां डालने के बाद तेल डालना ठीक रहता है, ताकि वसा के लाभदायक गुण यथावत बने रहें । इसी कारण तली हुई चीजों का सेवन भी हानिकारक रहता है ।

उपरोक्त उपायों अर्थात् कोलस्ट्रोल वाले पदार्थों से परहेज करके, भोजन में वसा की मात्रा कम करके एवं संतृप्त वसाओं से परहेज करके आप अपने खून में कोलस्ट्रोल की मात्रा 15-20 प्रतिशत तक आसानी से कम कर सकते हैं ।

बहुत-से फलों व सब्जियों में यह गुण होता है कि वे कोलस्ट्रोल की मात्रा घटाती हैं । जिस फल या सब्जी में रेशा (Fibre) जितना ज्यादा होगा, उसी अनुपात मे कोलस्ट्रोल घटाने का गुण उसमें अधिक होगा । इसलिए यह आवश्यक है कि ऐसे फलों या सब्जियों का समावेश आप अपने भोजन में अधिक से अधिक करें । सलाद के रूप में खाई जाने वाली सभी वस्तुएं अत्यन्त लाभदायक होती हैं । कोलस्ट्रोल घटाने में उपयोगी कुछ पदार्थों का विवरण नीचे दिया जा रहा है:-

1. केला एवं सेब में कोलस्ट्रोल घटाने का विशेष गुण होता है ।

2. एक उत्तर भारतीय वैज्ञानिक द्वारा किए गए अध्ययन के अनुसार. अमरूद का सेवन कोलस्ट्रोल घटाने में बहुत उपयोगी है ।

3. मोटा अनाज, चोकरयुक्त आटे से बनी रोटियां, मेथी का साग, पत्ता गोभी, पालक एवं अन्य पत्तेदार सब्जियां, करेला, चना एवं छिलके वाली अन्य दालें, फलियाँ जैसे- मटर , सेम आदि इन सब वस्तुओं में रेशा होता है, जिसके कारण न केवल ये कोलस्ट्रोल कम करने में सहायक होती हैं बल्कि कब्ज एवं कई अन्य बीमारियों को भी दूर करती हैं ।

4. बोस्टन के हृदय रोग विशेषज्ञ डॉ. माइकेल गाजिनों के अनुसार; हृदय रोग को बढ़ने से रोकने के लिए गाजर बहुत उपयोगी सिद्ध हुई है ।

कोलस्ट्रोल कम करने के कुछ अन्य नुस्खे एवं टोटके

1. परीक्षणों से यह प्रमाणित हो चुका है कि लहसुन का नियमित सेवन कोलस्ट्रोल को घटाता है । लहसुन कच्चा लिया जाना चाहिए । एक या दो फांक प्रतिदिन ली जानी

चाहिए । एक पोथिया लहसुन औषधीय गुणों में बेहतर माना जाता है । एक पोथिया लहसुन की एक फांक ही काफी होगी । कुछ लोग तो लहसुन को चबाकर ऊपर से पानी या दूध ले लेते हैं । कुछ लोगों को इसमें कठिनाई होती है, क्योंकि यह मुंह में जलन पैदा करता है और मुंह में बदबू भी देर तक बनी रहती है । इसलिए आप यह भी कर सकते हैं कि लहसुन की फांक को महीन-महीन कुतर लें एवं फिर इसे तुरन्त दूध के साथ निगल लें । दूध के साथ निगलने से मुंह में बदबू कम रहती है ।

2. कच्चे प्याज का नियमित सेवन भी कोलस्ट्रोल घटाता है । प्याज का यह गुण भी है कि यह रक्त के कणों को आपस में चिपकने से रोकता है एवं इस प्रकार हृदयाघात की सम्भावना को कम करता है ।

3. शहद का नियमित उपयोग हृदय के लिए अतिगुणकारी माना जाता है । यह उच्च रक्तचाप को कम करने में भी मदद करता है । इसे 10 से 20 ग्राम अर्थात् दो या तीन चम्मच प्रतिदिन लिया जा सकता है । मधुमेह के रोगी अपने चिकित्सक के परामर्श से ही लें ।

4. एच.डी.एल अर्थात् अच्छे कोलस्ट्रोल को बढ़ाने में ईसबगोल की भूसी बहुत ही कारगर है, यह बात परीक्षणों से प्रमाणित हो चुकी है । जिन्हें कब्ज की शिकायत रहती है, उनके लिए तो यह और भी लाभदायक है । भोजन में यदि रेशे की कमी रहती है, तो उसकी पूर्ति यह भूसी कर देती है । सुबह-शाम एक-एक या दो-दो चम्मच भूसी पानी अथवा दूध के साथ ली जानी चाहिए ।

5. ग्वारपाठा, जिसे घी गवार (aloe vera) भी कहते हैं, का गूदा धमनियों में जमे रक्त का पिघलाने में बहुत सहायक होता है एवं बार-बार होने वाले एन्जाइना के दर्द में बहुत लाभ पहुंचाता है; ऐसा निष्कर्ष ऑस्ट्रिया के एक शोधकर्त्ता ने निकाला है ।

6. तीन बेल पत्र तोड़ लें (प्रत्येक बेल पत्र में तीन-तीन पत्तियां होती हैं) इन्हें पानी से धोकर, पीस कर लुगदी बना लें । फिर थोड़ा-थोड़ा पानी डालकर पतले कपड़ से छान लें । इस पानी को प्रातःकाल पी लें । कुछ लोगों ने ऐसा कहा है कि इस प्रयोग से उनके कोलस्ट्रोल में कमी आई है ।

7. कुछ लोगों की मान्यता है कि बादाम भी कोलस्ट्रोल कम करने में सहायक है यह प्रयोग भी आप करके देख सकते हैं, लेकिन चार या पांच बादाम से अधिक का सेवन सम्भवतः ठीक नहीं रहेगा ।

8. दही में विद्यमान मिथियोनिन नामक पदार्थ कोलस्ट्रोल को घटाता है, ऐसी भी मान्यता है । इसमें सलाह यही है कि यदि दही का नियमित उपयोग किया जाता है, तो वह या तो वसा निकाले हुए दूध का होना चाहिए या फिर मलाई हटाकर जमाए हुए दूध का ।

कोलस्ट्रोल घटाने वाली दवाइयां

कोलस्ट्रोल घटाने के लिए जो दवाएं प्रचलन में आई हैं, उनके दो मुख्य भेद हैं। पहली वे हैं, जो शरीर की कोशिकाओं एवं खून में से कोलस्ट्रोल को पृथक करके आंतों के माध्यम से मल के साथ उसे बाहर निकाल देती हैं। इन दवाओं में उपयोग होने वाले द्रव्य कोलस्टाईरेमीन (Cholestyramine) एवं कोलस्टिपोल (Cholestipol) होते हैं। इनसे बनने वाली दवाइयों के व्यापारिक नाम क्रमश: क्वेस्ट्रान (Questran) एवं कोलस्टिड (Cholestid) हैं।

दूसरे प्रकार की दवा लोवास्टैटिन (Lovastatin) अथवा मेवाकोर (Mevacor) कहलाती है। इस दवा को अभी तक तो अमेरिका के दवा विभाग की प्रामाणिकता प्राप्त नहीं हुई है, लेकिन फिर भी वहां इसका उपयोग काफी बड़े पैमाने पर किया जा रहा है, क्योंकि इसके उपयोग से कोलस्ट्रोल की मात्रा में 40 से 45 प्रतिशत तक की कमी पाई गई है। इसके बावजूद इन दवाओं का प्रयोग निरापद नहीं कहा जा सकता। इन दवाओं के कई दुष्परिणाम अब तक सामने आ चुके हैं। पहली प्रकार की दवाओं से न केवल कब्ज एवं जी मिचलाने की शिकायत आम तौर पर हो जाती है, बल्कि इनके उपयोग के फलस्वरूप शरीर अन्य दवाओं, विशेषकर विटामिनों को ग्रहण करने की शक्ति खो देता है। दूसरी प्रकार की दवा लोवास्टैटिन पाचन संस्थान एवं यकृत को दुष्प्रभावित करती है एवं मांसपेशियों, विशेषकर पांव की मांसपेशियों में दर्द पैदा करती है। सम्भवत: इसके उपयोग से आंखों में मोतियाबिन्द (Cataract) भी उतर आता है।

तीसरी एक अन्य दवा, जो निकोटिनिक एसिड (Nicotinic Acid) से बनती है नियासिन (Niacin) नाम से बाजार में बिकती है, को भी काफी प्रभावकारी पाया गया है। यह बाकी दोनों दवाओं से कुछ सस्ती है, परन्तु निरापद यह भी नहीं है। इसके सेवन से त्वचा में रूखापन आ जाता है एवं यह आंतों व यकृत को भी दुष्प्रभावित करती है। यह दवा वास्तव में विटामिन बी कॅम्पलेक्स का ही एक भाग है। विटामिन बी 3 को ही निकोटिनिक एसिड कहते हैं। तम्बाकू में पाए जाने वाले निकोटीन से इसका कोई सम्बन्ध नहीं है।

कुल मिलाकर वास्तविकता यह है कि दवाओं से कोलस्ट्रोल कम करना न केवल महंगा सौदा है, बल्कि एक रोग से छुटकारा पाने के लिए दूसरे रोग को गले बांधना भी है। इसलिए अपनी मर्जी से तो इन दवाओं का उपयोग कभी नहीं करें बल्कि तभी करें, जब आपका चिकित्सक इनका उपयोग नितान्त जरूरी समझे। चिकित्सक की देखरेख में ही इन दवाओं का उपयोग किया जाना चाहिए।

व्यायाम

हृदय रोगों से बचने के लिए नियमित व्यायाम एक रामबाण उपाय है, जो न केवल हृदय तथा पूरे रक्त संस्थान को सशक्त करता है, बल्कि 'अच्छे कोलस्ट्रोल' को बढ़ाता है एवं 'बुरे कोलस्ट्रोल' को कम करता है । इस पर विस्तार से चर्चा हम अध्याय संख्या 9 में करेंगे ।

■ ■

7

दिल के चार दुश्मन

1. धूम्रपान

"धूम्रपान स्वास्थ्य के लिए हानिकारक है"––सिगरेट के पैकेटों व विज्ञापनों के नीचे लिखी यह चेतावनी कितने लोगों को सिगरेट छोड़ने के लिए उत्प्रेरित करती होगी ? देश में धूम्रपान करने वाले 34 करोड़ लोगों में से शायद एक को भी नहीं। कोई किसी को कह दे, कि आपके घर में सांप घुसते देखा है; फिर देखिए क्या कोहराम मचता है । लोग घर छोड़ने को तैयार हो जाएंगे । कोई विशेषज्ञ यदि सांप देखकर भी कह दे कि वह विषवाला सांप नहीं है, तो भी कोई आदमी घर में सोने के लिए तब तक तैयार नहीं होगा, जब तक सांप को अपनी आंखों से घर से बाहर जाता हुआ नहीं देख ले या उसे मार नहीं डाले ।

दूसरी तरफ एक-एक सिगरेट अथवा बीड़ी के धुएं के साथ एक-एक विषधर को शरीर में समाहित किए जाना धूम्रपान करने वाले को जरा भी चिंतित नहीं करता । कुछ समझ में नहीं आता कि 'लेडी निकोटीन' की लत के पाश में जकड़े इन्सान की यह कैसी मजबूरी है, जो उसे उसी के लिए नित खुद रही कब्र से बेखबर रहने को विवश करती है । सच पूछा जाए, तो धूम्रपान से ज्यादा वाहियात नशा दुनिया में कोई दूसरा है ही नहीं। वैसे तो यह कोई नशा ही नहीं समझा जाता, जबकि इस पर आने वाला खर्चा कम नहीं होता । अधिकांश धूम्रपान करने वालों का सिगरेट या बीड़ी का खर्च उनके खाने के खर्च से अधिक बैठ जाता है । कोई दूसरा ऐसा नशा नहीं है, जो नशा करने वाले व्यक्ति के परिवार वालों को भी सीधा नुकसान पहुंचाता हो तथा वातावरण को इतना प्रदूषित करता हो । धूम्रपान करने वाले का तो चन्द मिनटों का साथ भी दु:खदाई है । सिगरेट या बीड़ी की चिनगारी से घर एवं गांव जलते देखे गए हैं । फिर भी प्रत्येक धूम्रपान करने वाला चैन की बंसी बजाए जा रहा है, रोम के बादशाह नीरो की तरह, जो रोम को जलते हुए देखकर भी बेखबर रहा, बेपरवाह रहा एवं बेचैन न हुआ । मैं तो धूम्रपान करने वाले हर भाई-बहन से यही निवेदन करता हूं कि धूम्रपान मौत का पैगाम है—इसे सुनो एवं इससे पल्ला छुड़ाने का संकल्प तुरंत ही कर लो । यह किसी भावना में बहकर की गई अपील नहीं, बल्कि वैज्ञानिक शोध एवं अध्ययन से निकले परिणामों पर आधारित है ।

तथ्यों से यह प्रमाणित हो चुका है कि धूम्रपान एवं जर्दा खाने से होठ, जीभ, गले, आमाशय एवं फेफड़ों का कैंसर होता है। धूम्रपान से अन्य भी बहुत-सी बीमारियां जैसे- पेट का अल्सर (Ulcer), श्वास रोग (Bronchitis), गठिया, दांत व मसूड़ों के रोग, पैरों में दर्द एवं अकड़न की शिकायत एवं फेफड़ों के अन्य रोग भी इससे होते हैं।

जहां तक हृदय रोग का सम्बन्ध है, धूम्रपान करने वालों में दिल का दौरा पड़ने की सम्भावना उन लोगों से तीन गुना ज्यादा होती है, जो धूम्रपान नहीं करते। 45 वर्ष से कम उम्र के जिन लोगों की मृत्यु दिल का दौरा पड़ने से होती है, उनमें से लगभग 80 प्रतिशत संख्या धूम्रपान करने वालों की होती है। जो लोग बचपन में ही धूम्रपान शुरू कर देते हैं, उनमें तो दिल के दौरे की सम्भावना दस गुना ज्यादा बढ़ जाती है। दिल के दौरे से होने वाली मृत्यु-दर भी धूम्रपान करने वालों में धूम्रपान नहीं करने वालों से दुगुनी होती है। एक बार दिल का दौरा पड़ जाने के बाद यदि धूम्रपान करना नहीं छोड़ा जाता है, तो दुबारा दौरा पड़ने की सम्भावना बहुत अधिक बढ़ जाती है। विश्व स्वास्थ्य संगठन द्वारा हेडलबर्ग में करवाए गए एक अध्ययन से यह ज्ञात हुआ कि धूम्रपान नहीं करने वालों में पहला दौरा पड़ने की औसत आयु 63 साल है, जबकि धूम्रपान करने वालों में दिल का दौरा 53 साल की उम्र में ही पड़ जाता है। रूस में किए गए एक सर्वेक्षण का यह निष्कर्ष निकाला गया है कि धूम्रपान करने वाले व्यक्ति की एक साल में लगभग 45 दिन की आयु कम हो जाती है। धूम्रपान करने वालों में दिल के दौरे से अचानक मौत हो जाने की सम्भावना भी अन्य के मुकाबले चार गुना अधिक होती है। महिलाओं में धूम्रपान का दुष्प्रभाव पुरुषों की अपेक्षा और ज्यादा होता है। धूम्रपान करने वाली महिलाएं अक्सर मरे बच्चों को जन्म देती हैं या फिर बच्चों में कोई न कोई जन्मजात बीमारी पाई जाती है। धूम्रपान का नुकसान धूम्रपान करने वालों को ही नहीं, बल्कि उनके घर के सदस्यों को भी होता है, विशेषकर बच्चों को। यह इस कारण से होता है कि निकट रहने के कारण वे भी धूम्रपान से निकले हुए धुंए में सांस लेते रहते हैं। ऐसे लोगों को निष्क्रिय धूम्रपानी कहते हैं।

धूम्रपान से हृदय एवं धमनियों पर दुष्प्रभाव निम्न कारणों से पड़ता है:-

1. तम्बाकू में पाया जाने वाला निकोटीन तत्त्व हृदय की धड़कन बढ़ाता है, जिससे उच्च रक्तचाप की बीमारी हो जाती है। ऐसे में हृदय पर सदैव ही अधिक दबाव बना रहता है।

2. तम्बाकू के धुएं में विद्यमान कार्बन मोनोऑक्साइड खून में घुलकर ऑक्सीजन अणुओं को बाहर निकाल देती है, इस प्रकार हृदय एवं शरीर के सभी अंगों को पूरा शुद्ध खून नहीं मिल पाता है।

3. धूम्रपान से धमनियों की भीतरी सतह क्षतिग्रस्त हो जाती है, जिससे वहां कोलस्ट्रोल का जमाव शुरू हो जाता है, जो आगे चलकर हृदयाघात का कारण बनता है।

4. धूम्रपान से खून में पाए जाने वाले प्लेटलेटों को नुकसान पहुंचता है एवं क्षतिग्रस्त प्लेटलेट (Platlets) खून में थक्का जमा देते हैं, जो हृदयाघात का कारण बनते हैं;

5. धूम्रपान से बुरे कोलस्ट्रोल की मात्रा बढ़ती है एवं अच्छे कोलस्ट्रोल एच.डी.एल. की मात्रा घटती है ।

6. निकोटीन से शरीर में पिट्रेसिन (Pitressin) नामक रासायनिक द्रव्य पैदा हो जाता है, जो धमनियों को सिकोड़ता है । यदि धमनी में पहले से कोलस्ट्रोल का जमाव है, तो इस सिकुड़न से तुरन्त हृदयाघात हो जाएगा ।

जीवन अमूल्य है; इसे कृपया धूम्रपान यज्ञ की आहुति नहीं बनने दें । स्वयं के लिए नहीं तो अपने बच्चों एवं परिवार के हित के लिए धूम्रपान छोड़ने का संकल्प आज ही लें । यह असम्भव नहीं है । पिछले बीस सालों में कनाडा में $5^1/_2$ करोड़, अमेरिका में 4 करोड़ व ब्रिटेन में एक करोड़ लोग धूम्रपान करना छोड़ चुके हैं । सभी पाश्चात्य देशों में धूम्रपान करने वाले लोगों की संख्या में बड़ी तेजी से गिरावट आ रही है । इसीलिए इन दस सालों में कुछ देशों में हृदयाघात से मरने वालों की संख्या में 20 से 30 प्रतिशत की कमी आई है । जब वे छोड़ सकते हैं, तो आप क्यों नहीं? हमारे देश में अब भी स्थिति यह है कि धूम्रपान करने वालों की संख्या में प्रतिवर्ष 2% से अधिक दर से वृद्धि हो रही है । बीड़ी या सिगरेट की संख्या घटाते-घटाते धूम्रपान छोड़ने का संकल्प कभी पूरा नहीं होता । यदि छोड़ना है, तो अभी संकल्प कीजिए एवं छोड़ दीजिए; आखिरी सिगरेट पी लेने के लालच में भी मत आइए । आप इसे छोड़ने का संकल्प कर ही डालें। इससे पहले कि इच्छाशक्ति और कमजोर पड़े; यह करामात कर ही डालें । यह सम्भव है-केवल दस-पन्द्रह दिनों की मुसीबत है, जिसे मन कड़ा करके झेल ही डालें । सुख पाएंगे । भारत में लगभग दस लाख लोग प्रति वर्ष धूम्रपानजनित हृदय रोगों से मर जाते हैं । यदि धूम्रपान में कमी आ जाए तो लाखों परिवार उजड़ने से बच सकते हैं ।

धूम्रपान छोड़ने के इच्छुक लोगों के लिए अच्छी सूचना यह है कि परीक्षणों से यह सिद्ध हो चुका है कि धूम्रपान छोड़ देने के पश्चात, व्यक्ति में हृदय रोग की सम्भावना में बड़ी तेजी से कमी आती है एवं एक-दो साल में उस व्यक्ति की वही स्थिति हो जाती है, जो उस व्यक्ति की है, जिसने कभी धूम्रपान किया ही नहीं । अर्थात् अब भी यदि सम्भल जाते हैं, तो 'देर आयद, दुरुस्त आयद' वाली कहावत को चरितार्थ करेंगे ।

अब संक्षिप्त सम्बोधन उन बन्धुओं के लिए, जो सिगरेट या बीड़ी न पीकर पाइप या हुक्का पीते हैं या जर्दा खाते हैं । इनमें से बहुतों को यह विश्वास है कि जर्दा खाना या पाइप अथवा हुक्का पीना नुकसानदायक नहीं है । आधुनिकतम परीक्षणों से यह सिद्ध हो चुका है कि तम्बाकू का सेवन भले ही किसी प्रकार किया जाए, वह नुकसानदायक होगा

ही । अत: वास्तविकता यह है कि धूम्रपान ही नहीं, बल्कि तम्बाकू भी त्याज्य है । यह बात अलग है कि फेफड़ों के कैंसर के बजाय मुंह अथवा आमाशय के कैंसर से मरना कोई ज्यादा अच्छा समझता हो, तो यह उसकी निजी पसन्द का मामला है । हमारा निवेदन तो यही रहेगा कि तम्बाकू घातक है, इसे त्यागें।

2. उच्च रक्तचाप (Hypertension)

उच्च रक्तचाप क्या है ? रक्त को धमनियों के माध्यम से फेफड़ों एवं शरीर के सब अंगों में पहुंचाने के लिए हृदय के दोनों वेनट्रिकल बड़े दबाव के साथ संकुचित होते हैं, जिससे झटकों के साथ रक्त शरीर की सभी धमनियों में दौड़ जाता है । हृदय के संकुचन से जो दबाव पैदा होता है, उसे रक्तचाप (Blood Pressure) कहते हैं । हृदय की संकुचन क्रिया को सिस्टोल कहते हैं । संकुचन करते समय हृदय जो दबाव पैदा करता है उसे सिस्टोलिक रक्तचाप (Systolic Blood Pressure) कहते हैं । संकुचन के बाद हृदय की मांसपेशियां फैलना शुरू कर देती हैं । इस अनुशिथिलीकरण क्रिया को, जब हृदय की मांसपेशियां पल भर के लिए आराम करती हैं, डायस्टोल (Diastole) कहते हैं । डायस्टोल के समय दबाव कम अवश्य हो जाता है, परन्तु बिलकुल समाप्त नहीं हो पाता, क्योंकि खून के दौरे को बनाए रखने के लिए कुछ दबाव इस समय भी बनाए रखना जरूरी होता है । इस डायस्टोल के समय जो दबाव होता है, उसे डायस्टोलिक ब्लड प्रेशर कहते हैं ।

रक्तचाप कैसे नापा जाता है ? रक्तचाप नापने का यन्त्र हम सबने देखा है । इसमें एक खोखली पट्टी होती है, जिसे डॉक्टर कोहनी के ऊपर हाथ पर कसकर बांध देता है । साथ ही हृदय की धड़कन की आवाज सुनने के लिए स्टेथस्कोप भी कोहनी पर लगा दिया जाता है । इसके बाद पट्टी में रबड़ के पम्प से हवा भरी जाती है, तब तक, जब तक हाथ में खून का बहाव, हवा के दबाव से बन्द नहीं हो जाए । इसके बाद धीरे-धीरे हवा निकाली जाती है । हवा का दबाव कम होने पर जैसे ही खून का दौरा हाथ में पुन: शुरू होता है, खून के बहने की आवाज नस में से आती है, जिसे डॉक्टर अपने स्टेथस्कोप में सुन लेता है । यह आवाज आते ही वह नाप नली में दाब का नाप ले लेता है । इस नाप को सिस्टोलिक ब्लड प्रेशर कहते हैं । मान लीजिए कि यह नाप 120 आया, तो इसका अर्थ यह हुआ कि जब हृदय संकुचन करता है, उस समय रक्तचाप 120 मिलीमीटर है । इसे ऊपर वाला रक्तचाप भी कहते हैं । हवा निकालते-निकालते जैसे ही खून का दौरा सामान्य रूप से होने लगता है, तो धमनी में से आने वाली आवाज बन्द हो जाएगी । आवाज बन्द होते ही नाप नली में नाप ले लिया जाता है । इस समय लिया हुआ नाप डायस्टोलिक ब्लड प्रेशर कहलाता है । इसे नीचे का रक्तचाप भी कहते हैं ।

मान लीजिए कि यह नाप 80 मिलीमीटर आया, तो ऊपर व नीचे–दोनों नापों को इस प्रकार–120/80 लिखा जाएगा।

उच्च रक्तचाप किसे कहते है ? वैसे तो प्रत्येक व्यक्ति में सामान्य रक्तचाप उसकी प्रकृति के आधार पर कम या ज्यादा हो सकता है, लेकिन औसत के आधार पर 120/80 के रक्तचाप को सामान्य रक्तचाप माना जाता है। सोते समय एवं आराम करते समय रक्तचाप कुछ गिर जाता है। इसी प्रकार कार्य करते समय भय, चिन्ता व त्रास की स्थितियों में रक्तचाप बढ़ जाता है। उम्र के साथ–साथ भी रक्तचाप में स्थाई बढ़ोतरी हो जाती है। साठ साल की उम्र के व्यक्ति में 140/90 का रक्तचाप भी सामान्य माना जा सकता है, जबकि 20 साल के जवान के लिए इसे उक्त रक्तचाप माना जा सकता है, परन्तु ऊपर का रक्तचाप असामान्य तरीके से बढ़कर 140 से ऊपर चला जाए, तो इसे उच्च रक्तचाप कहा जाएगा। ऊपर का रक्तचाप यदि 160 से ऊपर चला जाए एवं नीचे का 90 से ऊपर चला जाए, तो यह समझ लीजिए कि चिन्ता की बात हो गई एवं खानपान में बदलाव से या दवाओं द्वारा उसे नीचे लाना एवं नियन्त्रित करना आवश्यक हो जाता है।

उच्च रक्तचाप के कारण : पश्चिमी देशों में लगभग 15% वयस्क जनसंख्या उच्च रक्तचाप से पीड़ित है। भारत में ऐसा कोई सर्वेक्षण नहीं हुआ लेकिन फिर भी अनुमान है कि लगभग 5–6 प्रतिशत जनसंख्या यहां भी उच्च रक्तचाप से पीड़ित होगी। उच्च रक्तचाप क्यों हो जाता है–इस पर पुख्ता तौर पर कुछ कहा जाना सम्भव नहीं है, लेकिन फिर भी वैज्ञानिक परीक्षणों से यह परिणाम निकला है कि अधिक नमक के सेवन से यह रोग अक्सर हो जाता है। हमारे शरीर की प्रतिदिन की नमक की आवश्यकता दो ग्राम से अधिक नहीं होती। भोजन में यदि बिलकुल ही नमक नहीं डाला जाए, तो भी साग-सब्जियों में प्राकृतिक रूप से पाए जाने वाले नमक से इस आवश्यकता की पूर्ति हो जाती है, लेकिन साधारणत: हम आवश्यकता से अधिक नमक खा लेते हैं, क्योंकि साग-सब्जियों में नमक डाला ही जाता है।

वैसे भी भारतीयों को नमकीन व मीठे, दोनों प्रकार के पदार्थ खाने का शौक है। अत: साधारण भारतीय प्रतिदिन औसतन 5 ग्राम से अधिक नमक खा लेता है। जिन लोगों को अधिक नमक खाने का शौक है अथवा जो नमकीन आदि अधिक खाते हैं, वे प्रतिदिन 10 से 20 ग्राम तक नमक खा लेते हैं। अधिक नमक खाने वालों में उच्च रक्तचाप की सम्भावना बढ़ जाती है। जापान एवं कोरिया में लोगों को अधिक नमक खाने का शौक है। अत: उक्त रक्तचाप की बीमारी भी वहां अधिक पाई जाती है। इसके विपरीत कुछ जनजातियां, जो नमक नहीं खातीं या बहुत कम खाती हैं, उनमें उच्च रक्तचाप की बीमारी नगण्य है।

मानसिक तनाव भी उच्च रक्तचाप का प्रमुख कारण माना जाता है । जो लोग स्वभाव से चिन्ता, भय अथवा क्रोध से ग्रसित रहते हैं, उन्हें भी अक्सर उच्च रक्तचाप की बीमारी हो जाती है । इन मनोभावों से शरीर में कॉर्टीसोल व एड्रीनैलीन जैसे रसायनों एवं हारमोन का स्राव होता रहता है, जो रक्तचाप को बढ़ाते हैं । इसके अतिरिक्त मांसाहारी भोजन, मोटापा, मद्यपान एवं धूम्रपान भी रक्तचाप को बढ़ाने वाले कारक हैं । यह रोग आनुवांशिक भी होता है । गर्भ-निरोधक गोलियों के सेवन से (महिलाओं में) या नाक में डालने वाली दवाओं से भी रक्तचाप बढ़ जाता है । अतः इनका उपयोग चिकित्सक की सलाह व उसकी देख-रेख में ही करना चाहिए । कुछ रोगों, विशेषकर गुर्दे के रोगों से भी रक्तचाप बढ़ जाता है । रोग के इलाज के साथ ही रोग के कारण बढ़ा हुआ रक्तचाप सामान्य हो जाता है ।

उच्च रक्तचाप का हृदय पर प्रभाव : यदि ऊपरी रक्तचाप बढ़ा हुआ है, तो इसका सीधा-सा मतलब यह हुआ कि हृदय को जोर लगाकर काम करना पड़ रहा है । सामान्य तौर पर रक्त को धमनियों में फेंकने के लिए जहां 120 मिलीमीटर का दबाव पर्याप्त था, वहां उसे 140 या 160 या 200 (बढ़े हुए रक्तचाप का माप) का दबाव पैदा करना पड़ रहा है । जब अधिक दबाव से रक्त धमनियों में फेंका जाता है, तो उससे भीतरी दीवारें क्षतिग्रस्त हो जाती हैं, जिससे कोलस्ट्रोल व वसा का जमाव शुरू हो जाता है और उनका लचीलापन कम होता जाता है, जिसके कारण हृदयाघात अथवा हृदय की मासंपेशियों के कमजोर पड़ जाने की स्थिति बनती है । अधिक दबाव के कारण दिमाग को खून पहुंचाने वाली कोई धमनी भी फट सकती है, जिससे रक्त-स्राव से पक्षाधात अथवा मृत्यु तक हो जाती है ।

यही कारण है कि जिन लोगों में उच्च रक्तचाप होता है, उनमें 40 साल की उम्र के बाद मृत्यु की सम्भावना सामान्य रक्तचाप वाले लोगों की तुलना में पांच गुना बढ़ जाती है । प्रसिद्ध फ्रैमिंगघम अध्ययन (जिसका जिक्र पहले किया जा चुका है) से यह प्रमाणित हुआ है कि 50 से 59 साल की बीच की उम्र वाले उन लोगों में, जिनका रक्तचाप 160/90 मिलीमीटर से अधिक है, हृदयाघात से मौत होने की सम्भावना तीन गुना अधिक है। औरतों में तो यह सम्भावना छः गुना अधिक हो जाती है । नीचे का रक्तचाप यदि 90 से ऊपर हो, तो इसका मतलब यह हुआ कि हृदय को पूरा आराम नहीं मिल पा रहा है एवं आराम के समय भी उसे अधिक दबाव बनाए रखने की आवश्यकता पड़ रही है। इस थकावट के कारण हृदय-गति बन्द होने की नौबत आ सकती है । अतः निचले रक्तचाप का अधिक होना एक तरह से ज्यादा चिन्ताजनक स्थिति है ।

उच्च रक्तचाप के लक्षण एवं उपचार : यह एक विडम्बना ही है कि साधारणतः उच्च रक्तचाप का कोई लक्षण ही नहीं होता एवं इस कारण रोगी को कोई असुविधा नहीं होती । इसी कारण इस बीमारी का पता आम तौर पर समय पर नहीं लगता और पता

लगने पर भी रोगी उपचार के प्रति जागरूकता नहीं दिखाता तथा लापरवाह बना रहता है । यही लापरवाही अक्सर उसकी मौत का कारण बनती है अथवा पक्षाघात व आंखों की रोशनी चले जाने जैसे परिणाम भुगतने पड़ते हैं । बहुत बाद में जाकर सिर के पीछे के हिस्से में दर्द, थकावट अथवा चक्कर आने जैसे लक्षण प्रकट होते हैं, लेकिन उस समय तक बहुत विलम्ब हो चुका होता है । इसलिए यह आवश्यक है कि 40 साल की उम्र के बाद समय-समय पर रक्तचाप की जांच करवा ली जाए ।

जहां तक उपचार का प्रश्न है, पहला प्रयास यह होना चाहिए कि जीवन-शैली में परिवर्तन किया जाए । खाने में नमक की मात्रा घटा दी जाए । यदि मोटापा है, तो उसे कम किया जाए । यदि स्वभाव चिड़चिड़ा है या क्रोध अधिक आता है, तो शांत एवं प्रसन्नचित्त रहने का प्रयास किया जाए, नियमित हल्का व्यायाम, जैसे घूमना, किया जाए। इस परिवर्तन से ही बहुत-से लोगों का रक्तचाप नियन्त्रित हो जाता है ।

वैसे, रक्तचाप के उपचार के लिए बहुत-सी कारगर दवाइयां बाजार में उपलब्ध हैं, परन्तु दवा दी जाए अथवा नहीं एवं कौन-सी दवा दी जाए एवं कितनी मात्रा में, इन सब का निर्धारण आपका चिकित्सक ही करेगा । आपका दायित्व तो यही है कि चिकित्सक के निर्देशों के अनुसार नियमित रूप से दवा लेते जाएं ।

3. मधुमेह (Diabetes)

मधुमेह, लक्षणों के आधार पर तो बहुत साधारण-सी बीमारी लगती है, क्योंकि जब तक बीमारी बहुत बढ़ नहीं जाए, इसके कोई विशेष लक्षण नहीं होते, कोई बुखार नहीं आता, कहीं दर्द नहीं होता एवं रोगी को अन्य कोई विशेष असुविधा नहीं होती । इसी कारण बहुधा इस बीमारी का पता भी समय पर नहीं चलता एवं रोग बढ़ता चला जाता है । जो लोग इस रोग की भयंकरता के बारे में नहीं जानते, वे इसके उपचार के लिए लापरवाह बने रहते हैं । वास्तविकता यह है कि मधुमेह न जाने कितनी अन्य बीमारियों की जननी है । यह अपने-आप में भी एक घातक रोग है । अमेरिका में हृदय रोगों एवं कैंसर के बाद सबसे अधिक लोग इसी बीमारी के कारण मरते हैं । हृदय रोगों से भी इसका अत्यन्त गहरा सम्बन्ध है । फ्रैमिंगघम अध्ययन से, मधुमेह के संदर्भ में दो महत्त्वपूर्ण निष्कर्ष निकले हैं । पहला यह कि मधुमेह के सौ रोगियों में से पचास हृदय रोग से भी पीड़ित होते हैं । दूसरा यह कि मधुमेह के रोगियों का रक्तचाप तुलनात्मक रूप से उन लोगों से अधिक रहता है, जिनको मधुमेह नहीं है । यह हम पहले ही देख चुके हैं कि उच्च रक्तचाप से हृदय रोग की सम्भावनाएं बढ़ जाती हैं । परीक्षणों से यह भी प्रमाणित हो चुका है कि मधुमेह के रोगियों की धमनियों में कोलस्ट्रोल के जमाव की प्रक्रिया अधिक तेज होती है, अतः दिल के दौरे की सम्भावना जल्दी बन जाती है।

इस प्रकार से मधुमेह एवं हृदय रोगों का चोली दामन का साथ है । इसलिए हृदय रोग से बचने के लिए मधुमेह से बचना एक महती आवश्यकता हो जाती है । यदि दुर्भाग्य से मधुमेह हो जाता है, तो उसे सदैव ही नियन्त्रण में रखना बहुत आवश्यक है ।

इस बात की सामान्य जानकारी तो हम सभी को है कि खून में शक्कर की मात्रा बढ़ जाने एवं पेशाब के साथ भी शक्कर जाने की बीमारी को मधुमेह कहते हैं । खून में शक्कर की मात्रा बढ़ क्यों जाती है–इसे संक्षेप में समझ लेना प्रासंगिक होगा । जो भी कार्बोहाइड्रेट हम भोजन के साथ खाते हैं, वे सब रासायनिक प्रक्रियाओं से गुजरकर अन्ततः ग्लूकोज में परिवर्तित हो जाते हैं एवं यह ग्लूकोज खून में घुल जाता है । लगभग $4^1/_2$ ग्राम ग्लूकोज साधारणतः हमारे खून में विद्यमान रहता ही है । खून में से इस ग्लूकोज को हमारे शरीर की करोड़ों-करोड़ों कोशिकाएं ग्रहण करती हैं, जहां पर मुख्यतः यह ग्लूकोज ईंधन का काम करता है । यह पहले बताया जा चुका है कि प्रत्येक कोशिका एक भट्टी के रूप में कार्य करती है, जिससे ऊर्जा का उत्पादन होता है एवं यही ऊर्जा शरीर की सभी क्रियाओं का संचालन करती है । जैसे–कोलस्ट्रोल को कोशिकाओं में पहुंचाने के लिए लाइपोप्रोटीन का सहारा लेना पड़ता है, उसी प्रकार ग्लूकोज को कोशिकाओं में पहुंचाने के लिए एक विशिष्ट हारमोन, इन्सुलिन (Insulin) का सहारा लेना पड़ता है । यदि इन्सुलिन नहीं हो, तो कोशिकाएं खून में से ग्लूकोज को ग्रहण नहीं कर पाएंगी, जिससे शरीर की सारी संचालन-प्रक्रिया ही गड़बड़ा जाती है । यह इन्सुलिन, हमारे शरीर में बाईं तरफ आमाशय के नीचे स्थित पैनक्रियाज (Pancreas) नामक ग्रन्थि में उत्पादित होती है । भूरे गुलाबी रंग की इस ग्रन्थि का आकार कुत्ते की जीभ की तरह का होता है और वजन लगभग 85 ग्राम होता है । हमारे शरीर में ऐसी व्यवस्था होती है कि जितनी आवश्यकता होती है, उतनी ही इन्सुलिन यह ग्रन्थि खून में छोड़ देगी । भोजन के बाद खून में ग्लूकोज की मात्रा बढ़ जाती है । यदि भोजन में हमने मीठा या कार्बोहाइड्रेट युक्त पदार्थ, जैसे–चावल, आलू आदि अधिक खाए हैं, तो ग्लूकोज की मात्रा एकदम से बहुत अधिक बढ़ जाएगी । इस बढ़ी हुई मात्रा को सामान्य स्तर पर लाने के लिए पैनक्रियाज उसी अनुपात में अधिक इन्सुलिन खून में छोड़ देगी और अधिक ग्लूकोज को तुरन्त ही कोशिकाओं में उपयोग हेतु भिजवा दिया जाएगा । यदि किसी कारण से पैनक्रियाज में आवश्यकतानुसार इन्सुलिन का उत्पादन नहीं हो पाता या फिर संदेश वाहक तन्त्र में कोई गड़बड़ी पैदा हो जाती है, तो उस स्थिति में खून में मौजूद ग्लूकोज कोशिकाओं में नहीं पहुंच पाएगा एवं खून में ग्लूकोज की मात्रा बढ़ती चली जाएगी । जब सदैव ही ऐसी स्थिति बनी रहने लगे, तो कहा जाता है कि व्यक्ति मधुमेह से ग्रसित हो गया । इसे तकनीकी भाषा में हाइपरग्लाइसिमिया (Hyperglycemia) भी कहते हैं ।

मधुमेह क्यों होता है, यह आधुनिक विज्ञान को अब तक पूरा पता नहीं लग पाया है लेकिन यदि माता-पिता एवं खून के निकट सम्बन्धियों में यह रोग है, तो इस रोग के होने की सम्भावना अधिक रहती है। अधिक मोटे व्यक्ति, जो जिस्मानी मेहनत नहीं करते और ज्यादा मीठा खाने के शौकीन हैं, उनमें इस रोग के होने की अधिक सम्भावना होती है। मानसिक तनाव की स्थितियां भी अक्सर इस रोग की कारक बनती हैं। इसलिए मधुमेह से बचने के लिए यह आवश्यक है कि जीवन-पद्धति में उचित परिवर्तन करके उपरोक्त स्थितियों से बचा जाए, जिससे यह रोग नहीं होने पाए। यदि दुर्भाग्य से रोग हो जाता है, तो चिकित्सक के परामर्श के अनुसार खान-पांन ठीक रखना, नियमित व्यायाम करना, मानसिक तनाव की स्थितियों से बचना व नियमित रूप से दवा लेना या इन्जेक्शन लेना बहुत ही आवश्यक है।

इस रोग के प्रारंभिक लक्षण कृत्रिम थकावट का रहना, प्यास अधिक लगना एवं मूत्र त्याग की इच्छा में वृद्धि होना होते हैं। अत: ऐसे लक्षण प्रकट होते ही यह सावधानी रखनी चाहिए कि खून और पेशाब की जांच करवा ली जाए।

मधुमेह से ग्रसित रोगी को यदि हृदय रोग भी हो जाता है, तो उसे एक बड़े खतरे का सामना करना पड़ता है। वह यह कि मधुमेह के रोगी को बिना किसी दर्द या अन्य लक्षणों के दिल का दौरा पड़ जाता है और घातक दौरा पड़ने की सम्भावना भी बढ़ जाती है। अत: इस कारण से भी मधुमेह से बचना तथा हो जाने पर उसे सदा नियन्त्रण में रखना और अधिक आवश्यक हो जाता है।

मधुमेह है या नहीं-यह पता लगाने के लिए खून की जांच भूखे पेट की जाती है। इस जांच में खून में शक्कर (ग्लूकोज) की मात्रा यदि 100 मिलीग्राम से कम आती है, तो समझ लीजिए कि रोग नहीं है। 100 से 130 के बीच की मात्रा रोग की सम्भावना प्रकट करती है। इसे आप चेतावनी स्वरूप लें। यदि चेत जाएंगे, तो रोग की गिरफ्त में आने से बच सकते हैं। यदि मात्रा 130 से अधिक आती है, तो समझना चाहिए कि रोग अपनी पकड़ मजबूत कर चुका है। डॉक्टर कई बार पूरी तसल्ली के लिए ग्लूकोज पिला कर या मीठा खिलाकर उसके एक व दो घंटे बाद फिर खून की जांच करवाते हैं। निम्नलिखित आंकड़ों के आधार पर आप निष्कर्ष स्वयं निकाल सकते हैं:-

एक घंटे के बाद की जांच-

* 160 मि.ग्रा. से नीचे - सामान्य
* 160 से 200 मि.ग्रा. - बीमारी हो सकती है
* 220 मि.ग्रा. से ऊपर - बीमारी है

दो घंटे के बाद–

* 120 मि.ग्रा. से नीचे　　– सामान्य
* 120 से 150 मि.ग्रा.　　– बीमारी हो सकती है
* 150 मि.ग्रा. से ऊपर　　– बीमारी है

4. मोटापा (Obesity)

मोटापा भी हृदय रोग से उसी प्रकार जुड़ा हुआ है, जैसे मधुमेह । यही नहीं, बल्कि मधुमेह की तरह यह अन्य बीमारियों को भी जन्म देता है । यह पाया गया है कि मधुमेह के 85%; गाऊट (gout) अर्थात् पैरों में सूजन एवं दर्द की बीमारी के 80% और उच्च रक्तचाप के 60% रोगी मोटे होते हैं । मोटे लोगों में हृदय रोग भी अधिक होता है एवं हृदयाघात द्वारा होने वाली मृत्यु-दर भी मोटापे के साथ आनुपातिक रूप से बढ़ जाती है, जैसा कि नीचे दिए गए आंकड़ों से स्पष्ट होगा:–

सामान्य से अधिक भार		मृत्यु दर में बढ़ोतरी
10 प्रतिशत	–	13 प्रतिशत
20 प्रतिशत	–	25 प्रतिशत
30 प्रतिशत	–	40 प्रतिशत

किस व्यक्ति का वजन कितना होना चाहिए—— यह प्रथमत: तो व्यक्ति के कद पर निर्भर करता है एवं दूसरे शरीर के ढांचे पर भी निर्भर करता है । सामान्य वजन आम तौर पर औसत के आधार पर ही निकाले गए हैं । भारत में सामान्यत: मानक के रूप में स्वीकार्य सामान्य वजन के आंकड़े निम्न प्रकार हैं:—

मीटर	फुट	इंच	कदवांछित भार (25 साल की उम्र के बाद)			
			पुरुष		महिला	
			किलो	पौण्ड	किलो	पौण्ड
1	2	3	4	5	6	7
1.525	5	1	55 से 59	121 से 130	52 से 55	114 से 122
1.575	5	2	56 से 60	124 से 133	53 से 57	117 से 125
1.600	5	3	57.5 से 61.5	127 से 136	54.5 से 58	120 से 128
1.625	5	4	59 से 63.5	130 से 140	56.5 से 60	124 से 132
1.650	5	5	61 से 65.5	134 से 144	57.5 से 61	127 से 135

1	2	3	4	5	6	7
1.675	5	6	62 से 66.5	137 से 147	59 से 63.5	130 से 140
1.700	5	7	64 से 68.5	141 से 151	61 से 65.5	134 से 149
1.725	5	8	66 से 71	145 से 156	62 से 66.5	137 से 147
1.750	5	9	67.5 से 72.5	149 से 160	64 से 68.5	141 से 151
1.775	5	10	69.5 से 74.5	153 से 164	66 से 70.5	145 से 155
1.800	5	11	71 से 76	157 से 168	67 से 71.5	148 से 158
1.825	6	0	73 से 78.5	161 से 173	68.5 से 74	151 से 163

कद के अनुसार उपयुक्त भार निकालने का एक फॉरमूला यह भी है कि पुरुषों में 5 फुट के लिए 106 पौंड एवं इससे अधिक प्रत्येक इंच के लिए 6 पौंड और जोड़ लें। इसी प्रकार महिलाओं में 5 फीट के लिए 100 पौंड और फिर प्रत्येक इंच के लिए 5 पौंड और जोड़ लें। दशमलीय नाप में बदलने के लिए एक इंच को 2.540 सेंटीमीटर के बराबर मानें एवं एक पौंड को 0.4535 किलोग्राम के बराबर मानते हुए गणना कर लें।

वजन लेने के लिए सबसे उचित समय प्रात: काल शौचादि जाने के बाद का है। वजन बिना जूतों या चप्पलों के व बिना कपड़ों के या हल्के कपड़ों के साथ लें ताकि सदा समानता रहे जिससे वजन घटने या बढ़ने की सही जानकारी आपको मिल सके।

शरीर की बढ़ोतरी 25 साल की उम्र से पहले-पहले हो लेती है। इसलिए 25 साल की उम्र के बाद सामान्यत: वजन स्थाई रहना चाहिए। लेकिन देखा गया है कि 25 साल की उम्र के बाद वजन बढ़ना शुरू हो जाता है। यदि खान-पान में कोई परिवर्तन नहीं किया जाए तो भी धीरे-धीरे वजन में बढ़ोतरी शुरू हो जाती है एवं साल भर में लगभग आधा से एक किलो भार सामान्यतया बढ़ जाता है। अत: इस बात का ध्यान रखा जाना अत्यन्त जरूरी है कि भोजन की मात्रा में, विशेषकर वसायुक्त पदार्थों एवं चीनी में धीरे-धीरे कमी की जाए ताकि वजन नहीं बढ़ने पाए।

मोटापा बढ़ता क्यों है ? भोजन के रूप में जितनी कैलोरी हम प्रतिदिन ग्रहण करते हैं, उतनी ही यदि खर्च भी कर देते हैं तो हमारा वजन बिल्कुल स्थिर रहेगा, उसमें कमीबेशी नहीं होगी। कुछ कैलोरी तो हमारे शरीर की संचालन क्रियाओं एवं प्रतिदिन का कामकाज करने में व्यय हो जाती है लेकिन कैलोरी का अधिक खर्चा कठिन शारीरिक श्रम करने अथवा व्यायाम एवं खेलकूद में होता है। मानसिक कार्य में बहुत कम कैलोरी खर्च होती है। जो लोग दफ्तर या दुकान आदि का कार्य करते हैं वे आम तौर पर 1500 से 1800 से ज्यादा कैलोरी खर्च नहीं कर पाते। ऐसे लोग यदि अधिक खाते हों या अधिक

गरिष्ठ भोजन करते हों तो वे प्रतिदिन भोजन से ज्यादा कैलोरी प्राप्त करेंगे । मान लीजिए कोई व्यक्ति भोजन से 2200 कैलोरी रोजाना प्राप्त करता है एवं 2000 खर्च करता है तो ऐसी स्थिति में शरीर 200 कैलोरी के बराबर भोजन को शारीरिक वसा में परिवर्तित कर देता है । यह वसा चमड़ी के नीचे विशेषकर छाती एवं पेट में जमा हो जाती है । महिलाओं में यह जमाव अधिकतर कूल्हों पर होता है । यह शरीर की एक तरह की जमा पूंजी है। किसी कारण से शरीर को खाना नहीं मिले या कम खाना मिले तो यह जमा वसा पुन: ऊर्जा में बदल जाती है और इस प्रकार शरीर की संचालन क्रियाओं में कोई बाधा नहीं पहुंचती । चमड़ी के नीचे जमा वसा की परतें यों तो हमारे शरीर को सुडौलता एवं सुन्दरता प्रदान करती हैं लेकिन आवश्यकता से अधिक जमा हो जाने पर न केवल शरीर को बेडौल बना देती है बल्कि कई प्रकार की समस्याएं पैदा करती हैं ।

मोटापा हृदय के लिए हानिकारक क्यों है ? मान लीजिए दस किलो रेत किसी थैली में भर कर किसी की कमर पर बांध दी जाए, तो क्या होगा ? निश्चय ही चलने-फिरने और प्रतिदिन के कार्य करने में बड़ी परेशानी हो जाएगी और शरीर को बहुत अधिक श्रम करना पड़ेगा । यही हालत मोटापे से होती है । जो व्यक्ति सामान्य से दस किलो अधिक वजन का है, उसे सामान्य भार वाले व्यक्ति से दस किलो भार सदैव ही अधिक ढोना पड़ता है जिससे शरीर के सभी अंगों पर अतिरिक्त भार पड़ता है । लेकिन इस अतिरिक्त बोझे का सबसे बड़ा शिकार बेचारा हृदय ही होता है । आपको यह जानकर आश्चर्य होगा कि हमारे शरीर में यदि एक किलो वसा बढ़ती है तो उसमें खून के दौरे की व्यवस्था करने के लिए, शरीर को लगभग तीन सौ किलोमीटर कोशिकाओं (Capillaries) का जाल बिछाना पड़ता है । यदि कोई व्यक्ति दस किलो अधिक भारी हो जाता है तो उसके शरीर में कोशिकाओं की लम्बाई लगभग 3000 किलोमीटर बढ़ जाएगी । क्योंकि शरीर के सभी हिस्सों में रक्त पहुंचाने की जिम्मेदारी हृदय पर है अत: पहले से ही अथक परिश्रम कर रहे हृदय का कार्य और अधिक बढ़ जाता है । मोटापे के कारण धमनियों में कोलस्ट्रोल का जमाव भी अधिक गति से होता है, यह तथ्य फ्रैमिंगघम अध्ययन से सिद्ध हो चुका है । मोटे आदमियों में हृदयाघात की सम्भावना भी पांच गुना तक बढ़ सकती है । यही नहीं बल्कि हड्डियों एवं मांसपेशियों की बीमारी भी मोटे आदमियों को अधिक होती है । दुर्घटना अथवा बीमार होने पर स्वास्थ्य लाभ में भी अधिक विलम्ब होता है । यही नहीं बल्कि मोटे आदमी का ऑपरेशन करने में भी शल्य चिकित्सक को अधिक कठिनाई आती है । इसलिए न केवल स्वस्थ हृदय के लिए बल्कि समग्र रूप से अच्छे स्वास्थ्य के लिए यह आवश्यक है कि मोटापे को कम किया जाए । यह कैसे किया जाए, इस पर भोजन सम्बन्धी अध्याय में विचार किया जाएगा ।

आदर्श वजन कितना होना चाहिए, यह आप ऊपर दी गई तालिका से आसानी से

ज्ञात कर सकते हैं । आप मोटे हैं या नहीं यह जानने की दो सरल विधियां आपको बताते हैं । बिना फुलाए सीने का नाप लें एवं फिर पेट का नाप लें । पेट का नाप सीने के नाप से कम से कम दो इंच (पांच सेंटीमीटर) कम होना चाहिए । यदि यह फर्क दो इंच स कम है तो आपका वजन आदर्श वजन से अधिक है । यदि पेट का नाप सीन के नाप से अधिक है तब तो आप निश्चित रूप से मोटापे से ग्रसित हैं एवं वजन घटाने की तुरन्त आवश्यकता है ।

दूसरी विधि में पैर जोड़कर सीधे तन कर खड़े हो जाएं । अब गर्दन नीचे करके पैरों की उंगलियां देखें, ध्यान रहे, आगे की तरफ झुकें नहीं, केवल गर्दन झुकाएं । इस प्रकार गर्दन झुकाने से यदि पैरों की उंगलियां दिख जाती हैं तो आप मोटे नहीं हैं ।

■ ■

8

मानसिक भावों का हृदय पर प्रभाव

आयुर्वेद के प्राचीनतम ग्रन्थों में चिन्ता, भय एवं त्रास जैसे मनोभावों का उल्लेख, हृदय रोगों के लिए प्रमुख कारकों के रूप में मिलता है, लेकिन आधुनिक विज्ञान में लगभग तीन दशक पूर्व तक इस क्षेत्र में कोई उल्लेखनीय शोध कार्य नहीं हुआ था । आधुनिक विज्ञान पद्धति मुख्यत: माप एवं परिमाण आधारित पद्धति है । कोई भी शोध करना हो तो पहले उसके लिए मापक ईकाई निर्धारित करना आवश्यक हो जाता है और इसके बाद कारण तथा प्रभाव का अध्ययन परिमाणात्मक एवं तुलनात्मक आधार पर किया जाता है । जहां तक भौतिक ईकाईयों का क्षेत्र है, विज्ञान की पद्धति पूर्ण सकारात्मक है और प्राप्त परिणामों का विश्लेषण तथा आकलन कोई भी व्यक्ति आसानी से कर सकता है । लेकिन मनोभावों का क्षेत्र, विज्ञान के लिए अत्यन्त दुरूह क्षेत्र है । प्रत्येक व्यक्ति विभिन्न मानसगुणों का एक ऐसा सम्मिश्रण होता है कि उसकी तुलना अन्य व्यक्ति से की ही नहीं जा सकती । तुलना के लिए मापक ईकाईयां कैसे निर्धारित की जाएं इसी में बड़ी कठिनाई उपस्थित हो जाती है । यही कारण है कि मानस भावों का हृदय रोगों पर क्या प्रभाव है, इस क्षेत्र में अब तक भी बहुत विश्वसनीय शोध परिणाम उपलब्ध नहीं हो पाए हैं। जो प्रारम्भिक शोध कार्य हुआ वह मनुष्या पर न होकर जानवरों पर किया गया था । मानस पटल पर मनुष्य अन्य जानवरों की तुलना में इतना अधिक विकसित है कि जानवरों पर की गई शोध के परिणामों को मनुष्यों पर लागू करने में बहुत पेचीदगियां हैं । फिर भी इन परिणामों ने ऐसे चौंकाने वाले तथ्य प्रस्तुत किए कि आगे के शोध के लिए बिल्कुल नई दिशाएं दे दी ।

कुछ दशक पहले की बात है, खरगोशों पर इस बात का अध्ययन चल रहा था कि अधिक वसायुक्त भोजन का, धमनियों में कोलस्ट्रोल जमने की प्रक्रिया पर क्या प्रभाव पड़ता है । अध्ययन के अन्त में खरगोशों को मार कर उनकी धमनियों में जमी चर्बी की परत का परीक्षण जब किया गया तो एक अजीब सा तथ्य प्रकाश में आया, वह यह था कि एक पिंजरे के खरगोशों की धमनियों का जमाव अन्य सभी पिंजरों के खरगोशों की धमनियों के जमाव का लगभग आधा ही था । ऐसा क्यों हुआ, यह प्रश्न उनके लिए पहेली बन गया । वे इस गुत्थी को सुलझाने में लग गये । पूछताछ से यह पता लगा कि जिस

पिंजरे के खरगोशों की धमनियों में कम जमाव हुआ था, उस पिंजरे में खाना खिलाने का प्रभार जिस व्यक्ति के पास था, उसकी यह आदत थी कि जब भी वह खरगोशों को खाना खिलाता था, उस समय वह बारी-बारी से सबको अपनी गोदी में लेकर कुछ देर के लिए प्यार से सहलाया करता था। प्रश्न उठा कि क्या इस प्यार-दुलार का यह प्रभाव था कि उस पिंजरे के खरगोशों में अधिक वसायुक्त भोजन का दुष्प्रभाव बहुत कम हुआ और वे अन्य के मुकाबले बहुत कम रोग ग्रसित हुए? संयोगवश प्रकट हुए इस तथ्य के आधार पर फिर और परीक्षण किए गए जिनसे यह प्रमाणित हुआ कि प्यार, दुलार एवं थपथपाने का निश्चित प्रभाव पड़ता है, जो खरगोशों को रोगग्रस्त होने से बचाता है। इसके विपरीत जानवरों में विभिन्न प्रकार के तनाव पैदा करके किए गए अध्ययनों से यह प्रकट हुआ कि मानसिक तनाव से ऐथिरोस्किलिरोसिस रोग बहुत ही जल्दी विकसित होता है। उदारहण के तौर पर रूस में किए गए एक परीक्षण में एक नर चिंपाँजी को उसके जोड़े से अलग कर दिया गया एवं मादा के पिंजरे में एक अन्य चिंपाँजी को रख दिया गया। अलग किए गए चिंपाँजी का पिंजरा ऐसी जगह रखा गया, जहां से वह अपनी मादा को दूसरे चिंपाँजी से प्रणयबद्ध होते हुए देख सकता था। परिणाम ? अलग हुआ नर चिंपाँजी शीघ्र ही हृदयाघात से मर गया। उसकी धमनियां ऐथिरोस्किलिरोसिस के कारण पूर्णतया अवरोधित हो चुकी थीं। जानवरों पर किए गए परीक्षणों से उत्प्रेरित होकर बहुत से शोधकर्ताओं ने मानव आधारित अध्ययन किए हैं। परिणाम जो आए हैं वे ये हैं कि चिंता, आतुरता, आशंका आदि नकारात्मक मनोभाव हृदय रोगों को बढ़ाने में महत्त्वपूर्ण योगदान देते हैं। मोटरकार दौड़ स्पर्धाओं के चालकों के परीक्षण से पाया गया कि दौड़ समाप्ति तक उनके खून में कोलस्ट्रोल की मात्रा में काफी वृद्धि हो जाती है। इसी प्रकार, विद्यार्थियों में परीक्षाकाल के दौरान कोलस्ट्रोल की मात्रा में काफी वृद्धि हो जाती है। कुछ परीक्षणों से यह सिद्ध हुआ है कि जो लोग अकेले रहते हैं, उनमें उन लोगों के मुकाबले हृदयाघात अधिक होते हैं, जो अपने परिवार के साथ रहते हैं। अकेले रहने वाले वे लोग जो पालतू जानवर रखते हैं या घर में पेड़-पौधे लगाने व उनकी सम्भाल करने का जिनको शौक है, उनके हृदयाघात की दर कुछ कम हो जाती है। इसी प्रकार, जो लोग समाज में घुलमिल कर रहते हैं या संस्थाओं व क्लबों आदि से जुड़कर सेवा कार्यों में लग जाते हैं उन्हें भी दिल का दौरा कम पड़ता है। अब तक किए गए विभिन्न परीक्षणों से निकले निष्कर्षों के आधार पर, हृदय रोग विशेषज्ञों का बड़ा वर्ग अब यह स्वीकार करने लगा है कि सकारात्मक मनोभावों का हृदय रोग रोकने में बहुत ही महत्त्वपूर्ण योगदान रहता है। परिवार अथवा समाज से अलग-थलग रहने वाले अथवा उपेक्षित जीवन जीने वाले व्यक्ति में हृदय रोग की सम्भावना बहुत बढ़ जाती है। यहां तक कि अब तो अध्यात्म एवं धर्म के महत्व को भी स्वीकारा जाने लगा है। वैज्ञानिक शोध से भी अब यह प्रकट होने लगा है कि ईश्वरोपासना एवं ध्यान, हृदय रोगों को रोकने में

सार्थक योग देते हैं । यह इसी कारण से है कि उपासना, ध्यान अथवा साधना से मन शांत होता है एवं उद्विग्नता मिटती है ।

अमेरिका के दो चिकित्सकों, डॉ. मेयर फ्रीडमैन एवं डॉ आर.एच. रोजमैन ने वर्षों तक मानव व्यवहार का अध्ययन करने के बाद व्यवहार प्रतिमानों के आधार पर सभी व्यक्तियों को दो भागों में विभक्त किया है, टाइप 'ए' एवं टाइप 'बी' । इनका यह शोध कार्य काफी प्रसिद्धि पा चुका है । इनके बनाए विभेद के अनुसार, टाइप 'ए' के व्यक्ति में समय की पाबन्दी सनकीपने की हद तक होती है, उसका जीवन घड़ी की सुइयों से बंधा हुआ होता है । दो टूक बात करने वाला, स्वभाव से अक्खड़, दूसरे की बात सुनने का धैर्य नहीं, दूसरों की बात में बीच में रोक-टोक करने वाला, अति महत्वाकांक्षी एवं दूसरों से आगे निकलने को सदा अधीर रहता है । उपरोक्त गुणों के विपरीत गुणों वाले व्यक्तियों को टाइप 'बी' का संज्ञा दी गई । तीन साल के अध्ययन के पश्चात् दोनों शोधकर्ताओं ने यह निष्कर्ष निकाला कि टाइप 'ए' व्यक्तित्व वाले लोगों में टाइप 'बी' व्यक्तित्व वाले लोगों की अपेक्षा हृदयाघात होने के मामले दुगने से भी ज्यादा होते हैं । बाद के शोधकर्ताओं ने यह निष्कर्ष निकाला कि वास्तविक कारण मानसिक तनाव (Stress) होता है । तनाव के कारण अनेक हो सकते हैं लेकिन परिणति एक ही होगी चित्त की अशांति एवं उद्विग्नता । सदा बनी रहने वाली चित्त की यह अशांति हृदय रोग का कारण बनती है .अभी हाल ही में किए गए प्रयोगों से यह सिद्ध हुआ है कि जिन बंदरों को तनाव की स्थिति में रखा गया, उनकी कोरोनरी धमनियां भी बहुत जल्दी अवरोधित हो गईं, बावजूद इसके कि बन्दरों को बहुत कम वसा वाला स्वास्थ्यवर्धक खाना दिया जा रहा था । अधिक वसा वाला खाना देने पर तो इन तनावग्रस्त बंदरों में कोरोनरी धमनियों में अवरोधन 30 गुना तक बढ़ गया ।

तनाव दो तरह का माना जाता है, पहला तीव्र (Acute) जो किसी आकस्मिक विशिष्ट कारण से उपजता है जैसे किसी के साथ झगड़े या वाद-विवाद से, चोरी हो जाने से अथवा प्रियजन की मृत्यु हो जाने आदि से । दूसरा तनाव चिरकालिक (Chronic) होता है जो अन्दर ही अन्दर सदैव बना रहता है जैसे किसी कारण से उपजी जीवन के प्रति असंतोष की भावना, पति-पत्नी में सामन्जस्य की कमी, किसी बात को मन में छिपाए रखने के कारण उपजा तनाव अथवा भविष्य के प्रति आशंकाएं एवं चिन्ता इत्यादि । डॉक्टर कैपलान द्वारा किए गए प्रयोगों से यह प्रमाणित हुआ है कि चिरकालिक तनाव के फलस्वरूप धमनियों की दीवारें अधिक कोलस्ट्रोल सोखने लगती हैं और उनमें जमाव शुरू हो जाता है । यही नहीं बल्कि चिरकालिक तनाव के फलस्वरूप एच.डी.एल. (अच्छे कोलस्ट्रोल) की मात्रा में कमी आने लगती है । इसी लिए चिरकालिक (Chronic) तनाव को तीव्र तनाव से अधिक घातक और हानिकर माना गया है ।

इस प्रकार, मानसिक भावों का सीधा प्रभाव हृदय एवं इसके स्वास्थ्य पर पड़ता है। कुछ प्रभावों का तो हम प्रत्यक्ष अनुभव कर सकते हैं एवं अन्य को परीक्षणों से जाना जा सकता है । मानसिक तनाव के कुछ लक्षण तुरन्त ही प्रकट हो जाते हैं, जैसे:—

1. दिल की धड़कन का बढ़ जाना एवं लय-ताल में फर्क आ जाना ।
2. रक्तचाप में अचानक वृद्धि हो जाना ।
3. श्वास की गति बढ़ जाना ।
4. खून में शक्कर एवं कोलस्ट्रोल की मात्रा बढ़ जाना।
5. धमनियों में अतिसंकुचन हो जाना ।

यदि तनाव तीव्र प्रकार का है तो ऐड्रीनैलीन नामक हारमोन की मात्रा रक्त में बढ़ जाती है, जबकि चिरकालिक तनाव की स्थिति में एक-दूसरे प्रकार के हारमोन कॉर्टीसोल (Cortisol) की मात्रा बढ़ती है । यह हमारे शरीर की एक प्रकार की प्रतिरक्षात्मक कार्यवाही है, जो शरीर को लड़ने के लिए तैयार करती है । धमनियों का संकुचन इसलिए होता है कि शरीर में कहीं चोट लगे तो रक्त स्राव अधिक न हो । लेकिन चिरकालिक तनाव की स्थितियों में बाहरी लड़ाई जैसी तो कोई स्थिति होती ही नहीं । एक भीतरी संघर्ष एवं कुंठन लगातार चलता रहता है जिसके कारण कॉर्टीसोल भी स्रावित होता रहता है जिससे धमनियों में लगातार संकुचन होने के कारण, उनकी भीतरी परत क्षतिग्रस्त होती रहती है और खून का थक्का बनने की सम्भावनाएं बढ़ जाती हैं । इसी कारण से हृदयाघात अथवा पक्षाघात की स्थिति भी आ सकती है ।

अब प्रश्न उठता है कि इन तनाव की स्थितियों से कैसे बचा जाए? यह तभी हो सकता है कि जो भाव चित्त को अशांत, व्यग्र अथवा व्याकुल करके तनाव पैदा करते हों, ऐसे भावों को चित्त में उभरने ही नहीं दिया जाए । ऐसे भाव हैं, क्रोध, ईर्ष्या, घृणा, भय, चिन्ता आदि जिन्हें हमारी पौराणिक भाषा में काम, क्रोध, मद, लोभ कहते हैं । इन भावों का शमन तभी हो सकता है जबकि हमारे भीतर सदैव ही प्रेम, अनुराग, स्नेह, सेवा एवं परोपकार जैसे जीवनोत्कर्षी भावों का संचार होता रहे । यह कैसे सम्भव हो ? सरल काम नहीं है । इसके लिए, जीवन के प्रति सम्पूर्ण दृष्टिकोण को बदलना होगा । मोह (स्वार्थपरक प्रेम) का त्याग करके अपने जीवन को प्राणीमात्र से प्रेम के भाव में ओतप्रोत करना होगा । सारे विश्व को धारित, संचालित करने वाली सत्ता में श्रद्धा एवं आस्था पैदा करनी होगी । समता की स्थिति प्राप्त करनी होगी । समता की स्थिति क्या है ? किसी कवि के शब्दों में :

''निज प्रभुमय देखे जगत्, कहि संग करे विरोध।''

इसी भाव को एक शायर ने यों व्यक्त किया है:—

''किसको 'कैसर' पत्थर मारें कौन पराया है;
शीश महल में इक-इक चेहरा अपना लगता है ।''

कबीर ने भी यही बात ऐसे कही है:—

''हम सब मांहि, सकल हम मांहि
हमते और दूसरा नांहि ।''

हमारी विडम्बना यह है कि हमारी मन:स्थिति बाहरी उत्प्रेरणाओं, आघातों-प्रतिघातों पर निर्भर करती है इसलिये कोई भी हमें अशांत कर सकने में समर्थ है जबकि शांति की तलाश हमें अपने भीतर करनी होगी । 'योग वशिष्ठ' में कहा गया है, ''अपने भीतर शांति प्राप्त हो जाने पर सारा संसार शांत दिखाई देने लगता है ।''

आंतरिक शांति प्राप्त करने का सहज मार्ग है सेवा एवं परोपकार अर्थात् स्वयं पर केन्द्रित दृष्टि को परहित की तरफ मोड़ देना । स्वामी विवेकानन्द ने कहा है; ''सही अर्थों में केवल वही जी रहे हैं, जो दूसरों के लिए जीते हैं । जो मात्र अपने लिए जीते हैं वे तो जिन्दा कम और मरे हुए अधिक हैं ।'' रियाज खैराबादी ने इसी भाव को लफ्जों में इस तरह बांधा है:--

जिनके दिल में है दर्द दुनिया का, वही दुनिया में जिंदा रहते हैं ।
जो मिटाते हैं खुद को जीते जी, वही मर कर भी जिन्दा रहते हैं ।।

हम भारतीय तो भाग्यशाली हैं कि हमारे पूर्वजों ने इतना समर्थ जीवन-दर्शन हमें दिया है । गीता कोई धार्मिक पुस्तक नहीं बल्कि जीवन के शाश्वत मूल्यों का बोध करवा कर सही जीवन पद्धति में स्वयं को ढालने की क्षमता पैदा करने वाली पुस्तक है । इसे हम अपना पथ-प्रदर्शक बनाएं ।

हर्ष का विषय है कि पश्चिम के शोधकर्ता स्वस्थ जीवन के लिए भारतीय दर्शन के मूल्य को पहचानने लगे हैं । ऐसे ही एक शोधकर्ता हैं, डॉ. डीन ओरनिश, जो कैलिफोर्निया के एक हृदय रोग विशेषज्ञ हैं । संभवत: वे विश्व के पहले शोधकर्ता हैं जिन्होंने यह सिद्ध किया है कि ऐथिरोस्क्लिरोसिस (धमनियों में जमाव) को पल्टा भी जा सकता है । इस हेतु उन्होंने जो प्रयोग किए उसमें रोगियों को दवा नहीं दी बल्कि उचित शाकाहारी भोजन एवं व्यायाम पर ही जोर दिया । इनके शोध की नई दिशा यह थी कि एक भारतीय योग शिक्षक की सहायता से उपासना, ध्यान, साधना एवं योगासन के कार्यक्रम को भी इन्होंने अपने प्रयोगों के आवश्यक अंग के रूप में सम्मिलित किया । परिणाम आश्चर्यजनक आए एवं बहुत से पुराने रोगियों में बीमारी कम हो गई । अपने प्रयोगों का विस्तृत विवरण इन्होंने अपनी पुस्तक, Dr. Dean Ornish's Program for Reversing Heart Disease में दिया है । यह एक पठनीय पुस्तक है । इनके द्वारा किए गए प्रयोगों का कुछ विवरण, आगे किसी अध्याय में किया जाएगा ।

■■

9

____सौ दवाओं की एक दवाः व्यायाम

विज्ञान ने आज जन साधारण के लिए भी इतनी सुविधाएं जुटा दी हैं जितनी कभी बादशाहों एवं सम्राटों को भी सुलभ नहीं थीं। इनमें से प्रमुख हैं परिवहन के साधन जैसे मोटरकार, रेल एवं वायुयान आदि। पहले जहां-सौ पचास मील जाना भी दुष्कर कार्य था, वहां आज समस्त विश्व जैसे सिकुड़कर हमारे पैरों तले ही आ गया हो। सृष्टि-रचयिता की मंशा तो सम्भवत: यही थी कि एक स्थान से दूसरे स्थान पर जाना हो तो पैरों का उपयोग किया जाए, लेकिन आज तो हम बैठे-बैठे या लेटे-लेटे ही विश्व भ्रमण करने लगे हैं। जो जितना समृद्ध है, उसने उतना ही अपने पैरों से काम लेना छोड़ दिया है। हर सुविधा का कुछ मोल चुकाना पड़ता है, यह प्रकृति का नियम है। हाथ-पैर चलाना बन्द करने का मोल है, शरीर में अनेकानेक बीमारियों जैसे मोटापा, संधिवात, गठिया, कमर एवं पीठ का दर्द, रीढ़ की हड्डी के रोग, उच्च रक्तचाप, मधुमेह, पक्षाघात एवं हृदय रोगों का प्रादुर्भाव। श्रमहीन एवं आराम-तलबी की जिंदगी का सीधा सम्बन्ध हृदय रोगों से है। परीक्षणों से यह पाया गया है कि जो लोग शारीरिक रूप से सक्रिय रहते हैं, या नियमित रूप से व्यायाम करते हैं, उनमें एक जगह बैठे काम करने वाले अथवा व्यायाम नहीं करने वाले लोगों की अपेक्षा हृदयाघात होने का खतरा एक-तिहाई कम होता है।

किसी विख्यात हृदय रोग विशेषज्ञ ने कहा था कि ''हृदयाघात आपके पैरों से शुरू होता है।'' इस कथन द्वारा असल में उसने हृदय को स्वस्थ रखने के लिए, घूमने के महत्व को उजागर करना चाहा था। व्यायाम चाहे किसी तरह का हो, सम्पूर्ण शारीरिक क्रियाओं के लिए लाभदायक होता ही है। किसी ने कहा है, ''नियमित व्यायाम न केवल जीवन के वर्षों में बढ़ोतरी करता है, बल्कि आपके वर्षों को जीवन प्रदान करता है।''

मॉर्टन वॉकर ने अपनी पुस्तक Total Health (टोटल हैल्थ) में व्यायाम को एक चिकित्सा पद्धति मानते हुए उसके तीस लाभ गिनाए हैं। जहां तक हृदय के स्वास्थ्य का सम्बन्ध है, नियमित व्यायाम से होने वाले लाभों का उल्लेख नीचे किया जा रहा है:-

1. हृदय की मांसपेशियां सशक्त होती हैं, जिससे उनकी कार्यक्षमता बढ़ती है।

2. हृदय की मांसपेशियों में रक्त-संचार में वृद्धि होती है, जिससे उन्हें अधिक ऑक्सीजन प्राप्त होती है।

3. प्रत्येक धड़कन के साथ अधिक रक्त पंप करने एवं प्रत्येक मिनट में अधिक रक्त संचरित करने की क्षमता भी बढ़ती है जिसके फलस्वरूप कम मेहनत करके हृदय ज्यादा सुचारु रूप से कार्य करने में सक्षम हो जाता है ।

4. सशक्त हो जाने के कारण, अचानक दिल का दौरा पड़ने की सम्भावना कम हो जाती है, यदि दौरा पड़ता है तो उसके घातक होने की सम्भावना कम होती है एवं दौरे के बाद सशक्त हृदय बहुत शीघ्र पुन: स्वस्थ और सामान्य हो जाता है । यही नहीं बल्कि दौरा पड़ने के बाद के 48 घंटों में जो पेचीदगियां होती हैं, वे भी कम होती हैं ।

5. शरीर के वजन को नियन्त्रण में रखना आसान होता है ।

6. बुरे कोलस्ट्रोल अर्थात एल.डी.एल. एवं ट्राइग्लिसराइड की मात्रा घटती है तथा अच्छे कोलस्ट्रोल अर्थात एच.डी.एल. की मात्रा बढ़ती है, जिससे धमनियों में जमाव की क्रिया रुकती है या कम होती है ।

7. खून में थक्का बनने की क्रिया शिथिल पड़ जाती है, जिससे हृदयाघात की सम्भावना कम हो जाती है ।

8. नाड़ी की गति कम होती है जिसके साथ ही उच्च रक्तचाप में कमी आती है।

9. मधुमेह का खतरा कम हो जाता है । यदि रोग हो जाता है, तो उसे नियन्त्रण में रखना आसान रहता है ।

10. मानसिक तनाव एवं मानसिक अवसाद (Depression) कम होता है ।

11. धमनियां लचीली हो जाती हैं जिसके कारण हृदयाघात एवं पक्षाघात (Stroke) होने की सम्भावना कम हो जाती है ।

12. धूम्रपान करने अथवा शराब पीने की तलब में कमी आती है इसलिए इन आदतों को छोड़ना सरल हो जाता है ।

13. फेफड़े सशक्त होते हैं, जिससे श्वसन क्रिया में सुधार होता है जिसका लाभ सारे शरीर को मिलता है एवं चयापचय क्रिया (Metabolism) में सुधार होता है । हृदय को भी इसका लाभ मिलता है ।

14. शरीर की सब मांसपेशियां सशक्त हो जाने से उनकी क्षमता बढ़ जाती है और ऑक्सीजन की आवश्यकता कम हो जाती है । इससे हृदय को आराम मिलता है ।

15. हृदय की मांसपेशियों में अतिरिक्त शिराओं का जाल (Collateral Circulation) फैलाने में सहायता मिलती है । इससे हृदयाघात के घातक होने की सम्भावनाएं कम हो जाती हैं ।

16. हड्डियों में पाई जाने वाली मज्जा अधिक कार्यशील हो जाती है, जिससे खून के लाल कणों का उत्पादन बढ़ जाता है जिससे खून की ऑक्सीजन को वहन करने की क्षमता बढ़ती है ।

17. नियमित व्यायाम करने वाले के हृदय की धड़कन, आराम करते समय या नींद में बहुत कम रहती है, जिससे हृदय को अधिक आराम मिलता है ।

18. बुढ़ापा आने की क्रिया शिथिल हो जाती है ।

दुनिया में यदि ऐसी कोई दवा ईजाद हो जाए, जो एक साथ इतने सब फायदे देती हो तो लाखों रुपयों की कीमत देकर भी लोग उसे खरीदना चाहेंगे । लेकिन प्रकृति का विधान तो यह है कि जो वस्तु जीवन के लिए जितनी मूल्यवान है, वह उतनी ही सहज सुलभ है । हवा, पानी का कोई मोल नहीं होता । यह अलग बात है कि प्रकृति के साथ मानव की छेड़छाड़ ने यह दिन दिखा दिया है कि पानी मोल लेना पड़ता है और सम्भवत: हवा मोल लेने की नौबत भी शीघ्र आने ही वाली है । स्वास्थ्यदायक सभी व्यायाम कोई भी व्यक्ति बिना मोल के कर सकता है । आवश्यकता है केवल संकल्प एवं इच्छाशक्ति की और प्रतिदिन कुछ समय निकालने की । अच्छे स्वास्थ्य की यह तिलस्म हमें मुहैया है तो फिर तरह-तरह की बीमारियों के चंगुल में फंसने की बेवकूफी कोई क्यों करे?

अब प्रश्न उठता है कि किस तरह का व्यायाम करना चाहिए तथा कितनी देर तक? यदि आप नौजवान हैं एवं पूर्ण स्वस्थ हैं तो जवाब है कि जिसमें आनन्द आए, वही करें और जितनी देर चाहें, कर लें । दौड़ना, घूमना, तैराकी, साइकिल चलाना, शारीरिक श्रम वाले सभी खेल, यौगिक आसन व व्यायाम आदि सभी फायदेमंद हैं । परन्तु यदि आपकी उम्र 40 वर्ष से अधिक हो चुकी है और आप पहले से नियमित व्यायाम नहीं कर रहे हैं, या आप हृदय रोग से ग्रसित हो चुके हैं, या किसी को हृदयाघात हो चुका है तो उस स्थिति में व्यायाम के चुनाव में कुछ सावधानी बरतने की आवश्यकता है ।

व्यायाम का आम तौर पर दो भागों में बाँटा जाता है— Aerobic Excercises (ऐरोबिक एक्सरसाइज) एवं Anaerobic Excercises (एनारोबिक एक्सरसाइज) । इनके दो और नाम, क्रमश: Isotonic एवं Isometric भी हैं । सम्भवत: हिन्दी में इनका समानार्थी कोई शब्द नहीं है । इनमें क्या फर्क है, यह हमें समझ लेना चाहिए । टहलना, तेज चलना, तैरना, साइकिल चलाना, एक स्थान पर खड़े-खड़े कूदना ये सब ऐरोबिक या आइसोटोनिक किस्म के व्यायाम हैं । इसमें शरीर की बड़ी मांसपेशियां हरकत में आती हैं । मांसपेशियां जब श्रमबद्ध होती हैं, तो उनकी ऑक्सीजन की आवश्यकता बढ़ जाती है, जिसके कारण सांस की गति बढ़ जाती है और इसी के साथ हृदय भी अधिक क्रियाशील हो जाता है तथा धड़कन की गति बढ़ जाती है । प्रतिफल यह होता है कि शरीर की सभी

मांसपेशियों एवं हृदय की मांसपेशियों में रक्त-संचार बढ़ जाता है और इस प्रकार रक्त में घुली हुई ऑक्सीजन से बढ़ी हुई मांग की पूर्ति हो जाती है ।

इसके विपरीत भारोत्तोलन, अत्यन्त तेज गति से दौड़ना, बॉक्सिंग, कबड्डी तथा अत्यन्त तेज गति से खेले जाने वाले खेलों में मांसपेशियों की ऑक्सीजन की आवश्यकता एकदम से इतनी बढ़ जाती है कि रक्त से प्राप्त ऑक्सीजन से उस आवश्यकता की पूर्ति नहीं हो पाती और मांसपेशियों को एक आपातकालीन कार्यवाही यह करनी पड़ती है कि अपनी कोशिकाओं में संचित ग्लाइकोजन को जला कर उससे ऊर्जा प्राप्त करनी पड़ती है । यह क्रिया बिना ऑक्सीजन के भी सम्भव है, अतः इसे एनोरोबिक (जिसमें वायु की आवश्यकता नहीं हो) व्यायाम की संज्ञा दी जाती है ।

' अधिक उम्र में व्यायाम प्रारम्भ करने वाले, हृदय रोगियों और ऐसे व्यक्तियों, जिनको दिल का दौरा पड़ चुका है, को एनोरोबिक किस्म के व्यायाम नहीं करने चाहिए क्योंकि ये हृदय को नुक्सान पहुंचा सकते हैं । इसके विपरीत ऐरोबिक किस्म के व्यायाम जैसे तेज गति से चलना, तैरना इत्यादि, न केवल शरीर की प्रमुख मांसपेशियों को सशक्त करते हैं बल्कि हृदय को भी सशक्त करते हैं । इस प्रकार के व्यायाम को नियमित रूप से करने पर हृदय एवं शरीर की अन्य मांसपेशियों की कार्यक्षमता बढ़ जाती है जिससे कम ऑक्सीजन से वे अधिक कार्य सम्पादन करने में सक्षम हो जाती हैं । इसका प्रतिफल यह होता है कि हृदय को अधिक आराम मिलता है एवं वह हृदयाघात सहने के लिए और मजबूत हो जाता है । व्यायाम का एक और फायदा यह होता है कि व्यायाम करते समय कार्यशील मासंपेशियां और पैरों की शिराएं एक विपरीत पंप की तरह काम करना शुरू कर देती हैं अर्थात् शरीर के दूरस्थ हिस्सों से खून को हृदय की तरफ पंप करना प्रारंभ कर देती हैं । इस क्रिया से हृदय को मदद मिल जाती है । ठीक उसी प्रकार जैसे कोई ठेला खींच रहा हो और कोई पीछे से सहायता के लिए धक्का लगाना शुरू कर दे। इस कारण हृदय को रक्त-संचार बनाए रखने के लिए अधिक श्रम नहीं करना पड़ता।

इससे पहले कि व्यायाम के सम्बन्ध में आपको सामान्य निर्देशों से अवगत करवाएं, अभी हाल ही में प्रकाशित कुछ शोध परिणामों के संदर्भ में एक चेतावनी देना उपयुक्त होगा । शोध से यह प्रकट हुआ है कि धमनियों की भीतरी सतह से एक रसायन स्रावित होता है जिसे Endothelium Derived Relaxation Factor (E.D.R.F.) ई.डी.आर.एफ. नाम दिया गया है । इस ई.डी.आर.एफ. का कार्य यह होता है कि यह धमनियों को ढीला करके उन्हें फैला देता है, जिससे कि उनकी रक्त वहन क्षमता बढ़ जाती है । व्यायाम करने से ई.डी.आर.एफ. का स्राव बढ़ जाता है । लेकिन यदि ऐथिरोस्किलिरोसिस के कारण धमनियों की भीतरी सतह क्षतिग्रस्त हो चुकी हो, तो ई.डी.आर.एफ. का बहुत

कम स्राव हो पाता है जिसके कारण, यह सम्भव है कि व्यायाम करते समय धमनियां बजाय फैलने के सिकुड़ जाएं । ऐसा हो जाने पर व्यायाम से फायदा होने के बजाय हृदयाघात हो सकता है एवं जान से हाथ धोना पड़ सकता है । इसलिए हृदय रोगियों को व्यायाम करने में बहुत सावधानियां बरतनी चाहिए । नीचे लिखे निर्देशों का यदि पालन किया जाए, तो सम्भावित खतरे को टालते हुए, आप व्यायाम से होने वाले सभी लाभों को अर्जित कर सकेंगे:-

1. हृदय रोगियों के लिए घूमना सबसे उत्तम व्यायाम है । अत: घूमने को अपनी दिनचर्या का अंग बना लें ।

2. लगभग बीस मिनट धीमी गति से घूमना प्रारम्भ करें और इससे कोई थकावट महसूस नहीं हो तो फिर धीरे-धीरे समय बढ़ाते हुए 10-15 दिन में समय आधे घंटे तक बढ़ा दें । धीमी गति से आधे घंटे में आप दो किलोमीटर बहुत आराम से चल लेंगे ।

3. अब धीरे-धीरे अपनी चाल की गति बढ़ाना शुरू कर दें एवं 10-15 दिन में लगभग 22 मिनट में दो किलोमीटर चलने लगें । यदि 30 मिनट के समय को स्थिर रखना चाहें तो धीरे-धीरे फासला बढ़ाना शुरू कर दें ताकि आधे घंटे में तीन किलोमीटर का फासला तय होने लगे । यह क्रम तीन-चार महीने तक जारी रखें अर्थात् आधे घंटे में तीन किलोमीटर की सैर । हृदय रोगी समय-समय पर अपने चिकित्सक से परामर्श अवश्य करते रहें तथा उसी की राय के अनुसार ही अपने व्यायाम को संचालित करें ।

4. व्यायाम का पूरा लाभ तभी होगा जबकि पूरे समय अपनी चाल को समान रखें, कम ज्यादा नहीं करें और बीच में दोस्तों अथवा जानकारों से गप्पें लड़ाने के लिए रुकें नहीं । हां, यदि थकावट महसूस हो, सीने में दर्द अथवा दबाव महसूस हो तो चाल अवश्य ही धीमी कर दे । एन्जाइना का दर्द हो तो आराम करने के लिए बैठ जाएं । अपनी शरीर की क्षमता एवं उसके संकेतों को पहचानना बहुत आवश्यक है ।

5. सर्दी में पूरे गर्म कपड़े पहनकर बाहर निकलें । अधिक सर्दी में सिर और कान मफलर अथवा टोपी से ढके हुए होने चाहिए। बिना पूरे कपड़ों के ज्यादा सर्दी में जाने से कोरोनरी धमनियों में एकदम अति संकुचन होकर, हृदयाघात की स्थिति बन सकती है ।

6. छ: महीने के बाद यदि चाहें तो घूमने का समय तथा दूरी और बढ़ा सकते हैं। 45 मिनट का घूमना पर्याप्त है । रफ्तार भी इतनी बढ़ा सकते हैं कि एक किलोमीटर की दूरी नौ मिनट में तय होने हगे । व्यायाम से पूरा लाभ उठाने के लिए रफ्तार क्या रहनी चाहिए, इसके लिए विशेषज्ञों ने एक फॉरमूला निर्धारित किया है, जो उम्र के अनुसार टारगेट हार्ट रेट (Target Heart Rate) अर्थात् निर्धारित नाड़ी गति पर चलने का फॉरमूला है । 220 की संख्या में से स्वयं की उम्र को घटा देने से जो संख्या आती है उसे Predicted

Maximum Heart Rate (PMHR) पी.एम.एच.आर. कहते हैं । ध्येय यह रहना चाहिए कि चलते समय नाड़ी की गति पी.एम.एच.आर. के 70 प्रतिशत से कम न हो और 85 प्रतिशत से अधिक नहीं हो । मान लीजिए कि आपकी उम्र 50 साल है तो आपके लिए पी.एम.एच.आर. 220-50=170 हो गई । 170 का 70 प्रतिशत हुआ 119 एवं 85% हुआ 145 । अत: आपका ध्येय यह हो गया कि चलते समय आपकी नाड़ी की गति यानि दिल की धड़कन 119 प्रति मिनट से कम नहीं रहे एवं 145 प्रति मिनट से ऊपर नहीं जाए। इसका एक सीधा फॉरमूला यह भी है कि 180 में से अपना उम्र घटा दें। वही आपके लिए निर्धारित हृदय गति (हार्ट रेट) हो गई । आप साठ साल के हैं तो निर्धारित हृदय गति 180-60=120 हो गई ।

हालांकि विशेषज्ञों ने मापदण्ड तो निर्धारित कर दिया लेकिन चलते हुए सही नाड़ी की गति नापना सम्भव नहीं होता । अत: अनुभवजन्य फॉरमूला यह है कि सांस इतनी तेज हो जानी चाहिए कि चलते हुए आसानी से बात करने में कठिनाई होने लगे, हल्का पसीना आने लगे एवं घूमकर आने के बाद हल्की थकावट हो जाए । चित्त प्रसन्न बना रहे । दिल की धड़कन में कोई असामान्यता लगे या सांस बुरी तरह फूलने लगे तो गति कम कर दें । धीरे-धीरे आप अपने शरीर के संकेतों को समझने लगेंगे ।

7. घूमना प्रारम्भ करते ही एकदम से तेज रफ्तार नहीं पकड़ लें । थोड़ी दूर तक धीमा चलें । जब शरीर थोड़ा गर्मा जाए, तो वांछित रफ्तार पकड़ लें ।

8. घूमने में किसी के साथ स्पर्द्धा में नहीं पड़ें, अपनी वांछित चाल से ही चलें।

9. बैडमिंटन, टेनिस आदि खेलने का शौक हो तो ये भी खेल सकते हैं, लेकिन केवल व्यायाम के लिए । जीतने के लिए नहीं । जहां स्पर्द्धा की भावना आ गई वहां यह खतरा खड़ा हो जाता है कि शरीर और हृदय की सामर्थ्य से ज्यादा श्रम हो जाता है, जिससे हृदय की गति एकदम बढ़ जाती है एवं हृदयाघात की सम्भावना बन जाती है ।

10. घूमना सुबह या शाम जैसी भी सुविधा हो कर सकते हैं, लेकिन सप्ताह में पांच दिन अवश्य ही घूमें । एक या दो दिन आराम कर लेना भी लाभप्रद है ।

11. योगासन एवं यौगिक व्यायाम भी धमनियों एवं हृदय को स्वस्थ रखने में बहुत उपयोगी पाए गए हैं जैसे कि शवासन, भुजंगासन, शलभासन, पश्मिोत्तान आसन, सर्वांग आसन एवं सूर्य नमस्कार आदि । इसके अतिरिक्त गर्दन एवं कंधों के कुछ यौगिक व्यायाम भी विशेष हितकारी पाए गए हैं ।

इस सम्बन्ध में दो सावधानियां अवश्य बरतें । पहली आपके चिकित्सक की अनुमति एवं दूसरी प्रशिक्षित एवं दक्ष योग प्रशिक्षक की देखरेख में आसन करना, जब तक कि आप ये आसन करने में पारंगत नहीं हो जाएं । जिस किसी आसन के करने से हृदय गति

असामान्य हो जाती हो या अन्य कोई असुविधा हो, उसे न करें जब तक कि आपका प्रशिक्षक उस आसन को पूरी तरह से सुरक्षित होने के प्रति पर्ण आश्वस्त हो ।

व्यायाम प्रारम्भ करने के एक माह के भीतर ही आप यह महसूस करने लगेंगे कि न केवल पूर्ण शारीरिक स्वास्थ्य बेहतर हो रहा है बल्कि आपका हृदय भी धीरे-धीरे अधिक स्वस्थ होता जा रहा है । आपके हृदय का स्वास्थ्य आंकने के लिए नीचे दिए साधारण मापदण्ड आप उपयोगी पाएंगे:-

1. कड़े व्यायाम को बन्द करते ही स्वस्थ हृदय की गति बहुत शीघ्र सामान्य हो जाती है

2. जितना हृदय स्वस्थ होगा आराम करते समय उसकी हृदय गति (नाड़ी) उतनी ही धीमी होगी, एवं

3. यदि हृदय स्वस्थ है तो आप कड़ा व्यायाम बिना थके देर तक कर सकते हैं।

इस अध्याय को मैं 'चरक संहिता' की एक सूक्ति से समाप्त करना चाहूंगा, जिससे स्पष्ट होगा कि हमारे पूर्वज व्यायाम को कितना महत्व देते थे । इस सूक्ति का अर्थ है: ''व्यायाम से शारीरिक हल्कापन, कार्य सामर्थ्य, दृढ़ता, कष्ट सहिष्णुता, दोषों की क्षीणता तथा जठराग्नि की वृद्धि उत्पन्न होती है ।''

■ ■

10

हृदय रोग के अन्य कारण तथा नए शोध_____

हृदय रोग के जिन प्रमुख कारकों का उल्लेख पूर्व अध्यायों में किया जा चुका है, उनके अतिरिक्त भी कुछ अन्य कारक पहचाने गए हैं, जो हृदय रोग पैदा करने में योगदान करते हैं :-

1. आनुवांशिकता (Heredity)

यह पाया गया है कि कुछ वंशों में हृदयाघात बहुत अधिक होते हैं । विशेषकर यदि माता-पिता को कम उम्र में अर्थात् 45-50 साल की उम्र से पूर्व हृदयाघात हो चुका हो, तो उनकी संतानों में हृदयाघात होने की सम्भावना अधिक आंकी जाती है । इसका कारण आनुवांशिक है अथवा नहीं इस सम्बन्ध में गवेषणकर्ता एक मत नहीं हैं । कुछ इसे आनुवांशिक योगदान मानते हैं जबकि दूसरों का मत यह है कि क्योंकि अलग-अलग परिवारों में रहन-सहन, खाने-पीने, नशे आदि के शौक सम्बन्धी आदतें विशिष्ट प्रकार की होती हैं, इसलिये परिवार की जीवन पद्धति का अधिक प्रभाव पड़ता है, न कि आनुवांशिकता का । लेकिन अमेरिका के कुछ वैज्ञानिकों ने सन् 1983 में एक ऐसे जीन (Gene) की खोज कर ली थी, जो यकृत में उन अभिग्राहक कोशिकाओं (Receptor Cells) को पैदा करने के लिये उत्तरदायी हैं जो कि खून में से अतिरिक्त एल.डी.एल. (बुरा कोलस्ट्रोल) को निकाल देता है । उक्त जीन यदि मौजूद नहीं होगा तो उस व्यक्ति के यकृत में एल.डी.एल. की मात्रा को खून में नियंत्रित रखने की पूर्ण क्षमता नहीं होगी एवं इस कारण से हृदयाघात की सम्भावना बढ़ जाएगी । वैज्ञानिक आजकल जीन-आधारित इलाज पद्धति खोजने में जोर-शोर से जुटे हुए हैं ।

2. लिंग

पुरुषों में महिलाओं की अपेक्षा हृदय रोग बहुत अधिक होता है विशेषकर 50 साल की उम्र से पूर्व । 50 साल की उम्र के बाद अधिक फर्क नहीं रहता । ऐसा क्यों ? इस सम्बन्ध में विस्तृत विवरण अगले अध्याय में दिया जा रहा है ।

3. खून में यूरिक ऐसिड की अधिक मात्रा

शरीर में चयापचय क्रिया के फलस्वरूप, भोजन ऊर्जा में परिवर्तित हो जाता है तथा इसके साथ ही कुछ अपशिष्ठ पदार्थ (Waste Products) भी पैदा होते हैं जिनमें से एक यूरिक ऐसिड होता है । इसे खून से अलग करने का काम गुर्दों का है । यूरिक ऐसिड, पेशाब के जरिए हमारे शरीर से बाहर निकलता है । यदि यूरिक ऐसिड की अधिक मात्रा शरीर में जमा हो जाती है तो उससे गठिया रोग पैदा हो जाता है । गठिया के रोगियों की धमनियों में जमाव अधिक होता है, यह तथ्य प्रमाणित हो चुका है । खून में यूरिक ऐसिड की मात्रा 6 मिलीग्राम प्रति 100 सी.सी. से कम रहनी चाहिए । यदि यह मात्रा 11 मिलीग्राम से अधिक हो जाती है तो इस स्थिति को हाइपर यूरीसीमिया (Hyperuricaemia) की संज्ञा दी जाती है । ऐसी स्थिति में इलाज करवाने की ओर ध्यान दिया जाना चाहिये ।

4. गर्भ निरोधक गोलियों का प्रयोग

इन गोलियों को अभी तक हृदय रोग के कारक के रूप में तो नहीं स्वीकारा गया है लेकिन यह जरूर माना जाता है कि यदि अन्य कारक विद्यमान हों तो उस स्थिति में इन गोलियों के सेवन से महिलाओं में हृदयाघात की सम्भावनाएं बढ़ जाती हैं । विशेषकर उन महिलाओं में जो धूम्रपान करती हैं ।

5. मीठा पानी

मीठा अथवा हल्का पानी उसे कहते हैं जिसमें या तो कोई लवण घुले हुए ही नहीं होते या केवल सोडियम लवण ही घुले हुए होते हैं । जिस पानी में कैलशियम अथवा मैगनीशियम के लवण घुले हुए होते हैं उसे खारा पानी कहा जाता है । आंकड़ों से यह तथ्य प्रकाश में आया है कि मीठे पानी वाले क्षेत्रों की जनसंख्या में हृदय रोग अपेक्षाकृत अधिक होते हैं । यह अनुमान लगाया गया है कि भारी पानी के लवणों में सम्भवतः हृदय रोग से रक्षा करने वाले कुछ तत्व होते हैं ।

6. छोटा कद भी क्या खतरे की घंटी है ?

कैलीफोर्निया की डॉक्टर पैट्रिसिया हेबर्ट ने अपने अध्ययन के फलस्वरूप एक अजीबोगरीब तथ्य प्रकट किया है कि छोटे कद के लोगों में लम्बे लोगों की अपेक्षा दिल का दौरा पड़ने की सम्भावना अधिक रहती है । उसके अनुसार प्रत्येक इंच लम्बाई के

साथ दिल का दौरा पड़ने का खतरा तीन प्रतिशत कम हो जाता है । इसका मतलब यह हुआ कि यदि कोई व्यक्ति 5 फुट 10 इंच का है तो उसमें दौरा पड़ने की सम्भावना उस व्यक्ति से 12 प्रतिशत कम होती है जो 5 फुट 6 इंच लम्बा है । ऐसा क्यों है ? यह अभी अस्पष्ट है । अध्ययन की प्रामाणिकता की पुष्टि सम्भवत: अभी होनी है । यदि आप छोटे कद के हैं तो चिन्ता करने की कोई बात नहीं, क्योंकि जाको राखे सांईयां, मार सके नहीं कोय ।

7. सांस का खेल

हम भारतीयों की लोक मान्यता के अनुसार जीवन को सांसों का खेल माना जाता है । ऐसी धारणा है कि सांसों की डोर कितनी लम्बी हो, यह पहले से निर्धारित रहता है । कोई भी प्राणी जितने सांस लिखवाकर लाया है, उससे न एक कम लेगा और न एक अधिक ले पाएगा । आयुर्वेद चिकित्सा पद्धति एवं योग साधना में भी 'सांस प्रक्रिया' को बहुत अधिक महत्व दिया जाता है । लम्बे एवं गहरे सांस लेने का सुझाव दिया जाता है, इससे दीर्घायु प्राप्त होती है । क्योंकि सांसों की संख्या विधाता के यहां से निर्धारित हैं अत: यदि छोटे एवं तेज सांस लिए जाते हैं तो कम अवधि में ही प्राणी अपने को आवंटित किए गए सांसों के कोटा का उपभोग कर लेगा । यह मान्यता अब वैज्ञानिक धरातल पर खरी उतरती जान पड़ती है ।

ब्रिटेन के ख्याति प्राप्त हृदय रोग विशेषज्ञ डॉक्टर पीटर निक्सन ने अभी हाल ही में विशेषज्ञों की अन्तर्राष्ट्रीय गोष्ठी में इस बात के प्रमाण प्रस्तुत किए कि हृदय रोगों के इलाज में सांस लेने के ढंग का अत्यन्त महत्वपूर्ण स्थान है । गलत पद्धति से सांस लेने से न केवल धमनियों में सिकुड़न पैदा होती है, बल्कि हृदय की मांसपेशियों को भी नुकसान पहुंचता है । तेज गति से सांस लेने (Hyperventilation) को डॉक्टर निक्सन, हृदय रोगों के मान्यता प्राप्त कारकों से भी अधिक खतरनाक मानते हैं । इनके अनुसार छिछली एवं तेज गति से सांस लेने के कारण शरीर का अम्ल-क्षार संतुलन ही बिगड़ जाता है एवं धमनियों एवं हृदय की मांसपेशियों में कैलशियम का जमाव शुरू हो जाता है जिससे अति सिकुड़न एवं थक्का बनने की प्रवृत्ति अधिक हो जाती है । डॉ. निक्सन यह अवश्य मानते हैं कि हाइपरवैंटिलेशन अलग से कारक के रूप में कार्य नहीं करता बल्कि अन्य कारकों जैसे मानसिक तनाव आदि के साथ संयुक्त होकर अपना कुप्रभाव दिखाता है । कुछ भी हो इससे हमारी प्राचीन पद्धति 'प्राणायाम' की प्रतिष्ठा अब आधुनिक विश्व में स्थापित होगी, यह सम्भाव्य लगता है ।

8. खून में लौह तत्व की अधिकता घातक

खून में लौह तत्व (Iron) की अधिकता को अब तक अच्छे स्वास्थ्य का प्रतीक माना जाता रहा है तथा लौह तत्व वाली दवाओं का उपयोग टॉनिक के रूप में किए जाने का प्रचलन है । परन्तु फिनलैंड के शोधकर्ता जुक्का सैलोनन एवं साथियों के द्वारा 1900 व्यक्तियों पर पांच साल तक किए गए अध्ययन के फलस्वरूप कुछ चौंकाने वाले तथ्य प्रस्तुत किए गए हैं । उनके अनुसार रक्त में लौह तत्व की अधिकता, हृदय रोग का एक प्रमुख कारण है । वे धूम्रपान के बाद, लौह तत्व के आधिक्य को सबसे प्रमुख कारण मानते हैं और अन्य मान्यता प्राप्त कारकों जैसे उच्च कोलस्ट्रोल, उच्च रक्तचाप, मधुमेह एवं आनुवांशिक कारणों को लौह तत्व कारक से नीचा स्थान देते हैं । शरीर में लोहे का संचयन फॅरीटिन (Ferritin) नामक प्रोटीन अणु के रूप में होता है । खून में 200 माइक्रोग्राम फॅरीटिन की मात्रा सामान्य मानी जाती है । लेकिन सैलोनन एवं साथियों का ऐसा विश्वास है कि जिन व्यक्तियों में फॅरीटिन 200 माइक्रोग्राम होता है उनमें हृदयाघात की सम्भावना उन लोगों से दुगनी होती है जिनमें यह मात्रा कम होती है । यदि खून में एल.डी.एल. की मात्रा भी बढ़ी हुई हो, तब तो खतरा चौगुना हो जाता है । अपने शोध परिणामों के परिप्रेक्ष्य में, इन्होंने हृदय रोग के कारणों के सम्बन्ध में कुछ नए सिद्धान्त प्रतिपादित करने का प्रयत्न किया है, जैसे कि:-

1. गर्भ निरोधक गोलियां लेने वाली महिलाओं में हृदयाघात का खतरा इसलिए बढ़ जाता है क्योंकि इन गोलियों के कारण मासिक धर्म के दौरान होने वाले रक्त स्राव में कमी आ जाती है जिससे महिला के शरीर में लौह तत्व की मात्रा बढ़ जाती है ।

2. एसप्रिन, इस कारण से हृदय रोग को रोकती है, कि इसके नियमित सेवन से शरीर में कहीं न कहीं रक्त स्राव होता रहता है जिससे शरीर में जमा लौह तत्व बाहर निकलता रहता है । इसी प्रकार मछली का तेल भी उपयोगी है क्योंकि यह भी रक्त स्राव को बढ़ाता है ।

3. जानवरों का मांस (Red meat) खाने वालों को हृदयाघात अधिक होता है क्योंकि जानवरों के मांस में लोहा बहुत अधिक होता है, जिससे शरीर में लौह तत्व अधिक मात्रा में जमा हो जाता है ।

4. जो लोग अक्सर रक्तदान करते रहते हैं, उनमें हृदयाघात कम होता है क्योंकि उनके शरीर में अधिक लौह तत्व जमा नहीं हो पाता ।

5. मासिक धर्म बन्द हो जाने के बाद महिलाओं में हृदयाघात अधिक होने का कारण यह है कि माहवारी में खून जाना बन्द हो जाने के फलस्वरूप शरीर में लौह तत्व बढ़ जाता है ।

जैसे ही सैलोनन और उनके अध्ययन दल के शोध परिणाम प्रकाशित हुए, शोध जगत में एकबारगी सन्नाटा सा छा गया। धीरे-धीरे प्रतिक्रियाएं आ रहीं हैं एवं बहुत से विशेषज्ञ इन परिणामों की विश्वसनीयता पर प्रश्नचिन्ह लगा रहे हैं । लेकिन इससे अब तक जो भी शोध कार्य हुआ है उसमें एक नया आयाम उभरकर सामने अवश्य आया है । इस दिशा में आगे और अन्वेषण किए जाने की आवश्यकता महसूस की जा रही है ।

जब तक इन शोध परिणामों की अन्तिम तौर पर पुष्टि नहीं हो जाती, तब तक दो काम तो किए ही जा सकते हैं कि जिन लोगों को जानवरों का मांस खाने की आदत है वे इसे बन्द कर दें या फिर कम कर दें । जो लोग शाकाहारी हैं, उनके लिए अच्छी खबर यह है कि शाकाहारियों के शरीर में लौह तत्व आम तौर पर अधिक जमा नहीं होता है। अत: वे कम से कम इस कारक के बारे में स्वयं को सुरक्षित महसूस कर सकते हैं । दूसरा काम यह है कि जब भी मौका मिले रक्तदान करें । रक्तदान से बड़ा और कोई दान नहीं होता । क्योंकि इससे किसी न किसी के जीवन की रक्षा होती है एवं यदि सैलोनन का सिद्धान्त सही है तो फिर स्वयं का भी कल्याण होता है, क्योंकि रक्तदान से स्वयं पर मंडराने वाला हृदयाघात का खतरा टलता है ।

9. कुछ अन्य कारक

हृदय रोगों पर जिस बड़े पैमाने पर कार्य चल रहा है उसी का परिणाम है कि नित नए कारक प्रकाश में आ रहे हैं । उदाहरण के तौर पर बुरे कोलस्ट्रोल एल.डी.एल. के भी कुछ उपभेद खोज लिए गए हैं जैसे एम. लाइपोप्रोटीन एवं स्माल डैंस एल.डी.एल.। इन दोनों को अब एल.डी.एल. के ऐसे घटकों के रूप में पहचाना जाने लगा है, जो धमनियों में जमाव के मुख्य कारण हैं । खून में एलब्यूमिन (Albumin) नामक प्रोटीन का कम मात्रा में होना भी हृदय रोग का एक कारक माना जाने लगा है । इसी प्रकार प्रोटीन के एक अन्य घटक होमोसिस्टीन (Homocysteine) के बारे में यह ज्ञात हुआ है कि इसकी मात्रा यदि खून में बढ़ जाती है, तो धमनियों में जमाव की प्रक्रिया तेज हो जाती है।

कुल मिलाकर जो तस्वीर सामने आती है वह यह है कि इतना कुछ जान लेने के बाद भी अभी बहुत कुछ जानना बाकी है । हमारी समझदारी इसी में है कि आज के सत्य का अपने जीवन में अनुसरण करें ।

■ ■

11

महिलाओं में हृदय रोग

अब तक जितने भी सर्वेक्षण अथवा अध्ययन हुए हैं; उनसे एक तथ्य स्पष्ट रूप से उभरकर सामने आता है कि महिलाओं में पुरुषों की अपेक्षा हृदयाघात बहुत कम होते हैं, विशेषकर कम उम्र में। भारत में किए गए एक सर्वेक्षण से ज्ञात हुआ कि 30 साल से कम उम्र में हृदयाघात होने वाले पुरुषों एवं महिलाओं का अनुपात 13:1 था। इससे ऐसा लगता है कि जैसे ईश्वर ने हृदयाघात के मामले में महिलाओं को अधिक भाग्यशाली रखा हो। लेकिन वास्तव में यह एक छलावा मात्र ही है क्योंकि, यह फर्क केवल 45-50 साल की उम्र तक ही रहता है। ज्यों-ज्यों उम्र बढ़ती जाती है, पुरुष एवं महिलाएं लगभग एक ही धरातल पर आ जाते हैं। पुरुषों एवं महिलाओं को पूरी उम्र में होने वाले हृदयाघात के आंकड़ों को यदि लें तो फर्क घटकर लगभग 4:1 का ही रह जाता है। अमेरिका में इस क्षेत्र में काफी विस्तृत एवं प्रामाणिक अध्ययन किए गए हैं। पुरुषों की तरह वहां भी मरने वाली सभी महिलाओं में सबसे अधिक संख्या हृदयाघात से मरने वालियों की होती है। 45 से 64 साल की उम्र के बीच जिन महिलाओं की मृत्यु होती है उनमें 9 में से एक महिला हृदय रोग से मरती है लेकिन 65 साल की उम्र के बाद नक्शा एकदम बदल जाता है और तीन महिला मौतों में से एक हृदय रोग से मरती है। अमेरिका में लगभग पांच लाख लोग घातक हृदयाघात से पीड़ित हैं, उनमें से महिलाओं की संख्या 2,47,000 है अर्थात् कुल मिलाकर पुरुष एवं महिलाएं लगभग बराबरी के आधार पर ही हृदयाघात के शिकार हैं।

जहां तक हृदय रोगों का प्रश्न है, लगता है महिलाओं को दो प्रकार का जीवन जीना होता है। पहला जब तक उसे मासिक धर्म होता रहता है तब का जीवन एवं दूसरा मासिक धर्म बन्द हो जाने के बाद का जीवन। हृदय रोग से जो थोड़ी बहुत सुरक्षा प्राप्त रहती है वह उस उम्र तक ही रहती है जब तक मासिक धर्म चलता रहता है। मासिक धर्म के बन्द होते ही सुरक्षा भी समाप्त। इस सुरक्षा के लिए अधिकांश विशेषज्ञ एस्ट्रोजन (Oestrogen) नामक एक महिला हारमोन को जिम्मेदार मानते हैं। यह हारमोन डिंब ग्रंथियों (Ovaries) में निर्मित होता है। मासिक धर्म बन्द होना इस बात का संकेत है कि डिंब ग्रंथियों ने कार्य करना बन्द कर दिया है और वे निष्क्रिय हो गई हैं। जब तक

मासिक धर्म बन्द नहीं होता तब तक महिलाओं के खून में कोलस्ट्रोल की कुल मात्रा पुरुषों की अपेक्षा कम रहती है । यही नहीं बल्कि एच.डी.एल. (अच्छा कोलस्ट्रोल) की मात्रा भी अपेक्षाकृत ऊंची रहती है । सुरक्षा का सम्भवत: यही कारण है । यह पाया गया है कि जिन महिलाओं में किसी कारण से कम उम्र में ही डिंब ग्रंथियां शल्य क्रिया द्वारा निकाल दी जाती हैं, उनमें प्रकृति प्रदत्त सुरक्षा में कमी आ जाती है एवं हृदय रोग की सम्भावनाएं कम उम्र में ही बढ़ जाती हैं । एस्ट्रोजन यह सुरक्षा किस प्रकार प्रदान करता है, यह पुख्ता तौर पर अब तक कोई नहीं जानता । फिनलैंड में की गई शोध, जिसका विवरण पूर्व अध्याय में दिया गया है, के शोधकर्ताओं की धारणा यह है कि एस्ट्रोजन द्वारा प्रदत्त सुरक्षा सीधी न होकर अप्रत्यक्ष रूप में है । क्योंकि मासिक धर्म एस्ट्रोजन के कारण होता है । अत: खून में लोहे की मात्रा नियन्त्रित बनी रहती है तथा अधिक लौह तत्व शरीर में जमा नहीं होता । इसी कारण हृदय रोग पर नियन्त्रण बना रहता है । जैसे ही एस्ट्रोजन के उत्पादन में कमी आती है, यह नियन्त्रण समाप्त हो जाता है ।

कुछ अन्य विशेषज्ञ एस्ट्रोजन को बहुत अधिक महत्व नहीं देते हैं । उनका कहना है कि, महिलाओं में अन्य कारकों का पुरुषों की अपेक्षा अभाव रहता है इस कारण उनमें हृदय रोग कम होता है ।

उदाहरण के रूप में महिलाएं पुरुषों की अपेक्षा कम धूम्रपान करती हैं । जैसे कि यूनाइटेड किंगडम (U.K.) में प्रति पुरुष सिगरेटों की खपत दस प्रतिदिन की है जबकि महिलाओं में यह खपत केवल तीन की है । औरतों में मानसिक तनाव भी पुरुषों की अपेक्षा कम होता है । कुछ अध्ययनों से यह प्रकट हुआ है कि कामकाजी महिलाओं में जहा मानसिक तनाव पुरुषों के बराबर रहता है और धूम्रपान करने वाली महिलाओं में हृदयाघात की सम्भावना, कम उम्र में भी पुरुषों के बराबर ही रहती है ।

अब तक के विवरण से जो स्थिति उभरकर सामने आती है वह यह है कि जहां पुरुषां में धमनियों में जमाव (Atherosclerosis) की प्रक्रिया कम उम्र में शुरू होती है, वह महिलाओं में अधेड़ उम्र के बाद प्रारम्भ होती है । लेकिन जीवन के अन्तिम छोर तक जाते-जाते महिलाएं कोई फायदे में रहती हों, ऐसा नहीं है, क्योंकि कुछ अन्य मामलों में वे पुरुषों की अपेक्षा कहीं कम भाग्यशाली हैं, अथवा यों भी कह सकते हैं कि वे दुर्भाग्यग्रस्त हैं, जैसा आगे के विवरण से स्पष्ट होगा ।

धूम्रपान एवं मदिरापान का कुप्रभाव महिलाओं के स्वास्थ्य पर पुरुषों की अपेक्षा बहुत अधिक पड़ता है एवं इस कारण से धूम्रपान व मदिरापान करने वाली महिलाओं में हृदय रोग की सम्भावनाएं, पुरुषों की अपेक्षा ज्यादा बढ़ जाती हैं । यही नहीं मधुमेह से ग्रसित महिलाओं में हृदयाघात, मधुमेह से ग्रसित पुरुषों की अपेक्षा अधिक होता है ।

न्यू जर्सी अमेरिका के डॉ. जॉन कोसटिस (John Kostis) ने 49,000 मामलों के परीक्षण के बाद यह निष्कर्ष निकाला है कि गम्भीर हृदयाघात के जो रोगी अमेरिका के विभिन्न अस्पतालों में भर्ती हुए उनमें अच्छे होने वाले रोगियों में पुरुषों की संख्या आनुपातिक तौर पर ज्यादा थी । इसका एक सम्भावित कारण उन्होंने यह माना है कि अस्पतालों में सुविधाओं का जो विकास हुआ है, वह पुरुष रोगियों को ही ध्यान में रखकर किया गया है एवं इसी कारण महिला रोगी घाटे में रहती है । जब अमेरिका में यह स्थिति हो सकती हैं तो हमारे देश के अस्पतालों की स्थिति तो और भी खराब होगी ।

एक अन्य अध्ययन से यह पाया गया है कि जिन महिलाओं मे रक्तचाप 160/90 से ऊपर रहता है, उनमें पुरुषों के मुकाबले हृदयाघात से मृत्यु हो जाने का खतरा लगभग दुगुना होता है ।

उम्र के साथ-साथ महिलाओं में हृदयाघात का खतरा किस प्रकार बढ़ता जाता है, यह दर्शाने के लिए प्रस्तुत हैं अमेरिका के आंकड़े :-

आयु वर्ग		**प्रति हजार में हृदयाघात की संख्या**		
		महिलाएं		**पुरुष**
29 से 44 वर्ष	...	5-6	...	120
45 से 64 वर्ष	...	130	...	420
65 वर्ष से ऊपर	...	380	...	440

हमारे देश के संदर्भ में कोई आंकड़े उपलब्ध नहीं हुए हैं लेकिन स्थिति लगभग समान ही होगी ।

इस अध्याय को पृथक से जोड़ने के पीछे मेरा प्रयोजन इस भ्रांति को तोड़ना है कि महिलाओं में हृदयाघात नहीं होता । इस भ्रांति के उपजने का कारण सम्भवत: यह रहा है कि अधेड़ उम्र तक वे इस खतरे से किसी हद तक बची रहती हैं । मेरी ऐसी मान्यता है कि इस भ्रांति के कारण कई बार महिलाओं में हृदय रोग का निदान समय पर नहीं हो पाता, क्योंकि चिकित्सक पर्याप्त सावधानी बरतने से चूक जाते हैं । वास्तविक स्थिति महिलाओं के लिए भी उतनी ही भयावह है जितनी पुरुषों के लिए । अत: हृदय को स्वस्थ तथा जीवन को सुरक्षित रखने के लिए महिलाओं को भी पुरुषों के बराबर ही जागरूक होना पड़ेगा ।

■ ■

12

भरपेट खाएं, वजन घटाएं

मोटापा क्यों होता है तथा सामान्य स्वास्थ्य, विशेषकर हृदय के लिए यह किस प्रकार हानिकारक है; इसका उल्लेख अध्याय सात में किया गया है। मोटापा कम करने के लिए वजन घटाना आवश्यक है। वजन घटाने के लिए आधुनिक विज्ञान के पास एक ही शस्त्र उपलब्ध है एवं वह है डाइटिंग अर्थात् योजनाबद्ध मिताहार। जो लोग मोटे हैं उन्होंने दुबले-पतले होने के लिए कभी न कभी डाइटिंग (Dieting) का प्रयोग करके अवश्य ही देखा होगा। शरीर को छरहरा रखने की इच्छा नवयुवतियों में अधिक प्रबल होती है ताकि वे सुंदर दिख सकें। इसी कारण उन्हें डाइटिंग करते अक्सर देखा जा सकता है। यह डाइटिंग एक माने में भूख हड़ताल सी ही होती है। लेकिन बहुधा होता यह है कि प्रारम्भ में तो वजन बहुत तेजी से घटना शुरू हो जाता है लेकिन बाद में एक ऐसा समय आता है जबकि वजन घटने की गति एकदम कम हो जाती है। वजन घटने की गति को बनाए रखने के लिए कई लोग अपने को और अधिक भूखा मारना शुरू कर देते हैं। लेकिन इसके बावजूद भी प्रगति में मनोवांछित सुधार नहीं आता। इसी के साथ-साथ कई बार चटपटे अथवा गरिष्ठ पदार्थ खाने की इच्छा बढ़ती जाती है और एक स्थिति ऐसी आती है जबकि शरीर करीब-करीब विद्रोह कर उठता है। अन्तत: इच्छाशक्ति टूट जाती है और कई बार डाइटिंग करने वाला व्यक्ति पहले से भी ज्यादा खाना शुरू कर देता है। नतीजा यह होता है कि महीने-दो महीने की मेहनत और निज यातना के फल-स्वरूप जो वजन कम किया था वह उससे भी कम अवधि में फिर बराबर हो जाता है। यह स्वाभाविक प्रक्रिया है! शरीर की मांग के अनुसार जब पूरा भोजन उसे नहीं मिलता है तो सर्वप्रथम शरीर की प्रतिक्रिया यह होती है कि जमा चर्बी का उपयोग ऊर्जा के रूप में करे। शरीर में चर्बी का जमाव वास्तव में होता ही इसीलिए है कि किसी कारण से शरीर को पर्याप्त भोजन नहीं मिले तो वह चर्बी के रूप में जमा पूंजी का उपयोग ऐसे आड़े दिनों में शरीर संचालन क्रियाओं के लिए करे। चर्बी के पिघलने से वजन कम होना शुरू हो जाता है परन्तु जब लगातार शरीर को आवश्यकता से कम भोजन प्राप्त होता रहे, तो शरीर इस स्थिति का आकलन आपद स्थिति के रूप में कर लेता है। क्योंकि उसे ऐसा लगता है कि यदि ऐसी ही स्थिति रही तो कहीं जान ही न चली जाए। जीवन संरक्षण

की प्रवृत्ति सभी जीवधारियों में सबसे प्रबल होती है । इसलिए इस आपातकालीन स्थिति से उबरने के लिए, शरीर अपने चयापचय (Metabolism) क्रिया में ऐसा परिवर्तन कर लेता है कि सभी शारीरिक क्रियाएं कम ऊर्जा से संपादित होने लगती हैं तथा इसी कारण चर्बी का पिघलना कम हो जाता है एवं इसके साथ ही अधिक आहार की इच्छा भी प्रबल होती जाती है । नतीजा अक्सर यह होता है कि डाइटिंग करने वाले के धैर्य का बांध टूट जाता है और किया-कराया सब चौपट हो जाता है ।

आहार विज्ञानी (Dietician or Nutritionist) के शस्त्रागार में वजन घटाने के इच्छुक व्यक्ति के लिए हर प्रकार की मॉडल डाइट उपलब्ध है जैसे—1500 कैलोरी डाइट, 1200 कैलोरी डाइट, 1000 कैलोरी डाइट । वे आपको सुबह की चाय से लेकर नाश्ते, दिन व रात के खाने का पूरा चार्ट थमा देंगे कि किस समय क्या खाएं, कितना खाएं तथा किसमें कितनी कैलोरी है । आहार विज्ञान एक बहुत ही उपयोगी विज्ञान है परन्तु फिर भी यह वजन कम करने के इच्छुक व्यक्ति के लिए अधिक कारगर सिद्ध होने में असमर्थ रहता है । इसका मुख्य कारण यह है कि अब तक डाइटिंग का कार्यकौशल मुख्य रूप से इस बात पर आधारित है कि कौन सी वस्तु कितनी खाई जाए । मान लीजिए कि किसी व्यक्ति की प्रतिदिन की शारीरिक आवश्यकता 1800 कैलोरी की है तो आहार विज्ञानी उसे ऐसा भोजन करने की सलाह देगा जो उसें प्रतिदिन 1500 या 1200 कैलोरी ही प्रदान करे, जिससे कि उसका वजन घटना शुरू हो । पिछले कुछ सालों से इस क्षेत्र में हुए शोध कार्य से यह सिद्ध हुआ है कि, महत्व की बात यह है कि कितनी कैलोरी किस प्रकार के भोजन से प्राप्त होती है ? अमेरिका के कोरनॅल विश्वविद्यालय में किए गए शोध से यह तथ्य प्रकाश में आया है कि वसा के रूप में ग्रहण की गई कैलोरियां मोटापा बढ़ाने वाली होती हैं जबकि प्रोटीन या कार्बोहाइड्रेट के रूप में ग्रहण की गई कैलोरियां मोटापा नहीं बढ़ाती हैं । वास्तव में तो सभी कैलोरियां बराबर होनी चाहिए फिर यह फर्क क्यों? इसके दो कारण हैं— पहला कारण तो यही है कि वसा में प्रोटीन अथवा कार्बोहाइड्रेट के मुकाबले कैलोरी होती ही ज्यादा है । एक ग्राम वसा हमारे शरीर को नौ कैलोरी के बराबर ऊर्जा देती है जबकि एक ग्राम प्रोटीन अथवा कार्बोहाइड्रेट लगभग चार कैलोरी के बराबर ऊर्जा देता है । दूसरा कारण यह है कि भोजन के रूप में ली गई वसा बड़ी आसानी से शारीरिक वसा में परिवर्तित हो जाती है । भोजन से प्राप्त की गई वसा को शारीरिक वसा में परिवर्तित करने के लिए शरीर को केवल मात्र तीन कैलोरी ऊर्जा खर्च करनी पड़ती है एवं इस प्रकार 97 कैलोरी के बराबर वसा जमा करने के लिए शरीर को उपलब्ध हो जाती है । वसा के स्थान पर यदि हम 100 कैलोरी कार्बोहाइड्रेट स्रोत से प्राप्त करें तो उस स्थिति में शरीर को 25 कैलोरी ऊर्जा कार्बोहाइड्रेट को शारीरिक वसा में परिवर्तित करने में खर्च कर देनी पड़ती है। नतीजा यह हुआ कि

शरीर में जमा होने के लिए केवल 75 कैलोरी के बराबर ही वसा उपलब्ध हुई । इससे स्पष्ट हुआ कि भोजन में वसा की मात्रा यदि अधिक रहती है तो उस स्थिति में मोटापा बढ़ने की सम्भावना बढ़ जाती है । इसलिए मोटापा यदि कम करना है तो भोजन में वसा की मात्रा को बहुत कम करना आवश्यक हो जाता है । अब तक यह धारणा रही है कि जटिल प्रकार के कार्बोहाइड्रेट (Complex Carbohydrates) जैसे कि आलू, चावल आदि भी मोटापा बढ़ाने वाले होते हैं । परन्तु अब बहुत से आहार विशेषज्ञ यह मानने लगे हैं कि डाइटिंग में जटिल कार्बोहाइड्रेट की मात्रा कम करने की आवश्यकता नहीं है, क्योंकि ये मोटापा नहीं बढ़ाते और इनमें शरीर के लिए आवश्यक खनिज, विटामिन एवं रेशा होता है । इनके खाने से एक तो पेट में खालीपन का एहसास नहीं होता तथा रेशा होने के कारण पाचन क्रिया भी सुचारु रूप से होती रहती है और डाइटिंग के दौरान कब्ज आदि की शिकायत भी नहीं रहती । इसलिए मोटापा घटाने के लिए सबसे पहले हमें अपने आहार को इस रूप में संतुलित करना होगा कि कितनी कैलोरी किस प्रकार के स्त्रोत से प्राप्त की जाए। आम तौर पर होता यह है कि जो परिवार जितना सम्पन्न होगा, उसके भोजन में वसा का उपयोग उतना ही अधिक होगा। ऐसे परिवारों में भोजन से प्राप्त सम्पूर्ण कैलोरी में से लगभग 40 से 50 प्रतिशत वसा स्त्रोत से प्राप्त होती है एवं शेष प्रोटीन एवं कार्बोहाइड्रेट स्त्रोतों से प्राप्त होती है । वजन घटाने के लिए सबसे मुख्य काम जो करना है वह यह है कि भोजन में वसा के अंश को इतना घटा दिया जाए कि सम्पूर्ण ग्रहण की गई कैलोरियों में से वसा से प्राप्त कैलोरियां बीस प्रतिशत से अधिक नहीं हों। प्रोटीन से प्राप्त कैलोरियों को भी कुछ कम करना होगा जिससे कि प्रोटीन स्त्रोतों से प्राप्त कैलोरी भी 20 प्रतिशत से अधिक नहीं हों। कार्बोहाइड्रेट की मात्रा बढ़ानी होगी, जिससे कि कम से कम 60 प्रतिशत कैलोरी कार्बोहाइड्रेट स्त्रोतों से प्राप्त हों । यहां यह स्पष्ट कर देना उचित होगा कि शक्कर भी कार्बोहाइड्रेट ही है जिसे साधारण (Simple) कार्बोहाइड्रेट कहते हैं। शक्कर एक प्रकार से शुद्ध ऊर्जा है क्योंकि भोजन के रूप में ली गई शक्कर पूरी की पूरी ऊर्जा में बदल जाती है तथा इसमें रेशा आदि नहीं होता। अतः यह ध्यान रखना चाहिए कि भोजन में कैंपलेक्स अर्थात् माड़ी (Starch) वाले कार्बोहाइड्रेट की मात्रा बढ़ाई जाए न कि शक्कर के रूप वाले कार्बोहाइड्रेट की ।

इसके अतिरिक्त, भोजन के कुल परिमाण (मात्रा) में भी हमें कुछ कमी करनी होगी। मोटे आदमियों को अधिक मात्रा में भोजन करने की आदत पड़ जाती है । इस आदत को आसानी से बदला जा सकता है जिससे कि धीरे-धीरे कम भोजन से ही पूरी तृप्ति होने लगे । ऊपर बताए सिद्धान्तों को ध्यान में रखते हुए, अब हमें ऐसी विधि अपनानी है जिससे कि बिना भूखे रहे, आनन्दपूर्वक वजन घटाने में सफलता प्राप्त की जा सके । स्वयं की अनुभवजन्य विधि का उल्लेख मैं आगे कर रहा हूं:—

1. भोजन की मात्रा में कमी करना

मान लीजिए आप भोजन में पांच चपाती खाते हैं तो पांच के बजाय चार चपाती खाना शुरू कर दें । यदि सात चपाती खाते हैं तो उनको घटाकर पांच कर सकते हैं । इसी प्रकार यदि पांच कलछी चावल खाते हैं तो घटाकर चार कलछी ही खाना शुरू कर दें । पेट खाली-खाली न लगे इसके लिए सब्जियों की मात्रा बढ़ा दें, क्योंकि सब्जियों में केवल नाम मात्र कैलोरियां होती हैं ।

2. कैलोरियों की मात्रा कम करना

1. यदि आप चपातियां चुपड़कर खाते हैं तो रूखी अर्थात् बिना चुपड़ी खाना शुरू कर दें । चावल, दाल या सब्जियों में ऊपर से घी डालते हैं तो इसे भी बन्द कर दें । दाल में बघार भी नहीं लगवाएं । कई घरों में, सब्जियों के छौंक में बहुत अधिक घी अथवा तेल का इस्तेमाल किया जाता है । इसमें भी कमी किया जाना आवश्यक है । यदि यह सम्भव नहीं हो तो आप जब सब्जी लें तो उसमें कम से कम तरी आने दें ताकि वसा की मात्रा सीमित रहे । शुरू-शुरू में ऐसा लगेगा जैसे भोजन बदजायका हो गया है, लेकिन 15-20 दिन में ही आपको सूखी चपातियां तथा कम तेल-घी वाली सब्जियां खाने की आदत पड़ जाएगी और कम वसा के भोजन में भी पूरा रस आने लगेगा । यदि आपको तली चीजें खाने का शौक है तो कम से कम उस समय तक उनसे परहेज करना पड़ेगा जब तक आपका वजन सामान्य नहीं हो जाए । कभी इच्छा हो तो कम मात्रा में इनका सेवन करें ।

यदि आपको दूध लेने की आदत है और दो बार दूध लेते हैं तो इसे एक बार कर दें या फिर पूरे गिलास के स्थान पर आधा गिलास लेना शुरू कर दें । बेहतर है मलाई निकला हुआ या डेयरी में कम वसा वाला दूध मिलता है, वह लेना शुरू कर दें । मांसाहारियों के लिए आवश्यक है कि मांसाहार कम से कम किया जाए तथा मांस अधिक तेल या घी में नहीं पकवाएं ।

2. यदि दिन में दो या तीन बार चाय लेने की आदत हो तो कमी करने की आवश्यकता नहीं है लेकिन यदि इससे अधिक बार लेने की आदत हो तो एक या दो प्याला कम कर दें । इसके साथ एक महत्वपूर्ण बात यह भी करनी है कि यदि चाय में दो चम्मच शक्कर लेते हैं तो एक चम्मच कर दें । एक ऊपर तक भरा हुआ चम्मच लेते हैं तो उसको कम भरा हुआ कर दें । भोजन के बाद मीठा खाने की आदत हो या वैसे ही मिठाई खाते हों तो उसकी मात्रा लगभग आधी कर दें । इन सब युक्तियों से दिनभर में सामान्यतः जितनी कैलोरी भोजन के रूप में ग्रहण करते हैं, उसमें काफी सीमा तक कटौती हो जाएगी ।

3. यदि भोजन के साथ सलाद लेने की आदत नहीं हो तो लेना शुरू कर दें और उसे अधिक से अधिक मात्रा में खाने का प्रयास करें । सलाद के काम आने वाली सभी सब्जियां पौष्टिक तथा गुणकारी होती हैं लेकिन इनमें कैलोरी बहुत कम होती है । यदि उपरोक्त प्रकार भोजन की मात्रा में की गई कटौती के बाद पूरी संतुष्टि नहीं होती हो तथा अधिक खाने की इच्छा बनी रहती हो, तो एक प्रयोग आप यह कर सकते हैं कि भोजन से आधा घंटा पहले जितना खा सकें सलाद खा लें । आप पाएंगे कि भूख स्वाभाविक रूप से कम हो गई है और आप आवश्यकता से अधिक खाना नहीं खा पाएंगे ।

4. एक कहावत है कि 'दांतों का काम आंतों से नहीं लेना चाहिए' । आशय यह है कि भोजन को खूब चबा-चबा कर खाना चाहिए । इससे पाचक संस्थान सदैव सशक्त एवं स्वस्थ बना रहता है । जो लोग भोजन बहुत जल्दी-जल्दी करते हैं उन्हें अनजाने में ही अधिक खाने की आदत पड़ जाती है । इसका कारण यह है, जब से आप खाना शुरू करते हैं उससे बीस मिनट तक दिमाग यह संकेत ग्रहण नहीं करता है कि पेट भर गया है । अत: यदि खाना बहुत जल्दी खा लिया जाता है तो पेट भर जाने के बाद भी ऐसा लगता रहेगा कि अभी पेट भरा नहीं है और भूख अभी बाकी है । इसी कारण अधिक खाना खा लिया जाता है । भोजन यदि पूर्ण शांति से रस लेकर, खूब चबाकर एवं धीरे-धीरे खाया जाता है तो कम भोजन से ही पूर्ण तृप्ति मिल जाएगी ।

5. भोजन में हरी तथा पत्तेदार सब्जियों जैसे लौकी, तुरई, पालक, बथुआ, चौलाई, मेथी आदि का अधिक से अधिक उपयोग करें, क्योंकि इनमें कैलोरी बहुत कम होती है तथा रेशा अधिक होता है । टिंडा, बैंगन, गोभी, गाजर, मूली एवं सब तरह की फलियां भी अत्यन्त गुणकारी हैं ।

6. सभी तरह के मौसमी फलों का भरपूर उपयोग करें लेकिन बहुत अधिक मीठे फल जैसे अंगूर, चीकू, आम आदि का उपयोग बहुत अधिक नहीं करें, क्योंकि शक्कर की मात्रा अधिक होने के कारण इनमें कैलोरी अधिक होती है ।

7. जिस भोजन में कार्बोहाइड्रेट अधिक हो और वसा कम हो वह भोजन जल्दी हजम हो जाता है । इसलिए सम्भव है कि दोनों मुख्य भोजनों के बीच में भी आपको भूख लग आए । जब भी भूख लगे कोई फल आदि खा लें । भुने हुए चने भी अच्छा पथ्य है । फल आदि से यदि संतुष्टि नहीं होती हो, तो बेहतर है कि आप चपाती ही खा लें । पोदीना, धनिया, हरे प्याज अथवा कंचरी की चटनी बनवाकर रख लें और इसके साथ चपाती खा लें । पेट भी भरेगा एवं चटपटी व जायकेदार होने के कारण चटनी आपको संतृप्ति भी प्रदान करेगी। बिस्कुट, जैम एवं तली चीजें नहीं खाएं क्योंकिं वसा तथा शक्कर होने के कारण इनमें कैलोरी अधिक होती है ।

8. अपने खान-पान में उपरोक्त संशोधन कर लेने से नित्य ग्रहण की जाने वाली कैलोरियों की मात्रा में काफी कमी हो जाएगी तथा आपका वजन कम होना शुरू हो जाएगा। इस प्रक्रिया को पुख्तगी प्रदान करने के लिए यह आवश्यक है कि नित्य प्रति कोई व्यायाम भी किया जाए। यह व्यायाम किसी खेल के रूप में भी हो सकता है अथवा घूमना, दौड़ना, तैरना या साइकिल चलाने के रूप में भी हो सकता है। जो व्यायाम आपको रुचिकर लगे व जिसमें आनन्द आए, वही कर लें। आधे घंटे से 45 मिनट तक किया गया व्यायाम पर्याप्त रहता है। महत्वपूर्ण बात यह है कि व्यायाम नियमित रूप से किया जाए। हल्के व्यायाम से ही पूर्ण लाभ मिल जाएगा। अत: कड़ा तथा थका देने वाला व्यायाम करने की आवश्यकता नहीं है।

9. वजन कम करने के लिए प्रचारित दवाएं मात्र छलावा हैं। वे निरापद नहीं हैं, अत: इनके चक्कर में नहीं पड़ें। यदि समस्या बहुत विकट हो तो किसी सुयोग्य आहार विशेषज्ञ के परामर्श और उसकी देखरेख में ही दवाओं का सेवन करें।

10. शराब में भी शक्कर की तरह शुद्ध कैलोरी होती है। अत: शराब छोड़ दें अथवा कम कर दें।

11. जल से ही जीवन है। पानी में कोई कैलोरी नहीं होती। पानी हर प्रकार से स्वास्थयदायक है। अत: खूब पानी पिएं।

वजन घटते-घटते जब आपके कद के अनुसार सामान्य वजन आ जाए तो वसा तथा शक्कर में की गई कटौतियों में इतनी ढील दे दें कि वजन स्थिर बना रहे। व्यायाम को नहीं छोड़ें।

इस विधि का लाभ यह है कि इससे धीरे-धीरे परन्तु निरन्तर वजन कम होने से शरीर पर कोई दुष्प्रभाव नहीं पड़ता तथा आपको स्वास्थ्यवर्धक भोजन करने की आदत पड़ जाती है। इसके विपरीत डाइटिंग में कई बार वजन बड़ी तेज गति से कम हो जाता है जिससे न केवल कमजोरी महसूस होती है बल्कि कई बीमारियां हो जाने का भी खतरा रहता है। डाइटिंग बन्द करने के बाद पुन: पुरानी भोजन पद्धति पर आने पर वजन फिर बढ़ना शुरू हो जाता है। ऊपर बताई विधि में, क्योंकि खानपान की पद्धति में सदा के लिए संशोधन प्रस्तावित किया गया है अत: इसका लाभ भी स्थाई होता है।

इस विधि का एक और लाभ यह है कि किस वस्तु में कितनी कैलोरी है इस चक्कर में पड़ने की जरूरत नहीं है और न यह फिक्र करने की जरूरत है कि नाश्ता कितनी कैलोरी का किया जाए तथा लंच कितनी कैलोरी का। केवल मोटी-मोटी यही बातें ध्यान में रखनी हैं कि वसा बहुत कम खाई जाए। शक्कर में कटौती की जाए। कार्बोहाइड्रेट पेट भर खाए जाएं एवं फल व सब्जियां अधिक से अधिक खाई जाएं। इन मोटी-मोटी बातों का

ध्यान रख लिया तो बिना स्वयं को कोई यातना दिए, आपको अपना वजन घटाने में सफलता मिल जाएगी, ऐसा मेरा विश्वास है । फिर भी उन पाठकों के लिए जो यह जानने के लिए जिज्ञासु हो सकते हैं कि किस पदार्थ में कितनी कैलोरी होती है, नीचे कुछ मुख्य-मुख्य खाद्य पदार्थों की तालिका दी जा रही है:–

किसमें कितनी कैलोरी (प्रति 100 ग्राम)

गेहूं का आटा	341	प्याज	50
भुने चने	369	आलू	97
चना दाल	372	शकरकंद	120
उड़द दाल	347	बैंगन	24
मूंग दाल	334	करेला	25
मसूर दाल	343	भिंडी	35
राजमा	346	मटर	93
सोयाबीन	432	टमाटर	21
शक्कर	320	कद्दू	25
मक्खन	755	टिंडा	21
घी	900	सेब	56
तेल (सभी खाद्य तेल)	900	केला	153
दूध, गाय का (एक कप)	100	खजूर	283
दूध, भैंस का (एक कप)	115	छुहारे	317
क्रीम निकला दूध	45	अमरूद	66
अमूल चीज़	358	आम	50-80
बादाम	650	खरबूजा	21
काजू	880	तरबूज	16
खोपरा (सूखा)	662	पपीता	32
मूंगफली	560	संतरा	53
चौलाई	45	नाशपाती	51
पत्ता गोभी	45	चीकू	94
मूली	17	नमकीन बिस्कुट	15
पालक	26	मीठा बिस्कुट	24
गाजर	48	मारी बिस्कुट	20
अरवी	97	आइसक्रीम एक स्लाइस	250

एक कुल्फी	500	जैम एक बड़ा चम्मच	75
बरफी एक टुकड़ा	140	समोसा 70 ग्राम	280
गुलाब जामुन एक	100	मठरी 30 ग्राम	280
जलेबी एक	100	कचौरी 40 ग्राम	280
लड्डू बूंदी का एक	200	खीर एक कप	600
रसगुल्ला एक	140	रबड़ी 1/2 कप	690
संदेश एक	140	हलवा 1 कप	770
पेस्ट्री एक	250 से 400		

आशा है उपरोक्त सूचना आपको अपने लिए उचित पथ्य चुनने में सहायक होगी।

अमेरिका में डॉ. एटकिन्स ने एक किताब लिखा, 'न्यू डाइट रिवाल्यूशन', जो वर्ष 1999 में लगातार कई सप्ताह तक सबसे अधिक बिकने वाली किताब रही। डॉ. एटकिन्स ने मोटापा घटाने के लिए कार्बोहाइड्रेट रहित एवं प्रोटीन से परिपूर्ण भोजन किए जाने की वकालत की है। लाखों अमेरिकन डॉक्टर एटकिन्स की राय मानकर केवल प्रोटीन युक्त भोजन अपनाकर वजन घटाने के प्रयास में जुट गए हैं, लेकिन अटलांटा में अक्टूबर, 1999 में सम्पन्न लगभग दस हजार आहार वैज्ञानिकों एवं स्वास्थ्य विशेषज्ञों के सम्मेलन में केवल प्रोटीन युक्त भोजन के खतरों के प्रति आम जनता को सावधान किया है एवं कार्बोहाइड्रेट को भोजन का आवश्यक अंग बताते हुए संतुलित आहार के माध्यम से ही वजन घटाने और उसको नियंत्रण में रखने पर जोर दिया है साथ ही इस पुस्तक में बताए उपायों की परोक्ष रूप में पुष्टि की है।

13

हृदय रोग को पलटा जा सकता है

डॉ. डीन ओरनिश के प्रयोग

यह तो आप जान ही चुके हैं कि हृदय रोग का मुख्य कारण है धमनियों के भीतर कोलस्ट्रोल, वसा, कैलशियम और खून के थक्के जम जाने के कारण उनमें कड़ापन आ जाना एवं उनका मुंह संकरा हो जाना या बिल्कुल बन्द ही हो जाना अर्थात् ऐथीरोस्क्लिरोसिस हो जाना। धमनियों में हुए इस जमाव को किसी तरह से खुरच दिया जाए या कम कर दिया जाए तो हृदयाघात होने की स्थिति समाप्त हो जाएगी तथा उस स्थिति में हृदय रोगी फिर हृदय रोगी रहेगा ही नहीं। अर्थात् हृदय रोग पलट (Reversal of Heart Disease) जाएगा। हृदय रोग विशेषज्ञ अब तक यही मानते आ रहे थे कि धमनियों में जो जमाव हो जाता है, उसका कम किया जाना सम्भव नहीं है। उचित आहार-विहार से आगे के लिए जमाव प्रक्रिया को कम किया जा सकता है, लेकिन जमे हुए पदार्थ को पिघलाना सम्भव नहीं है। कैलीफोर्निया के हृदय रोग विशेषज्ञ डॉ. डीन ओरनिश ने पहली बार आधिकारिक तौर पर यह सिद्ध किया है कि इस जमाव को पिघलाया जा सकता है अर्थात् कम किया जा सकना सम्भव है। हृदय रोगियों पर किए गए अपने परीक्षणों का विवरण उन्होंने अपनी पुस्तक Dr. Dean Ornish's Program for Reversing Heart Disease में दिया है, जिसका उल्लेख पहले किया जा चुका है।

डॉ. ओरनिश स्वयं एक हृदय रोग शल्य चिकित्सक थे एवं बाईपास सर्जरी किया करते थे। उन्होंने देखा कि जो लोग बाईपास सर्जरी करवाते हैं, उनमें से बहुतों को कुछ सालों में ही फिर से एथिरोस्क्लिरोसिस हो जाती है तथा कुछ को तो चार-पांच साल में ही बाईपास की बाईपास सर्जरी करवानी पड़ती है। उन्हें यह विचार अक्सर परेशान किए रखता था कि बाईपास केवल लक्षणों का ही इलाज था, असल बीमारी का नहीं। उनकी यह मान्यता थी कि जीवन पद्धति में मूलभूत परिवर्तन करके न केवल बीमारी को रोका जा सकता है बल्कि बीमारी को पलटा जा सकना भी सम्भव हो सकता है। अपने विचार को प्रामाणिकता की कसौटी पर कसने के लिए उन्होंने कुछ ऐसे लोगों को अध्ययन के लिए तैयार किया, जिनकी एन्जियोग्राफी (Angiography) हो चुकी थी और उससे यह प्रमाणित हो चुका था कि उनकी एक, दो अथवा तीनों कोरोनरी धमनियां जमाव के

कारण रुकी हुई थीं। इन लोगों को इस बात के लिए तैयार किया गया कि वे एक साल तक अपना आहार-विहार तथा खानपान, अध्ययनकर्ताओं द्वारा दिए गए निर्देशों के अनुसार रखेंगे। इस हेतु जो नई जीवन पद्धति अपनाई जानी थी, उसको लाइफ स्टाइल हार्ट ट्रायल (Lifestyle Heart Trial) या संक्षिप्त में एल.एस.एच.टी. नाम दिया गया। इस कार्यक्रम के मुख्य निर्देश इस प्रकार थे:-

1. तनाव मुक्त रहने के लिए नित्य प्रति एक घंटा, बताई गई विधि से अभ्यास करना होगा।

2. धूम्रपान करने वालों को धूम्रपान बिल्कुल बन्द करना होगा।

3. चाय तथा कॉफी का भी पूर्ण परित्याग करना होगा। शराब भी छोड़नी होगी लेकिन बिल्कुल नहीं छोड़ना चाहें तो बहुत सीमित मात्रा में सेवन करनी होगी।

4. मांसाहार का परित्याग करके शाकाहारी पथ्य लेना होगा। अलबत्ता क्रीम निकला हुआ दूध एवं अंडे की सफेदी सीमित मात्रा में लेने की अनुमति होगी।

5. शाकाहारी भोजन में भी वसायुक्त भोजन अति अल्प मात्रा में लेने होंगे जिससे कि भोजन से प्राप्त कुल कैलोरी में वसा से प्राप्त कैलोरी ऊर्जा 10% से अधिक नहीं हो और इसी प्रकार भोजन में कोलस्ट्रोल की मात्रा प्रतिदिन 5 मिलीग्राम से अधिक नहीं हो। (साधारणत: अमेरिकी भोजन में औसत तौर पर 300 मिलीग्राम कोलस्ट्रोल होता है।)

6. शक्कर की मात्रा भी कुछ घटानी होगी। जिन लोगों को उच्च रक्तचाप है उनको नमक की मात्रा में भी काफी कमी करनी होगी।

7. प्रतिदिन लगभग आधा घंटे के लिए हल्का व्यायाम करना होगा।

परीक्षण से यह पाया गया कि जिन लोगों ने उपरोक्त निर्देशों का पालन किया उनकी कोरोनरी धमनियों में हुआ जमाव बढ़ने की बजाय औसत तौर पर साढ़े पांच प्रतिशत कम हो गया था। जिन लोगों ने निर्देशों का पालन अधिक कड़ाई और निष्ठा से किया उनमें से कुछ में, धमनियों के जमाव में 9 प्रतिशत तक की कमी आ गई थी। वे स्वयं को रोगमुक्त महसूस करने लगे थे। जमाव में 9 प्रतिशत की कमी से हृदय की मांसपेशियों में रक्त संचार की मात्रा में कई गुना वृद्धि हो जाती है तथा बाईपास सर्जरी करवाने की आवश्यकता नहीं रहती। यह अध्ययन चार साल तक चालू रखा गया। जिन लोगों ने बताई गई जीवन शैली पूरी तौर पर अपना ली उनमें सुधार की गति निरन्तर बनी रही। अध्ययन प्रारम्भ करते समय डॉ. ओरनिश और उसके सहयोगियों को यह आशा नहीं थी कि जिन लोगों की धमनियों में 90 प्रतिशत से अधिक जमाव हो गया है तथा जमाव बहुत ही कड़ा (Stenosis) पड़ गया है, उनमें जमाव पिघल जाएगा। लेकिन चौंकाने

वाला तथ्य यह प्रकाश में आया कि जिन लोगों की धमनियों में जमाव जितना ज्यादा था और कड़ा हो गया था, उनमें सुधार की गति सबसे अधिक रही । यह वास्तव में एक बहुत ही सुखद आश्चर्य था क्योंकि मृत्यु के कगार पर खड़े हृदय रोगियों के लिए यह वास्तव में नए जीवन के लिए आशा की किरण थी ।

इस अध्ययन के कुछ अन्य महत्वपूर्ण निष्कर्ष निम्न प्रकार थे:-

1. अमेरिकन हार्ट ऐसोसिएशन की सिफारिश यह है कि भोजन से प्राप्त कुल कैलोरी का 30 प्रतिशत वसा स्रोतों से प्राप्त किया जाना चाहिए । परन्तु एल.एस.एच.टी. से यह सिद्ध हुआ कि हृदय रोग का पलटना उस समय तक सम्भव नहीं होता जब तक कि वसा से प्राप्त कैलोरी को 10 प्रतिशत तक घटा नहीं दिया जाए तथा कोलस्ट्रोलयुक्त भोजन को बिल्कुल बन्द नहीं कर दिया जाए, अर्थात् प्रतिदिन 5 मिलीग्राम से अधिक कोलस्ट्रोल भोजन में नहीं हो ।

2. शाकाहारी भोजन में भी रेशा प्रधान भोजन को प्राथमिकता दी जानी चाहिए।

3. तनाव का हृदय रोगों के साथ गहरा सम्बन्ध है । हो सकता है कुछ लोगों में हृदय रोग पैदा करने में तनाव का योगदान 50 प्रतिशत से भी ज्यादा रहता हो लेकिन पुख्ता निष्कर्ष के लिए और अधिक गहन अध्ययनों की आवश्यकता है। तनाव मुक्ति के लिए पृथक से एक प्रोग्राम बनाया गया जिसके लिए प्रत्येक व्यक्ति को एक घंटा प्रतिदिन का समय देना था । इस कार्यक्रम को ''Opening Your Heart Program'' (दिल की गिरह खोलो कार्यक्रम) नाम दिया गया। इस कार्यक्रम हेतु एक भारतीय योगी का सक्रिय सहयोग लिया गया । एक घंटे के इस कार्यक्रम को निम्नलिखित अंशों में बांटा गया था:

I. ए. बीस मिनट तक चुने हुए 12 योगासन एवं यौगिक व्यायाम करना,

बी. निर्दिष्ट शिथिलीकरण (Relaxation) तकनीक का अनुसरण–15 मिनट

सी. श्वसन तकनीक (प्राणायाम)–15 मिनट

डी. ध्यान (Meditation)–15 मिनट

ई. सकारात्मक आत्म सुझाव (Positive Autosuggestion) ।

II. दूसरों के साथ घुल-मिल जाने की प्रवृत्ति का विकास करके सबसे आत्मीय सम्बन्ध स्थापित करना, परोपकार की भावना को सुदृढ़ करना एवं एक-दूसरे से मन के अन्तर्भावों को प्रकट करते हुए आपसी सहयोग दल का गठन करना।

इन सबका उद्देश्य यह था कि व्यक्ति आत्मकेंद्रित जीवन जीने के बजाय दूसरों के लिए जीना सीखे । इसका विशद विवेचन पूर्व में किया जा चुका है ।

इस कार्यक्रम के लिए जो आहार निर्धारित किया गया था, उसे Reversal Diet या संक्षेप में R.D. अर्थात् हृदय रोग पलटू आहार का नाम दिया गया था । आर.डी. की मुख्य विशेषताएं निम्नलिखित हैं :-

- इसमें बहुत कम वसा और कोलस्ट्रोल लगभग न के बराबर होता है ।
- वसा से प्राप्त कैलोरी का अनुपात 10 प्रतिशत से भी कम होता है तथा संतृप्त वसा की मात्रा अत्यन्त कम होती है ।
- रेशा युक्त भोज्य पदार्थों का अनुपात अधिक रहता है ।
- पशु स्रोत से प्राप्त आहार की मनाही है । अपवाद केवल ये हैं कि क्रीम निकला दूध, मट्ठा (yogurt) एवं अंडे की सफेदी लेने की छूट है ।
- कैफीनयुक्त पेय (चाय, कॉफी) और अन्य उत्तेजक पदार्थों के सेवन की मनाही है ।
- नमक, चीनी के संयत उपयोग की अनुमति है ।
- खाने में कितनी कैलोरी हो, इस पर कोई प्रतिबंध नहीं लगाती ।

अपनी पुस्तक में डॉ. ओरनिश ने भोजन में प्रोटीन, चाय, कॉफी, नमक, शक्कर (चीनी) एवं रेशे के सम्बन्ध में जो विचार प्रस्तुत किए हैं उनका सिंहावलोकन नीचे किया जा रहा है :-

प्रोटीन

आर.डी. में प्रोटीन भी कम रखे गए हैं, क्योंकि कम प्रोटीन की तरह अधिक प्रोटीन भी नुकसानदायक हैं । जानवरों पर किए गए परीक्षणों से यह सिद्ध हुआ है कि जिन जानवरों को अधिक प्रोटीनयुक्त आहार दिया गया, वे जल्दी मर गए, उन जानवरों की तुलना में जिन्हें कैलोरी तो बराबर दी गयी परन्तु प्रोटीन बहुत कम दिए गए । अधिक प्रोटीन से हड्डियों की बीमारी ओस्टियोस्पारोसिस (Osteosporosis) हो जाती है । जानवरों पर किए गए परीक्षणों से यह भी सिद्ध हुआ है कि कम वसा वाला भोजन देने पर भी धमनियों में जमाव हो जाता है, यदि भोजन में प्रोटीन की मात्रा अधिक हो ।

नमक

असल में नमक स्वास्थ्य के लिए उतनी बड़ी समस्या नहीं है, जितना लोग आम तौर पर मानते हैं । नमक का स्वास्थ्य पर केवल मात्र इतना सा प्रभाव होता है कि ये

रक्तचाप को बढ़ाता है । यदि आपको उच्च रक्तचाप की समस्या नहीं है तो नमक में अधिक कटौती किए जाने की आवश्यकता नहीं है ।

उत्तेजक पदार्थ (Stimulants) जैसे चाय एवं कॉफी

चाय अथवा कॉफी का कप संसार के कोटि-कोटि लोगों को चुस्ती एवं स्फूर्ति देता है । यह स्फूर्ति असल में इनमें पाए जाने वाले तत्व 'कैफीन' के कारण आती है । कैफीन की बाबत डॉ. ओरनिश के विचार कुछ इस प्रकार हैं:-

हमारी यह धारणा है कि कैफीन हमें कर्मशक्ति (Energy) प्रदान करती है लेकिन वास्तविकता यह है कि यह हम से ही भावी कर्मशक्ति को उधार लेती है ।

जब आप कॉफी (या चाय) का एक प्याला पीते हैं तो यह अपनी रासायनिक क्रिया के द्वारा कारुणिक स्नायु संस्थान (Symphathetic Nervous System) को उत्प्रेरित कर देता है । जिसके फलस्वरूप ऐड्रीनैलिन एवं तनाव से सम्बन्धित अन्य हारमोनों का स्तर बढ़ना शुरू हो जाता है जिससे आप स्वयं को चुस्त महसूस करने लगते हैं । लेकिन दुर्भाग्यवश जीवन में कभी भी कोई वस्तु बिना मूल्य प्राप्त नहीं होती, इसलिए कुछ समय बाद आपकी कर्मशक्ति का स्तर नीचे गिरना शुरू हो जाता है और यह स्तर, उससे भी नीचे चला जाता है, जिस समय आपने कॉफी का प्याला पिया था । इसका आपके पास बड़ा अच्छा इलाज है-कॉफी का एक और प्याला । यही कारण है कि धीरे-धीरे चाय-कॉफी जैसे उत्तेजक पदार्थों की लत पड़ जाती है ।

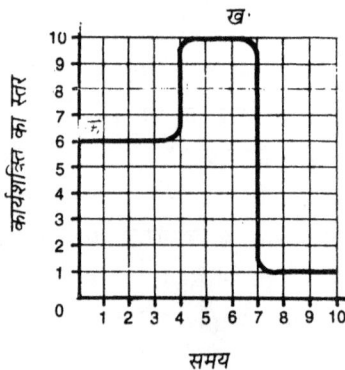

समय

चित्र-संख्या 9

क. चाय या कॉफी का प्याला पीते समय कार्यशक्ति (Energy) का स्तर

ख. आधा घंटे बाद

ग. 3-4 घंटे बाद

शक्कर (चीनी)

परिष्कृत चीनी खाने का प्रभाव यह होता है कि आपके खून में शक्कर का स्तर बड़ी तेजी से बढ़ना शुरू हो जाता है । इसकी प्रतिक्रियास्वरूप आपकी पैनक्रियाज ग्रंथि बहुत अधिक मात्रा में इनसुलिन को स्रावित करना शुरू कर देती है जिससे आपके खून में शक्कर का स्तर उतनी ही तेजी से नीचे गिर जाता है । स्तर के गिरने के साथ ही हालांकि पैनक्रियाज इनसुलिन का स्राव बन्द करने का प्रयत्न करती है लेकिन बहुधा एकदम से बन्द नहीं कर पाती और अक्सर नतीजा यह होता है कि जिस समय आपने चीनी खाई थी, उससे भी खून में शक्कर का स्तर नीचे चला जाता है । ऐसा होने पर एकदम थकावट और मुर्दनी सी महसूस होती है और चीनी खाने की तीव्र इच्छा जाग्रत हो जाती है और आप फिर से मीठे पर टूट पड़ते हैं । यह दुष्चक्र भी कैफीन की तरह का ही है । हालांकि हृदय रोग से चीनी को जोड़ने के कोई सशक्त कारण नहीं हैं लेकिन फिर भी भलाई इसी में है कि चीनी का उपयोग सीमित मात्रा में ही किया जाए । प्राकृतिक रूप से पाई जाने वाली चीनी का उपयोग किया जाना बेहतर है ।

हालांकि डॉक्टर ओरनिश, चीनी का सीधा सम्बन्ध हृदय रोग से जोड़ने से कतराते हैं लेकिन कुछ अन्य विशेषज्ञों ने चीनी को हृदय रोग के मुख्य कारक के रूप में स्वीकार किया है ।

अमेरिका के आहार विशेषज्ञ डॉ. जोह्न युडकिन्स की मान्यता है कि जो व्यक्ति प्रतिदिन 110 ग्राम चीनी खाता है उसको 60 ग्राम चीनी प्रतिदिन खाने वाले व्यक्ति से हृदयाघात होने का खतरा पांच गुना ज्यादा है । अमेरिकी एवं भूतपूर्व सोवियत वैज्ञानिक इस बात पर सहमत हैं कि अच्छे स्वास्थ्य एवं हृदय को स्वस्थ रखने के लिए चीनी के उपयोग में कटौती किया जाना आवश्यक है ।

विश्व स्वास्थ्य संगठन ने कुछ समय पूर्व एक सर्वेक्षण करवाया था । उन्होंने चीनी की अधिक खपत वाले और कम खपत वाले दस-दस देश छांटे तथा उनमें हृदय रोगों का सर्वेक्षण करवाया, जिससे यह ज्ञात हुआ कि जिन देशों में लोग कम चीनी खाते हैं, वहां हृदय रोग भी कम है । यह सम्भवतः इसलिए है कि चीनी, खून में ट्राइग्लिसराइड यूरिक ऐसिड और कोलस्ट्रोल की मात्रा बढ़ाती है । भूतपूर्व सोवियत संघ की इंस्टीट्यूट ऑफ प्रिवैंनटिव कार्डियोलोजी ने गठिया तथा संधिवात जैसे भयंकर रोगों के लिए भी चीनी को ही उत्तरदायी माना है ।

रेशा (Fibre)

रेशा एक प्रकार का कॉम्पलेक्स कार्बोहाइड्रेट है जो हजम नहीं होता है । रेशा,

कमोबेश मात्रा में सभी अनाजों, फलियों, सब्जियों एवं फलों में पाया जाता है, लेकिन परिष्कृत खाद्य पदार्थों में रेशे को निकाल दिया जाता है और इसलिए वे रेशा रहित होते हैं। पशुओं से प्राप्त खाद्य पदार्थों में भी रेशा नहीं होता। भोजन में जो रेशा होता है उसके दो भेद किये जा सकते हैं, धुलनशील तथा अघुलनशील। आर.डी. में दोनों प्रकार के रेशे प्रचुर मात्रा में होते हैं।

अघुलनशील रेशा दो कार्य करता है। पहला तो मल की मात्रा बढ़ाना और दूसरा खाना, आंतों से गुजरने में जितना समय लेता है उसको घटा देना। मल की मात्रा बढ़ जाने से बवासीर एवं एपैन्डिसाइटिस जैसी बीमारियों के होने का खतरा कम हो जाता है। आंतों से खाना जल्दी गुजर जाने का लाभ यह होता है कि मल के विषैले पदार्थ, आंतों में कम समय तक ठहरते हैं जिससे बड़ी आंत का कैंसर होने की सम्भावना कम हो जाती है। गेहूं का चोकर अघुलनशील रेशे का एक उत्तम स्रोत है।

घुलनशील रेशे लेसदार होते हैं जो आंतों द्वारा कोलस्ट्रोल के अवशोषण में बाधा पहुंचाते हैं। इसके अतिरिक्त ये पित्त के जरिए कोलस्ट्रोल को शरीर से बाहर निकालने में भी सहायक होते हैं। यही कारण है कि ओट (Oat) चोकर कोलस्ट्रोल कम करने में कारगर सिद्ध हुआ है। ईसबगोल की भूसी, ग्वार गम, चावल का चोकर, गाजर एवं फलों में पाया जाने वाला पैक्टिन (Pectin) इन सबमें घुलनशील रेशा होता है।

आर.डी. (Reversal Diet) में जिन-जिन खाद्य पदार्थों को खाने की अनुमति दी गई थी, उनकी सूची नीचे दी जा रही है:-

पशुओं से प्राप्त खाद्य : अंडे की सफेदी एवं बिना चिकनाई का दूध अथवा योगर्ट (छाछ) एक कप प्रतिदिन।

अनाज : गेहूं, चावल, ज्वार, बाज़रा, मक्का, जौ एवं चौलाई के बीज।

सब्जियां : चुकंदर, पत्ता गोभी, फूल गोभी, गाजर, लौकी, कद्दू, बैंगन, लहसुन, पालक, मशरूम (खुंबी), सरसों का साग, प्याज, आलू, मूली, सब प्रकार के अंकुरित अनाज व दालें, शकरकन्द, शलगम और टमाटर।

फल : सेव, केला, खरबूजा, किशमिश, खजूर, ग्रेप फ्रूट, अंगूर, अमरूद, नींबू, आम, संतरे, पपीता, नाशपाती, अनानास, सब तरह के बेर, अनार, तरबूज।

दालें एवं फलियां : सभी प्रकार की।

पेय पदार्थ : क्लब सोडा, फलों के रस एवं हर्बल चाय, मिनरल वाटर, सभी सब्जियों का रस।

आधुनिक विज्ञान भी धीरे-धीरे सही आहार-विहार एवं विचार के महत्व को पहचानने लगा है । डॉ. ओरनिश ने हृदय रोगों के इलाज में जो एक नई दिशा दी है उससे प्राचीन ग्रीक चिकित्सक हिप्पोक्रेट्स की यह उक्ति ही चरितार्थ होती है कि ''आपका आहार ही सर्वोत्तम औषध है ।''

अन्त में आपकी जानकारी के लिए कुछ चुने हुए भारतीय खाद्यों की तालिका में यह सूचना अंकित की जा रही है कि किस खाद्य पदार्थ के 100 ग्राम में रेशा कितने ग्राम होता है :-

1.	कमल ककड़ी अथवा भें	25
2.	कोटू अथवा कुटू का आटा	8.6
3.	नारियल	6.6
4.	अंजीर	6.4
5.	अमरूद	5.2
6.	अनार	5.1
7.	सब प्रकार की दालें	3 से 5
8.	खजूर	3.9
9.	मूंगफली	3.1
10.	गेहूं का आटा (चोकर सहित)	1.9
11.	करेला	1.7
12.	नींबू	1.7
13.	सेव	1.0

यदि आप बिना चोकर निकले हुए आटे की रोटी अथवा हाथ से निकले चावल का उपयोग अपने आहार में करते है तो आंकड़ों के चक्कर में पड़ने की आवश्यकता नहीं है । रेशे की आपूर्ति स्वाभाविक रूप से होती रहेगी । लेकिन मैदे की रोटी, डबल रोटी, परिष्कृत चावल एवं मांस का उपयोग अधिक किया जाता है तो यह सावधानी बरतने की आवश्यकता है कि अधिक रेशे वाले खाद्यों का चुनाव करके उनका सेवन किया जाए ताकि आपके पाचन संस्थान को सुचारु रूप से कार्य करने के लिए पर्याप्त रेशा उपलब्ध हो सके।

■ ■

14

हृदय एवं धमनियों के लिए कुछ हितकारी पथ्य

स्वास्थ्य के लिए हितकारी फलों, सब्जियों और अन्य खाद्य पदार्थों के गुणों का विवेचनात्मक एवं आधिकारिक विवरण देते हुए श्री ए.पी. दीवान ने एक सुंदर पुस्तक लिखी है, "Food for Health" (फूड फॉर हल्थ)। यदि आप स्वास्थ्यवर्धक खाद्य पदार्थों के बारे में अधिक जानकारी प्राप्त करने के इच्छुक हैं, तो आपको श्री दीवान की यह पुस्तक अवश्य ही पढ़नी चाहिए । उक्त पुस्तक में जिन-जिन खाद्य पदार्थों को हृदय तथा धमनियों को स्वस्थ रखने के लिए उपयोगी बतलाया गया है, उन पर प्रस्तुत हैं संक्षिप्त टिप्पणियां:-

फल

1. सेव : सेव का सबसे महत्वपूर्ण तत्व घुलनशील पॅक्टिन रेशा होता है जो खून में कोलस्ट्रोल की मात्रा घटाने और एच.डी.एल. की मात्रा बढ़ाने में बहुत उपयोगी है ।

2. केला : केले में पाया जाने वाला पोटाशियम तत्व उच्च रक्तचाप को नियन्त्रित करने में सहायक होता है । इसका घुलनशील रेशा कोलस्ट्रोल को कम करता है । पूरा पका हुआ केला यदि शहद के साथ खाया जाए, तो हृदय के लिए टॉनिक का काम करता है। ऑक्सफोर्ड विश्वविद्यालय में हुई खोज के अनुसार केले में पाया जाने वाला मैगनीशियम भी हृदय रोगियों के लिए बहुत लाभदायक होता है । हृदयाघात के बाद यदि केले का सेवन किया जाए तो दुबारा हृदयाघात होने की सम्भावना 55 प्रतिशत कम हो जाती है। मैगनीशियम शरीर में कैलशियम की मात्रा कम करता है जिससे धमनियों में जमाव की प्रक्रिया शिथिल पड़ जाती है ।

3. ग्रेप फ्रूट (चकोतरा) : चकोतरे का रस और इसका पॅक्टिन खून में एच.डी.एल. तथा एल.डी.एल. अनुपातं को सुधारने में महत्वपूर्ण योगदान देता है । यही नहीं बल्कि धमनियों में जमी प्लेक (Plaque) को खोलने का काम भी करता है । हृदय के लिए हितकारी होने के कारण ग्रेप फ्रूट को नींबू प्रजाति के फलों में सर्वोच्च स्थान दिया जा सकता है ।

4. नींबू : नींबू के छिलकों को गर्म पानी अथवा चाय में डाल दें, जिससे इसके तेल तत्व पानी या चाय में मिल जाएंगे। ये तेल तत्व हृदय की धड़कन को नियमित करते हैं। नींबू के रस में पोटाशियम होता है, जो हृदय के लिए हितकारी है।

5. तरबूज एवं मतीरा : तरबूज के बीजों में एक ऐसा तत्व होता है जो धमनियों को फैलाता है एवं इसी कारण रक्तचाप को कम करता है। चीनी लोगों में रक्तचाप कम होने का एक कारण यह बतलाया गया है कि वे तरबूज के बीजों का नियमित उपयोग करते हैं।

6. खरबूजा : इसमें कैलशियम, पोटाशियम एवं सोडियम ऐसी संतुलित मात्रा में होते हैं कि ये हृदय के लिए टॉनिक का काम करते हैं।

7. संतरा : संतरे की फांकों के ऊपर जो सफेद रेशे चिपके रहते हैं उन्हें फेंकें नहीं, फांक के साथ खा जाएं। यह पदार्थ पॅक्टिन है, जो कोलस्ट्रोल को कम करता है एवं धमनियों को सुरक्षा प्रदान करता है।

8. अमरूद : इसे भी हृदय के लिए टॉनिक ही मानिए। यह हृदय की मांसपेशियों को बल प्रदान करता है। इसमें रेशा तत्व अधिक होता है जिसके कारण कब्ज को भी तोड़ता है।

9. जामुन : जो हृदय रोगी, मधुमेह से पीड़ित हैं, उनके लिए जामुन एक अच्छा पथ्य है, क्योंकि खून में शक्कर की मात्रा को नियन्त्रित करने में बहुत सहायक होता है।

अनाज एवं दलहन

1. जौ : जौ में पाया जाने वाला प्रोटीन बहुत ही उच्च कोटि का होता है। जौ के दानों की ऊपरी सतह में एक ऐसा तत्व होता है, जो यकृत की एल.डी.एल. निर्माण प्रक्रिया को शिथिल कर देता है और इस प्रकार ऐथिरोस्किलोरिसिस से बचाव करता है।

2. राजमा : राजमा के नियमित उपयोग से खून में कोलस्ट्रोल की मात्रा में कमी आती है।

3. ओट : आटे की भूसी या ओट कोलस्ट्रोल कम करने में अपना सानी नहीं रखता।

4. सोयाबीन : सोयाबीन एक चमत्कारिक खाद्य है। इसमें 40 से 45 प्रतिशत प्रोटीन होता है जिसमें सभी अमीनो ऐसिड पाए जाते हैं। अत: सोयाबीन खाने के बाद कोई अन्य प्रोटीन खाने की आवश्यकता नहीं रहती। इसके बावजूद इसमें यूरिक ऐसिड बिलकुल नहीं होता। इसकी एक विशेषता यह भी है कि अन्य दलहनों की तरह इसकी तासीर अम्लीय न होकर क्षारीय है। इसके सेवन से न केवल कोलस्ट्रोल कम होता है

बल्कि कुछ समय बाद एच.डी.एल. में बढ़ोतरी होनी शुरू हो जाती है । धमनियों की बीमारी को पलटने में भी यह सहायक होता है । अधिक अम्लता से होने वाली बीमारियों को भी यह रोकता है । फॉसफोरस अधिक होने के कारण दिमाग एवं स्नायुओं के लिए भी लाभकारी है ।

5. गेहूं : सफेद डबलरोटी सम्भवत: आधुनिक युग की अधिकांश बीमारियों की जड़ है । चोकर सहित आटे की रोटियां गुणकारी हैं ।

6. चना : भुने चने खाने से कोलस्ट्रोल की मात्राएं संतुलित रहती हैं एवं एच.डी.एल. बढ़ता है । मधुमेह के रोगियों के लिए भी यह हितकारी है, क्योंकि यह खून में शक्कर की मात्रा को भी कम करता है ।

सब्जियां एवं कंद

1. गाजर : गाजर के रस में कुछ ऐसे तत्व होते हैं, जो अल्सर (Ulcer) और कैंसर पैदा करने वाले कारकों का शमन करते हैं । गाजर के रस से जीवन-शक्ति एवं स्फूर्ति बढ़ती है । कोलस्ट्रोल के आधिक्य को भी यह रोकता है ।

2. लहसुन : कोलस्ट्रोल की मात्रा को कम करके एल.डी.एल. एवं एच.डी.एल. के अनुपात को संतुलित करता है । यह शरीर में खून के दौरे को भी बढ़ाता है एवं खून में थक्का बनने की प्रवृत्ति को रोकता है । इस प्रकार हृदयाघात के खतरे से रक्षा करता है। शरीर में वसा को नहीं जमने देता एवं इस प्रकार मोटापा नहीं होने देता ।

3. अदरख : एस्प्रिन की तरह से अदरख खून में थक्का नहीं बनने देता एवं इसके साथ ही हृदय के लिए उद्दीपक का कार्य करते हुए उसकी कार्यशक्ति को बढ़ाता है ।

4. प्याज : कच्चे प्याज एच.डी.एल. की मात्रा को बढ़ाते हैं एवं खून में कोलस्ट्रोल की कुल मात्रा को कम करते हैं । प्याज में 'ऐंडिनोपाइन' नामक तत्व होता है, जो खून को पतला करता है एवं इस प्रकार एस्प्रिन की तरह कार्य करता है ।

5. आलू : आलू का घुलनशील रेशा कोलस्ट्रोल को कम करने में सहायक होता है । आलू के सबसे गुणकारी तत्व इसके छिलके में होते हैं । अत: आलू छिलके समेत ही खाने चाहिए । यह दुर्भाग्य की बात है कि उबालने से आलू में विद्यमान पोटाशियम नष्ट हो जाता है, लेकिन आलू को यदि भून कर खाया जाए, तो इसके सभी पौष्टिक तत्व सुरक्षित बने रहते हैं ।

6. बैंगन : एक ऑस्ट्रियन वैज्ञानिक के शोध के अनुसार बैगन में एक विशेष गुण यह होता है कि वसायुक्त भोजन करने के उपरान्त भी यह शरीर में कोलस्ट्रोल की मात्रा नहीं बढ़ने देता ।

7. सरसों का साग : हृदय की मांसपेशियों को मजबूती प्रदान करता है । गिरते हुए बालों को रोकता है एवं पेट के रोगों में हितकारी है ।

8. करेला : जामुन की तरह करेले का रस भी खून में शक्कर की मात्रा को घटाता है । इसलिए मधुमेह के रोगियों के लिए सेवनीय है ।

पेय पदार्थ

1. दूध : चर्बी निकले हुए (Skimmed Milk) दूध में यह गुण होता है कि यह यकृत द्वारा अधिक कोलस्ट्रोल निर्माण पर रोक लगा देता है । धमनियों को भी स्वस्थ रखता है । बकरी का दूध सर्वश्रेष्ठ है ।

2. पानी : संसार में पानी से श्रेष्ठ कोई पेय अब तक इजाद नहीं हुआ । खूब पानी पीकर ही आप वजन घटा सकते हैं । प्यास नहीं होते हुए भी पानी पीने की आदत डालें।

3. छाछ अथवा मट्ठा (Yogurt) : हृदय रोगियों के लिए छाछ अमृत है । यह शरीर के ह्रास को रोकती है अर्थात् बूढ़ा होने की क्रिया को शिथिल करती है । आयु बढ़ाती है एवं पेट व यकृत के रोगों का शमन करती है ।

अन्य

1. शहद : हृदय रोगियों के लिए शहद एक गुणकारी औषधि है, जो हृदय की सभी बीमारियों में लाभ देता है (मधुमेह के रोगी परामर्श से ही सेवन करें) । शहद में विद्यमान एसिटीकोलीन (Acetycholine) नामक तत्व हृदय में रक्त-संचार को गतिमान करता है। इस प्रकार उच्च रक्तचाप को घटाता है एवं हृदय की गति को स्थिरता प्रदान करता है ।

2. जैतून (olive) का तेल : इस तेल का उपयोग अपने देश में नहीं होता । शोध से यह प्रकट हुआ है कि एकल एवं बहुअसंतृप्त वसा का जो आदर्श सम्मिश्रण जैतून के तेल में है, वैसा किसी अन्य तेल में नहीं होता । इसी कारण बुरे कोलस्ट्रोल (एल.डी.एल.) को नीचा रखने एवं अच्छे कोलस्ट्रोल को ऊंचा रखने में जितना कारगर जैतून का तेल है, उतना शायद अन्य कोई खाद्य तेल नहीं है ।

■ ■

15

हृदय रोग : आयुर्वेद के संदर्भ में_____

हमें इस बात का गर्व होना चाहिए कि हम उन मनीषियों के वंशज हैं, जिन्होंने शाश्वत जीवन-दर्शन, जीवन-विज्ञान एवं लोकाचार संहिता की थाती हमें वेदों के रूप में दी।

आयुर्वेद अथर्ववेद का ही उपांग है। यह केवल चिकित्साशास्त्र ही नहीं, बल्कि सम्पूर्ण जीवन विज्ञान है। इसके द्वारा प्रतिपादित सिद्धान्तों का यदि पालन किया जाए, तो रोग होगा ही नहीं, शारीरिक एवं मानसिक स्वास्थ्य बना रहेगा। आयुर्वेद में चिकित्सा से अधिक बल रोग-निरोधन (Prophylaxis) पर दिया गया है।

समग्र आयुर्वेद शास्त्र त्रिदोष सिद्धान्त पर आधारित है। वात, पित्त और कफ-ये तीन मुख्य दोष हैं, जो यदि समभाव में रहते हैं, तो मनुष्य स्वस्थ रहता है। तीनों में से किसी का भी आधिक्य अथवा न्यूनता, व्याधि अथवा विकार को जन्म देती है। इसी आधार पर आयुर्वेद ने हृदय रोगों के पांच भेद किए हैं-वातज, पित्तज, कफज, त्रिदोषज एवं कृमिज (जीवाणुओं, विषाणुओं अथवा कृमियों के संक्रमण से पैदा होने वाले)।

आधुनिक चिकित्सा मुख्य रूप से रोग आधारित होती है। एक रोग की चिकित्सा सभी में समान ही होगी, लेकिन आयुर्वेद में चिकित्सा का मुख्य आधार रोगी की स्वयं की प्रकृति को माना जाता है। दोष भेद के अनुसार चिकित्सा भी बदल जाती है।

अथर्ववेद ने 'हृदय' को चेतना का मूल स्रोत कहा है। आचार्य सुश्रुत ने भी इसे चेतना का अधिष्ठान माना है। चेतना का स्थान होने के कारण आयुर्वेद, ओज, प्राण एवं मन अर्थात् भावना का स्थान भी हृदय को ही मानता है, जबकि आधुनिक विज्ञान इसे केवल मात्र अनवरत कार्यरत पंप की संज्ञा देता है। परन्तु आधुनिक विज्ञान भी इस बात को तो स्वीकार करके ही चलता है कि हृदय तथा मस्तिष्क का बहुत गहरा सम्बन्ध है। मानस भावों (Emotions) जैसे चिंता, भय एवं त्रास आदि का सीधा प्रभाव हृदय पर पड़ता है। मानसिक उत्तेजना और तनाव को अब हृदय रोगों के प्रमुख कारणों में स्वीकार किया जाने लगा है। इस प्रकार आधुनिक चिकित्सा विज्ञान आयुर्वेद के निकट आता जान पड़ता है।

सुश्रुत ने हृदय की आकृति अधोमुखी (उल्टा लटका हुआ) अर्द्ध-विकसित कमल के समान बतलाई है। आचार्य चरक ने विभिन्न हृदय रोगों का विशद वर्णन किया है:-

कारण

आयुर्वेदानुसार अधिक परिश्रम, तीक्ष्ण वस्तुओं के सेवन, अतिविरेचन, अति वस्ति कार्य करने से, चिन्ता, भय, त्रास के निरन्तर होने से, नशीली वस्तुओं के अति सेवन से, अतिवमन, आमदोष, वेग विधारण, अतितर्पण तथा हृदय पर आघात से हृदय रोग उत्पन्न होता है । यह माना जाता है कि उपरोक्त कारणों से प्रकुपित वातादि दोष जब हृदय में जाकर रस को दूषित कर देते हैं तो उसे हृदय रोग कहते हैं ।

पथ्य-अपथ्य

आयुर्वेद में किसी भी रोग की चिकित्सा में पथ्य, अपथ्य अथवा कुपथ्य को विशेष महत्व दिया जाता है । हृदय रोगों के लिए जो पथ्य-अपथ्य निर्धारित किए गए हैं, उनका उल्लेख निम्न प्रकार है:-

पथ्य : चने का सत्तू, मिश्री, आंवला, सेव, पुराना चावल, मूंग, परवल, केला, आम, पेठा, अनार, हरड़, दाख, छाछ, सेंधा नमक, हींग, खजूर, करेला, पालक, मूली, गाजर, मेथी, सोंठ, अजवायन, लौकी, संतरा, अंगूर, पपीता, शहद, नीबू, गुलकंद, चीकू व टमाटर, अल्प मात्रा में भोजन ।

अपथ्य : मल-मूत्र वेग को रोकना, गरिष्ठ, वायु कारक वस्तुएं, गुड़, तेल, खटाई, लाल मिर्च, तले हुए पदार्थ, चाय, कॉफी, शराब, धूम्रपान, घी, नमक, मानसिक तनाव, उड़द व चना दाल, अधिक भोजन करना, भागकर सीढ़ियों पर चढ़ना आदि ।

लाभकारी प्रयोग

निम्नलिखित प्रयोगों का उल्लेख अधिकांश आयुर्वेदिक ग्रन्थों में मिलता है:-

1. आंवला का सेवन हृदय रोगियों के लिए अद्भुत लाभकारी है ।

2. मोती पिष्टी का प्रयोग हृदय को शक्ति देता है ।

3. धमनियों के कड़ेपन (Atherosclerosis) के लिए प्याज का रस एवं लहसुन का प्रयोग लाभकारी है ।

4. सेव का मुरब्बा हृदय के लिए हितकारी है ।

5. नींबू-अम्ल होते हुए भी क्षारीय है । इसके उपयोग से रक्त वाहिनियों में कोमलता आती है । हृदय सशक्त होता है ।

6. मधु (शहद) का प्रयोग हृदय के लिए बलकारक है । एक गिलास पानी में 2 चम्मच मधु नींबू डालकर पीने से लाभ होता है ।

7. दही कोलस्ट्रोल को घटाने में उत्तम है ।

उपचार

जैसा पहले कहा जा चुका है कि आयुर्वेदीय चिकित्सा त्रिदोष आधारित है । अत: रोगी तथा रोग की प्रकृति के अनुसार चिकित्सा बदल जाती है । चिकित्सा का विस्तृत उल्लेख पुस्तक की निर्धारित परिधि से बाहर है । फिर भी कुछ तथाकथित अनुभूत प्रयोगों का उल्लेख यहां किया जा रहा है:-

1. अर्जुन छाल (Terminalia Arjuna) : सभी प्रकार के हृदय रोगों की चिकित्सा में अर्जुन वृक्ष की छाल को अत्यन्त गुणकारी औषधि तत्व के रूप में स्वीकारा गया है । इसे हृदय की मांसपेशियों को बल प्रदान करने वाला तथा हृदय के स्पंदन को नियमित करने वाला माना जाता है । इसका प्रभाव स्थाई होता है, यह मान्यता भी है । इसकी उपयोग विधि निम्न प्रकार है:-

250 ग्राम दूध में 250 ग्राम पानी मिलाकर उसमें 10-12 ग्राम अर्जुन की छाल डाल दें । औटाने पर जब आधा (250 ग्राम) रह जाए तब छानकर, मिश्री मिलाकर पी जाएं। कुछ वैद्य मिश्री के साथ 5 ग्राम छोटी इलायची को पीस कर मिलाने का परामर्श भी देते हैं । इसके बजाय अर्जुनारिष्ठ का प्रयोग भी कर सकते हैं । अर्जुनारिष्ठ को बराबर के पानी में मिलाकर दिन में दो बार सेवन करने का परामर्श दिया जाता है ।

2. पुष्कर मूल : पुष्कर मूल चूर्ण 3 माशा को 6 माशा शहद के साथ मिलाकर प्रात:/सायं सेवन करना सभी हृदय रोगों में लाभकारी माना गया है ।

वनौषधियां

आयुर्वेद के पुरातन ग्रंथों में 60 से भी अधिक वनौषधियां चिन्हित हैं जिनमें हृदय रोग उपचार का कोई न कोई उपयोगी तत्व विद्यमान है । उदाहरणस्वरूप कुछ के नाम नीचे अंकित किये जा रहे हैं:-

1. अमरबेल (Cuscuta Reflexa)
2. अर्जुन (Terminalia Arjuna)
3. अपामार्ग (Achyranth Aspera)
4. अरंड (Riccinus Communis)
5. कपूर (Cinamomum Camphora)
6. मकोय (Solanum Nigrum)
7. गोखरू (Tribulus Terrestris)

8. गोहजवा (Onosma Bracteatum)
9. गुड़वी अथवा गिलोय (Tinospora Cordifolia)
10. जायफल (Myrstica Fragrans)
11. तुलसी (Ocimum Sanctum)
12. धनिया (Coriandrum Sativam)
13. फालसा (Grewia Asirtica)
14. चिरौंजी (Buchnania Latifolia)
15. पुनर्नवा (Boerhaavia Diffusa)
16. पुष्कर मूल (Inula Racemosa)
17. महाशतावरी (Asparagus Sarmentosus)
18. सौंफ (Foeniculum Vulgare)
19. अजवायन (Trachys Permum)
20. लहसुन (Allium Sativum)
21. गुलाब (Rosa Centifolia)
22. सुहांजना (Moringa Pterygosperma)
23. सौंठ (Zigiber Officinale)
24. हत्पत्री (Digitalis Purpura)
25. हरड़ (Terminalia Chebula)
26. हींग (Ferula Asfoetida)
27. बेहदाना (Cydonia Oblonga)
28. अश्वगंधा अथवा वासा (Adhatoda Vasica)

उपरोक्त सूची को अंकित करने के पीछे उद्देश्य यह इंगित करना है कि शास्त्र में तो खजाना भरा पड़ा है; आवश्यकता इस बात की है कि शोध द्वारा ऐसी कुंजियों को तलाश लिया जाए जिससे यह खजाना हृदय रोग चिकित्सा के लिए नए संबल प्रदान कर सकें।

■■

16

आपको हृदयाघात या पक्षाघात की कितनी सम्भावनाएं हैं ?————

नि कोलस लैबोरेट्रीज द्वारा इस सम्बन्ध में एक तालिका परिकलित्र (Ready Reckoner) जारी किया गया है, जिसे नीचे उद्धृत किया जा रहा है :-

खतरे का घटक		अंक गणना
1. धूम्रपान	धूम्रपान नहीं करते हों तो	0
	प्रतिदिन 20 सिगरेट से कम पीते हों तो	2
	प्रतिदिन 20 सिगरेट से ज्यादा पीते हों तो	4
2. वजन	कद के मुताबिक सामान्य हो तो	0
	कद के मुताबिक सामान्य से 10 प्रतिशत तक अधिक हो तो	2
	कद के मुताबिक सामान्य से 10 प्रतिशत से अधिक हो तो	4
3. ऊपर का रक्तचाप	120 से कम हो तो	0
	120 से 140 तक हो तो	2
	140 से ऊपर हो तो	4
4. कोलस्ट्रोल का स्तर	150 से कम हो तो	0
	150 से 250 तक हो तो	2
	250 से ऊपर हो तो	4
5. मानसिक तनाव	आप शायद ही कभी तनाव एवं चिंताग्रस्त होते हों तो	0
	दिन में 3-4 बार तनावग्रस्त हो जाते हों तो	2
	अधिक चिन्ता एवं तनावग्रस्त रहते हों तो	4

कुल प्राप्तांक यदि :

0 से 4 तक हो तो	आपको खतरा बहुत कम है ।
5 से 9 तक हो तो	सामान्य से कम खतरा है ।
10 से 14 तक हो तो	सामान्य खतरा है ।
15 से 20 तक हो तो	अधिक खतरा है ।
21 से 24 तक हो तो	बहुत अधिक खतरा है ।

(*नोट:* आपका सामान्य वजन क्या होना चाहिए? इसके लिए कृपया अध्याय 7 के पृष्ठ ः चार्ट का अवलोकन करें ।)

मानव प्रकृति एवं व्यक्तित्व को आंकड़ों में ढालना किसी प्रकार सम्भव नहीं है । यह सम्भव हो सकता है कि 4 अंक तक प्राप्त करने वाला व्यक्ति हृदयाघात का शिकार हो जाए एवं 21 से 24 अंक वाला लम्बी उम्र प्राप्त करे । फिर भी यदि आप 14 से अधिक अंक प्राप्त करते हैं तो सावधान हो जाना चाहिए एवं अपनी जीवन-शैली में तुरन्त संशोधन कर लेना चाहिए ।

■ ■

17

दिल का दौरा कब पड़ता है ?

दिल का दौरा एवं एन्जाइना इन दोनों का परिचय पूर्व अध्यायों में दिया जा चुका है। फिर भी आपकी याददाश्त को ताजा करने के लिए पुनः इनके बारे में बता दिया जाना उपयुक्त होगा। दोनों के लक्षण एक-दूसरे से मिलते-जुलते हैं, अतः इन दोनों का फर्क अच्छी तरह समझ लिया जाना चाहिए। दिल के दौरे और एन्जाइना इन दोनों का कारण एक ही होता है–हृदय की मांसपेशियों को पूरी मात्रा में ऑक्सीजन का नहीं मिल पाना। ऑक्सीजन नहीं मिल पाने का कारण अक्सर यह होता है कि जिन कोरोनरी धमनियों के द्वारा हृदय की मांसपेशियों में खून का संचार होता है वे संकरी हो जाती हैं अथवा बिल्कुल बंद हो जाती हैं। जब हृदय की मांसपेशियों को पूरी ऑक्सीजन नहीं मिल रही हो तो उनमें ऑक्सीजन की प्यास पैदा हो जाती है और वे हमें यह संदेश देना प्रारम्भ कर देती हैं कि बिना ऑक्सीजन के उनका दम घुट रहा है। यह संदेश अक्सर दर्द के रूप में होता है जो सीने के बीच की हड्डी के ठीक नीचे या फिर थोड़ा सा बाईं तरफ हटकर होता है। यदि दर्द एन्जाइना का है तो वह अक्सर लेट जाने तथा थोड़ी देर आराम करने से दूर हो जाता है या नाइट्रोग्लिसरीन की गोली लेने से भी दूर हो जाता है। इसका कारण यह है कि आराम करने से पूरे शरीर एवं हृदय की ऑक्सीजन की आवश्यकता कम हो जाती है एवं इस कारण से अवरुद्ध हुई धमनी से जहां पहले आवश्यकतानुसार खून हृदय की मांसपेशियों में नहीं पहुंच रहा था, आराम करने की स्थिति में खून (अर्थात् ऑक्सीजन) की मांग कम हो जाने से संकरी हुई धमनी से भी मांग पूर्ति होने लगती है। यह स्थिति आते ही एन्जाइना का दर्द भी हल्का पड़ जाता है तथा फिर पूरी तरह से मिट जाता है। नाइट्रोग्लिसरीन की गोली, हृदय में खून के दौरे को बढ़ा देती है, इसी कारण इसके लेने से एन्जाइना का दर्द मिट जाता है।

दिल के दौरे में स्थिति यह होती है कि संकरी हुई धमनी में खून के थक्के अथवा प्लेक के टुकड़े आदि के अटक जाने से खून का संचार बिल्कुल बन्द हो जाता है जिसके कारण बन्द हुई धमनी से हृदय की जो मांसपेशी खून ग्रहण कर रही थी, वह पूरी तरह प्यासी हो जाती है। यदि कुछ देर इसे बिल्कुल ही ऑक्सीजन प्राप्त नहीं हो, तो वह मांसपेशी पूर्णतः निष्क्रिय होकर अन्ततः मर जाती है। इस मर जाने की क्रिया को

इनफार्कशन (Infarction) कहते हैं एवं साधारण भाषा में दिल का दौरा, हृदयाघात या हार्ट अटैक कहते हैं। एनजाइना और दिल के दौरे के फर्क को स्पष्ट करने के लिए एक उदाहरण प्रस्तुत है। गर्मी के मौसम में आपने देखा होगा कि शाम तक बगीचे के पेड़-पौधों के पत्ते कुम्हलाकर लटक से जाते हैं। हम जानते हैं कि ऐसा पानी की कमी के कारण होता है। पानी देते ही ये पत्ते पुनः तरोताजा हो जाते हैं। यह स्थिति एक प्रकार से एन्जाइना की है। जैसे पानी मिलते ही पत्ते पुनः तरोताजा हो गए, उसी प्रकार ऑक्सीजन की कमी पूरी होते ही हृदय की मांसपेशियां पुनः सुचारु रूप से कार्य करने लगती हैं। परन्तु कई बार ऐसा भी होता है कि गर्मी के अधिक प्रकोप तथा पानी की कमी के कारण कोई पत्ती जलकर तुड़मुड़ जाती है। ऐसी पत्ती पानी देने के बाद भी पुनः हरी नहीं होगी और मर ही जाएगी। यही हालत हृदय की उस मांसपेशी की होती है, जिसे बहुत देर तक ऑक्सीजन नहीं मिल पाई हो। यह स्थिति दिल के दौरे के परिणामस्वरूप होती है।

अब हम इस प्रश्न पर आते हैं कि दिल का दौरा कब पड़ता है ? वास्तव में इसके लिए कोई समय अथवा स्थिति निर्धारित नहीं है। दिल का दौरा सुबह, शाम, दिन में, रात में, सोते हुए या जागते हुए, टी.वी. देखते हुए, दफ्तर में कार्य करते समय, सैर या यात्रा करते हुए कभी भी एवं किसी भी स्थिति में पड़ सकता है, लेकिन फिर भी कई बार मानसिक आघात, अत्यन्त गम अथवा खुशी की स्थितियां या शारीरिक श्रम अथवा अधिक ठंड आदि की स्थिति दौरे का तात्कालिक कारण बन जाते हैं।

अभी हाल ही में किए गए कुछ अध्ययनों से एक अजीब-सा तथ्य यह प्रकाश में आया है कि हृदय रोगियों के लिए दिन का सबसे खतरनाक समय होता है, प्रातः नींद से उठने के बाद के दो घंटे के बीच का समय। आंकड़ों के संकलन से यह तथ्य प्रकाश में आया है कि अधिकांश दौरे, व्यक्ति के नींद से जागने के बाद प्रथम दो घंटों की अवधि में पड़ते हैं। इसमें जागने का समय महत्वपूर्ण नहीं है। यदि कोई सुबह चार बजे सोकर उठता है तो छः बजे तक का समय सबसे खतरनाक हुआ और सुबह सात बजे उठने वाले के लिए नौ बजे तक का। यह तथ्य अजीब इसलिए लगता है कि रातभर के आराम के बाद व्यक्ति सुबह उठने के बाद तरोताजा एवं साधारणतः तनावमुक्त होता है। इसलिए स्वाभाविक रूप से तो सुबह के समय दौरा पड़ने की सम्भावना कम होनी चाहिए। उल्टा क्यों होता है ? इसके बारे में निश्चित तौर पर कुछ नहीं कहा जा सकता। जो सम्भावनाएं प्रस्तुत की जा रही हैं, वे कुछ इस प्रकार हैं:-

नींद में रक्तचाप एवं शरीर का तापक्रम कम हो जाते हैं। खून का दौरा भी शिथिल पड़ जाता है, जिसके कारण शरीर के कुछ हिस्सों में खून का ठहराव भी हो जाता है। खून कुछ गाढ़ा भी हो जाता है। ऐसी स्थिति में खून में पाए जाने वाले प्लेटलॅटों में आपस

में जुड़कर थक्का बनने की प्रवृत्ति बढ़ जाती है । दूसरी तरफ उठते ही दिन की तैयारी की भागदौड़ शुरू हो जाती है, जिसके कारण कैटीकोलामीन (Catecholamines) नामक हारमोन खून में मिलने शुरू हो जाते हैं । इन हारमोनों के प्रभाव से खून की नाड़ियों में सिकुड़न पैदा होती है । इसी समय यदि संयोग से खून का कोई थक्का बन गया या धमनी के अन्दर जमी हुई प्लेक का कोई टुकड़ा टूटकर खून में बहने लग गया तो दिल के दौरे की स्थिति बन सकती है । आंकड़ों के अनुसार इन दो घंटों में पड़ने वाले दौरों की संख्या दिन के शेष समय से दो-तीन गुना अधिक होती है । इसी संदर्भ में दो अन्य महत्वपूर्ण तथ्य जो प्रकाश में आए हैं वे ये हैं कि जो लोग नियमित रूप से एस्प्रिन लेते हैं, उनमें दौरे की सम्भावना लगभग 45 प्रतिशत कम हो जाती है । दूसरा तथ्य यह है कि भूखे पेट रहने से दौरे की सम्भावना बढ़ती है । अत: प्रात: नाश्ता कर लेना हृदय रोगी के लिए श्रेयस्कर है ।

हृदय रोगी एवं उसके सम्बन्धियों के लिए दिल के दौरे के लक्षणों का ज्ञान होना अत्यन्त आवश्यक है, क्योंकि दौरा पड़ जाने पर शीघ्रातिशीघ्र हृदय रोग विशेषज्ञ अथवा चिकित्सक के पास पहुंचना सर्वोपरि आवश्यकता है । हृदयाघात होते ही जो रोगी तुरन्त अस्पताल पहुंच जाते हैं उनकी जीवन रक्षा की सम्भावनाएं बढ़ जाती हैं । बहुत-सी जानें केवल इसी कारण से चली जाती हैं कि रोगी को स्वयं या संबंधियों को यह ज्ञान ही नहीं हुआ कि दिल का दौरा पड़ा है और इसी कारण अस्पताल पहुंचने में विलम्ब किया गया । भारत में प्रतिवर्ष हृदय रोगों से मरने वाले 24 लाख लोगों में से 18 लाख अस्पताल या चिकित्सक के पास पहुंचने से पूर्व ही मर जाते हैं ।

दिल के दौरे के लक्षण

ईश्वर ने प्राणियों को एक ऐसा परम हितैषी साथी दिया है, जिसका नाम है 'दर्द' अथवा 'पीड़ा' । जब भी शरीर के किसी अंग पर आघात होता है या कहीं भी कोई खराबी आती है तो 'दर्द' रूपी अलार्म बज उठता है और हमें इस बात के लिए मजबूर करता है कि तुरन्त ही दर्द का निवारण हो । दर्द स्वयं में कोई रोग या व्याधि नहीं है बल्कि रोग का संकेत है । यदि 'दर्द' न होता तो अधिकांश बीमारियां प्राण लेकर ही जातीं क्योंकि लोग चिकित्सा की परवाह ही नहीं करते । 'दर्द' रोग-निदान क्षेत्र में चिकित्सक का सबसे महत्वपूर्ण पथ-प्रदर्शक है, क्योंकि प्रत्येक रोग का दर्द एक विशिष्ट स्थान पर और विशिष्ट प्रकार का होता है, जिसके आधार पर रोग के सही निदान में सहायता मिलती है । इसीलिए यह कहा जा सकता है कि दर्द सा दोस्त न दर्द सा दुश्मन।

जहां तक दिल के दौरे के दर्द का प्रश्न है, इसकी विशेषता यह है कि यह **दर्द** अचानक उठता है और बहुत तेज होता है । बहुधा यह दर्द सीने में पसलियों के बीच

102

की हड्डी (Sternum) के ठीक नीचे बीचों-बीच उठता है एवं कभी थोड़ा बाएं हटकर भी होता है । दर्द उठने के बाद कुछ देर तक दर्द लगातार बढ़ता जाता है । लेटने और आराम करने से भी दर्द में कोई कमी नहीं आती तथा रोगी लगातार छटपटाता रहता है। हाथ-पैर स्थिर न रखकर उन्हें हिलाता रहता है अथवा करवट बदलता है । कभी-कभी दर्द छाती में न होकर पेट के ऊपरी भाग में भी उठता है । हृदयाघात के दर्द की एक विशेषता यह भी है कि बहुधा यह गले की तरफ, निचले जबड़ों की तरफ या हाथों में भी फैलता है। हाथों में कई बार तो कोहनी तक ही फैलकर रह जाता है एवं कई बार कलाई तक या उंगलियों तक फैल जाता है । यदि दर्द फैलकर छोटी उंगली या अंगूठी वाली उंगली की तरफ जाए तो इसे हृदयाघात का ही दर्द समझना चाहिए । अंगूठे की तरफ जाने वाला दर्द अक्सर अन्य कारणों से होता है ।

इस दर्द का वर्णन रोगी यह कहकर करता है कि जैसे अन्दर कोई शिकंजा कस रहा हो, काट रहा हो, अथवा कुचल रहा हो । कई बार दर्द का अहसास अधिक न होकर ऐसा लगता है जैसे कि छाती पर कोई बड़ा पत्थर रख दिया हो ।

एन्जाइना का दर्द आराम करने से या नाइट्रेट की गोली लेने से कम हो जाता है और वैसे भी देर तक नहीं रहता, जबकि दिल के दौरे का दर्द किसी भी प्रकार से कम नहीं होता । एन्जाइना के दर्द वाला मरीज शांत लेटा रहता है, जबकि हृदयाघात के दर्द वाला चैन से नहीं लेट सकता ।

दर्द के साथ यदि दम भी फूलने लगे तथा सांस लेने में अत्यन्त कठिनाई होने लगे, रोगी पसीने से लथपथ हो जाए और हाथ-पैर ठंडे लगने लगें, चेहरा पीला पड़ जाए एवं चेहरे का भाव ऐसा हो जाए जैसे कि जीवन के प्रति गम्भीर आशंका हो तो समझना चाहिए कि रोगी को हृदयाघात ही हुआ है ।

रोगी अत्यधिक दुर्बलता की शिकायत भी करता है । इसके साथ ही जी मिचलाना, चक्कर आना अथवा ऐसा लगना जैसे उल्टी आएगी या फिर उल्टी आ जाना, ये लक्षण भी हृदयाघात से सम्बन्धित हैं । गम्भीर हृदयाघात की स्थिति में रोगी बेहोश भी हो जाता है। ऐसा दिमाग को पर्याप्त ऑक्सीजन न मिल पाने के कारण होता है । कई बार घबराहट तथा मृत्यु की आशंका के कारण भी बेहोशी आ जाती है ।

लगभग 15-20 प्रतिशत मामलों में रोगी को दर्द की अनुभूति नहीं होती, विशेषकर उन लोगों को जो मधुमेह की बीमारी से ग्रसित हैं । लेकिन ऊपर वर्णित अन्य लक्षण यदि दृष्टिगोचर हों तो यही मानना चाहिए कि दिल का दौरा पड़ा है ।

कई बार लोग सीने में थोड़ा दर्द महसूस होते ही यह वहम करने लगते हैं कि उन्हें दिल का दौरा पड़ा है । मृत्यु से अधिक भयभीत रहने वाले लोगों में अक्सर ऐसा होता

है । ऐसे लोगों के लिए यह स्पष्ट किया जाता है कि सीने में या हाथ में उठने वाला हर दर्द हृदयाघात के कारण नहीं होता । मेरूदण्ड व फेफड़ों की कई बीमारियां ऐसी हैं, जिनके कारण सीने में दर्द हो जाता है और यह दर्द हाथों में भी आ सकता है । छाती के कुछ स्नायुओं के खिंच जाने अथवा मांसपेशियों में संकुचन हो जाने से भी दर्द उठ सकता है । अपच, गैस एवं पित्ताशय की सूजन या उसमें पथरी होने से भी छाती में दर्द उठ सकता है । परन्तु यदि दर्द के साथ अन्य लक्षण भी मौजूद हों, तो तुरन्त ही हृदयाघात होने का वहम करना चाहिये । जैसे ही यह वहम हो, तुरन्त ही किसी डॉक्टर को बुला लेना चाहिए । हृदयाघात का वहम हो जाने के बाद एक मिनट भी बरबाद नहीं करना चाहिए । यदि हृदयाघात रात के दो बजे भी हुआ हो तो डॉक्टर के आराम अथवा सुविधा की बात नहीं सोचें । सवेरा होने का इन्तजार नहीं करें क्योंकि इन्तजार किया तो सम्भव है रोगी कभी सवेरे का दर्शन ही नहीं कर सके । रोगी को पूर्ण विश्राम की स्थिति में रखें और जहां तक सम्भव हो उसे उठाकर ही वाहन आदि में लिटाएं, पैदल नहीं चलने दें । यदि रोगी अधिक घबराया हुआ है तो उसे धीरज बंधाते रहें ।

इन लक्षणों का विवरण देने के पीछे उद्देश्य यह है कि साधारण व्यक्ति को इस बात की पर्याप्त जानकारी हो जाए, जिसके आधार पर वह यह निश्चय कर सके कि अचानक उठी आपद स्थिति दिल के दौरे के कारण है अथवा किसी अन्य कारण के । लक्षणों से जब हृदयाघात की सम्भावना लगे तो प्रयास यह हो कि शीघ्रातिशीघ्र चिकित्सक से सम्पर्क किया जाए या अस्पताल पहुंचा जाए । याद रखें ऐसी स्थिति में तुरन्त चिकित्सा मिलने से रोगी की जान बच सकती है एवं पांच मिनट की देरी से भी हो सकता है जीवन डोर हाथ से निकल जाए । ध्यान रहे कि हृदयाघात से होने वाली समस्त मौतों में से 60 प्रतिशत मौतें हृदयाघात होने के एक घंटे के भीतर ही हो जाती हैं ।

■ ■

18

हृदयाघात–परीक्षण एवं उपचार

जैसे ही रोगी डॉक्टर के पास लाया जाता है, वह प्रथम तो उन सभी लक्षणों पर दृष्टिपात करता है जिनका विवरण पूर्व अध्याय में दिया गया है । यदि रोगी अपनी व्यथा बताने की स्थिति में है तो चिकित्सक उसकी जुबानी यह सुनना पसन्द करता है कि उसे क्या तकलीफ है । उसके बाद वह रोगी का रक्तचाप देखता है तथा साथ ही स्टैथस्कोप से हृदय और फेफड़ों की आवाज सुनता है । यदि रक्तचाप काफी नीचे आ गया है एवं साथ ही नाड़ी की गति बढ़ गई है तो वह यह मानस बनाता है कि रोगी को वास्तव में हृदयाघात ही हुआ है । हृदयाघात में कई बार फेफड़ों में खून जमा हो जाता है जिसका पता चिकित्सक को स्टैथस्कोप के सुनने से लग जाता है । इस स्थिति को पलमोनरी ओडिमा (Pulmonary Oedima) कहते हैं, जिसे हृदयाघात का पुख्ता संकेत माना जाता है । इसके साथ ही पैरों में भी सूजन (ओडिमा) आ सकती है । ये सब लक्षण मिलने पर डॉक्टर तुरन्त ही हृदयाघात का इलाज शुरू कर देता है तथा साथ ही कुछ और परीक्षण भी करता है, जिसमें मुख्य हैं इलेक्ट्रोकार्डियोग्राम जिसे ई.सी.जी. कहते हैं। ई.सी.जी. से यह पता चलता है कि क्या हृदय में विद्युत उत्पादन सुचारु रूप से हो रहा है अथवा नहीं और विद्युत संकेतों के प्रवाह में कहीं कोई बाधा तो नहीं आ रही। ई.सी.जी. में आई असामान्यता से डॉक्टर को यह पता चल जाता है कि हृदयाघात से हृदय की किस स्थान की मांसपेशी प्रभावित हुई है । लेकिन बहुधा दिल का दौरा पड़ने के तुरन्त बाद ली गई ई.सी.जी. बिल्कुल सामान्य आती है । इसलिए यदि अन्य लक्षण मौजूद हैं तो उस स्थिति में डॉक्टर लगातार ई.सी.जी. लेकर हृदय की कार्य प्रणाली पर लगातार नजर रखना पसंद करता है।

इसके अलावा खून के भी कुछ विशिष्ट परीक्षण करवाए जाते हैं । हृदयाघात के रोगी में निम्नलिखित लक्षण मिलेंगे:–

1. रक्त के सफेद कणों की संख्या में वृद्धि हो जाती है जो 12,000 से 15,000 के बीच हो जाते हैं ।

2. ई.एस.आर. (E.S.R.) की गति में भी वृद्धि हो जाती है ।

3. हृदयाघात के फलस्वरूप खून में कुछ विशिष्ट प्रकार के एन्जाइमों (Enzymes)

के स्तर में वृद्धि हो जाती है, जिनका पता लगाने के लिए एस.जी.ओ.टी., सी.पी.के. व एस.एल.डी.एम. (S.G.O.T., C.P.K., S.L.D.M.) नामक परीक्षण करवाए जाते हैं।

4. छाती का एक्सरे भी यह पता करने के लिए किया जाता है कि हृदयाघात होने से पूर्व हृदय में अन्य कोई विकृति तो नहीं थी। यदि हृदय पहले से बढ़ा हुआ हो तो इसका पता एक्सरे से आसानी से लग जाता है। यह ज्ञान चिकित्सक को चिकित्सा प्रणाली निर्धारित करने में सहायक होता है।

5. हृदयाघात के फलस्वरूप हृदय की स्पंदन गति में भी फर्क आ सकता है ज़िसे एरिदमिया (Arrhythmia) कहते हैं, अर्थात् स्पंदन अधिक तेज (Tacycardia) हो को पूरा ध्यान रखना होता है ।

उपचार

जैसा कि पहले कहा जा चुका है कि दिल के दौरे के रोगी का सबसे बड़ा कष्ट होता है दर्द। अतः डॉक्टर सबसे पहले दर्द को कम करने का प्रयास करता है जिसके लिए वह रोगी को मॉरफीन या पैथेडीन का इन्जैक्शन देता है या फिर अन्य कोई दर्द निवारक दवा देता है, जिससे रोगी आराम महसूस कर सके। दौरे के कारण हृदय की कार्यक्षमता कम हो जाती है जिसके कारण पूरी मात्रा में खून पंप नहीं हो पाता तथा शरीर के अंगों और स्वयं हृदय की मांसपेशियों में भी ऑक्सीजन की कमी हो जाती है। इस कमी को पूरा करने के लिए रोगी की नाक में नली लगाकर शुद्ध ऑक्सीजन दी जाती है, क्योंकि रोगी के रक्तचाप में कमी आ जाती है। अतः इसे सामान्य करने के लिए दवाएं दी जाती हैं एवं तब तक उसे पूर्ण विश्राम की स्थिति में रखा जाता है।

हृदय की विद्युत तरंगों के संचरण में यदि बाधा उत्पन्न हो गई है तो उससे हृदय की स्पन्दन गति गड़बड़ा जाती है जिसे ठीक करने के लिए कृत्रिम पेसमेकर भी लगाया जाना आवश्यक हो सकता है। हृदयाघात के फलस्वरूप कुछ अन्य जटिलताएं, जैसे पलमोनरी ओडिमा एवं आघात (Shock) भी पैदा हो सकता है, जिनके उपचार का भी चिकित्सक

रोगी को चाहिए कि वह अपने चिकित्सक में पूर्ण विश्वास रखे एवं उसके निर्देशों का पूर्ण निष्ठा से पालन करे। वह न केवल शारीरिक तौर पर ही आराम करे, बल्कि मानसिक धरातल पर भी पूरी तरह शांत बने रहने का प्रयत्न करे। चिकित्सक को निष्ठावान सहयोग से स्वास्थ्य लाभ शीघ्र होता है। रोगी के रिश्तेदारों तथा तीमारदारों का फर्ज है कि वे रोगी को पूर्ण आराम करने दें और जब तक चिकित्सक लोगों से मिलने-जुलने की अनुमति नहीं दे, तब तक शुभेच्छुओं एवं तबीयत पूछने वालों को रोगी के सीधा सम्पर्क में नहीं आने दें। जीवन रक्षा को शिष्टाचार से ऊपर प्राथमिकता मिलनी चाहिए।

19

प्राथमिक उपचार से पुनर्जीवन

कई बार ऐसा होता है कि हृदयाघात होते ही हृदय अपना कार्य करना बन्द कर देता है जिसे हार्ट अॅरेस्ट (Heart Arrest) कहते हैं । हार्ट अॅरेस्ट होते ही व्यक्ति तुरन्त ही बेहोश होकर गिर पड़ता है । दिल की धड़कन बन्द हो जाती है जिसके साथ ही श्वसन क्रिया भी बन्द हो जाती है तथा प्राणी तुरन्त मृत्यु का ग्रास बन जाता है । ऐसी घटना कहीं भी और कभी भी घटित हो सकती है, जैसे कि दफ्तर में आपके अफसर ने कोई फाइल मंगवाई, आप लेकर गए, अफसर ने फाइल लेने के लिए हाथ बढ़ाया लेकिन इसके पहले कि फाइल पकड़ पाते, वे कुर्सी से नीचे लुढ़क गए । आप स्टेशन पर गाड़ी का इन्तजार कर रहे हैं, पास में ही कोई सज्जन ट्रंक पर बैठे हैं । गाड़ी आई, वे खड़े तो हुए लेकिन तुरन्त धड़ाम से गिर पड़े और इसके साथ ही उनके प्राण-पखेरू उड़ गए । घर में कोई मेहमान आए हैं । आपके साथ खाने की मेज पर बैठे । खाने का पहला कौर मुंह में ले ही रहे थे कि खाने की मेज पर सिर टिक गया । हिले-डुले नहीं, शरीर निर्जीव पड़ गया। रात को दो बजे पति ने पत्नी को जगाया, "जी घबरा रहा है, शायद उल्टी होगी, बाथरूम ले चलो।"। पत्नी सहारा देकर बाथरूम ले जा रही है, लेकिन बाथरूम पहुंचने से पहले ही पति महोदय फर्श पर गिर जाते हैं व आंखों की पुतलियां चढ़ जाती हैं । कहने को तो ये सब उदाहरण मात्र हैं, लेकिन वास्तविकता यह है कि ऐसा ही कुछ, कहीं-न-कहीं प्रतिदिन घटित होता ही रहता है, किसी-न-किसी की आंखों के सामने। कल को ऐसा संयोग भी हो सकता है कि आपकी आंखों के सामने ही ऐसी घटना घटित हो । गिरने वाला कोई निपट अजनबी भी हो सकता है अथवा कोई प्रियजन या निकट सम्बन्धी । ऐसा हो जाता है तो आप क्या करेंगे ? किसी डॉक्टर को फोन करने भागेंगे या फिर एम्बुलैंस बुलायेंगे या किसी रिक्शा अथवा कार में डालकर उसे अस्पताल ले जाएंगे या उसको पानी पिलाने की कोशिश करेंगे या हाथ-पैरों की मालिश करेंगे । सम्भावना यही है कि इसी प्रकार की कोई कार्यवाही आप करेंगे, क्योंकि अक्सर ऐसा ही किया जाता है एवं जब उस अभागे शरीर को डॉक्टर के पास पहुंचाया जाता है, सुनने को मिलता है, "अफसोस इसकी तो मृत्यु हो चुकी है ।" (Brought dead) ।

इसके विपरीत यदि एक विशिष्ट प्रकार का प्राथमिक उपचार, हार्ट अॅरेस्ट के शिकार

व्यक्ति को तुरन्त दिया जाए तो उसे पुनर्जीवित किए जाने की सम्भावना काफी प्रबल होती है । इस प्राथमिक उपचार को कार्डियो पलमोनरी रिससीटेशन (Cardio Pulmonary Resuscitation) या संक्षिप्त में सी.पी.आर. (C.P.R.) कहा जाता है । कार्डियो का अर्थ है हृदय सम्बन्धी एवं पलमोनरी का मतलब फेफड़ों सम्बन्धी एवं रिससीटेशन का मतलब है पुनरुज्जीवन । अर्थात् सी.पी.आर. बन्द सांस को पुन: चालू करने एवं निष्क्रिय हुए हृदय को पुन: गतिमान करने की कला है । सी.पी.आर. को सीखना तथा इसे प्रयोग में लाना मुश्किल नहीं है । यदि आपके घर में कोई हृदय रोगी हो, तब तो आपको इसे सीख ही लेना चाहिए, क्योंकि हो सकता है कि अपने प्रियजन को जीवनदान देने का श्रेय कभी आपको ही प्राप्त हो जाए ।

सी.पी.आर. के सम्बन्ध में जानने से पूर्व इस बात को अच्छी तरह से समझ लेना चाहिए कि शरीर के सभी अंग-प्रत्यंग को जीवित एवं क्रियाशील रहने के लिए निरन्तर ऑक्सीजन की आवश्यकता होती है । इस ऑक्सीजन आपूर्ति के लिए फेफड़ों और हृदय दोनों का कार्य महत्वपूर्ण है । सांस के द्वारा अन्दर ली गई हवा से ऑक्सीजनयुक्त खून को शरीर के प्रत्येक अंग में पहुंचाने का काम हृदय करता है । खून का संचरण बन्द होने से सभी अंग मृत हो जाते हैं । ऑक्सीजन की कमी से सबसे पहले प्रभावित होने वाला अंग है मस्तिष्क अथवा दिमाग । दिमाग की कोशिकाओं को यदि तीन मिनट तक ऑक्सीजंन नहीं मिले तो वे मृत हो जाती हैं । शरीर का संचालन केन्द्र क्योंकि दिमाग होता है, अत: दिमाग यदि मृत हो गया तो फिर प्राणी मृत्यु लोक से पुन: पृथ्वी लोक में नहीं लौट सकता । इसलिए महती आवश्यकता यह हो जाती है कि सी.पी.आर. क्रिया को चार-पांच मिनट के भीतर ही सम्पादित कर लिया जाए, क्योंकि हृदय गति बन्द होने के चार-पांच मिनट बाद फिर प्राणी के पुनर्जीवित होने की आशा नहीं रहती । इसलिए आपको तुरन्त कार्यशील होना पड़ेगा, क्योंकि प्रत्येक पल अमूल्य है । आपको क्या करना है, इसे क्रमानुसार नीचे अंकित किया जा रहा है:-

1. जो व्यक्ति बेहोश होकर अथवा मृतप्राय होकर गिर पड़ा है, सबसे पहले तो उसे जमीन पर पीठ के बल सीधा लिटा लें । अगर व्यक्ति बिस्तर पर भी है तो उसे नीचे फर्श पर लिटाना उचित रहेगा, क्योंकि सी.पी.आर. क्रिया के लिए नीचे का धरातल कड़ा होना चाहिए एवं जमीन पर लिटाए व्यक्ति पर सी.पी.आर. क्रिया करना सुविधाजनक रहता है। ध्यान रहे कि गर्दन के नीचे कोई तकिया या तौलिया आदि नहीं रखें । सिर जमीन पर ही टिका होना चाहिए । यदि कोई व्यक्ति वहां मौजूद हो तो उससे तुरन्त ही सहायता हेतु निवेदन करें ।

2. सीधा लिटाते ही सर्वप्रथम यह जांच करें कि हृदय धड़क रहा है अथवा नहीं? यह जांच नाड़ी देखकर या बाएं स्तन के पास कान लगाकर की जा सकती है। नाड़ी परीक्षण

का अभ्यास आप स्वयं यदि कर लेते हैं तो उस समय सुविधा रहेगी । यदि धड़कन का अहसास नहीं हो एवं अचेत पड़े व्यक्ति का चेहरा नीला या पीला पडकर ऐसा लगने लगा हो, जैसे कि मृत्यु हो चुकी है तो ऐसी स्थिति में सांस चलने का प्रश्न ही नहीं उठता। क्योंकि हृदय गति बन्द होते ही सांस का चलना भी बन्द हो जाता है । यह निश्चय होते ही कि हृदय गति बन्द है, एक घूंसा (मुक्का) पूरे जोर से छाती के बीच की हड्डी के ठीक बीचों-बीच मारें । यह ख्याल बिल्कुल न करें कि अचेत बल्कि यों कहिए कि मृत पड़े व्यक्ति को आप चोट पहुंचा रहे हैं । इस आघात से ही कई बार हृदय पुनः क्रियाशील हो जाता है । अतः तुरन्त देखें कि धड़कन प्रारम्भ हुई या नहीं । यदि धड़कन प्रारम्भ नहीं हुई हो तो अब आपको निम्न प्रकार सी.पी.आर. की क्रिया करनी है:

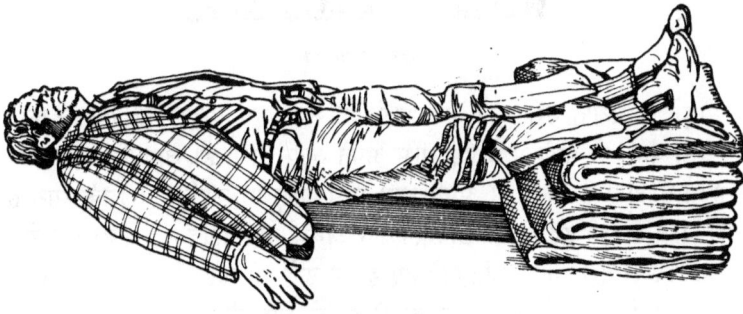

चित्र-संख्या 10

3. अचेत व्यक्ति के पैरों को जमीन से एक फुट ऊंचा उठा दें । ऐसा आप तीन-चार तकिए लगाकर अथवा कुर्सी या सोफे पर पैर रखकर या जो भी वस्तु ट्रंक, बक्सा आदि उपलब्ध हो उस पर पैरों को टिकाकर कर सकते हैं।

4. अगला महत्वपूर्ण कार्य श्वशन नलिकाओं को पूरी तरह से खोलने का है । यदि उनमें कोई चीज अटकी हुई हो तो उसे हटाने का प्रयत्न करना है । इसके लिए आप उस व्यक्ति के सिर की बगल में घुटने टेककर, इस प्रकार बैठ जाएं कि एक घुटना तो कंधे के बराबर और दूसरा सिर के बगल में टिका हो । यदि आप व्यक्ति के दाहिनी ओर बैठे हैं तो दायां हाथ गर्दन के नीचे डालकर सिर को ऊंचा उठाएं एवं इसके साथ-साथ ही बाएं हाथ से उसका माथा दबाकर पूरे मुंह को पीछे की तरफ इस प्रकार मोड़ दें कि ठुड्डी ऊपर की ओर उठ जाए । इससे मुंह अपने आप खुल जाएगा । बेहोश व्यक्ति के जबड़े और कंठ की मांसपेशियां शिथिल पड़ जाती हैं जिसके फलस्वरूप जीभ उथली होकर श्वास-नलिका के मुंह को बन्द कर देती है और इसी कारण सांस बन्द हो जाती है । सिर

चित्र-संख्या 11

पीछे मोड़ने के पश्चात् उसे मुड़ी अवस्था में ही रखते हुए थोड़ा पीछे खींचने का प्रयास करें । ऐसा करने से पीछे मुड़ी हुई जीभ अपने आप सीधी हो जाएगी । यदि हृदय बन्द नहीं हुआ है तो इसी क्रिया से अपने आप सांस चालू हो जाती है । इसके साथ ही मुंह में कोई चीज अटकी हुई हो या खाने का कौर अथवा पान आदि मुंह में हो तो उसे उंगली से बाहर निकाल दें । नकली दांत लगे हुए हों तो उन्हें भी बाहर निकाल दें। अब भी हृदय व सांस बन्द हो तो आगे की क्रिया करनी है, जो वास्तविक सी.पी.आर. है:

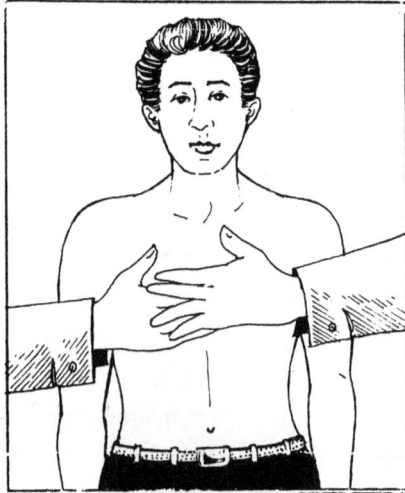

चित्र-संख्या 12

110

5. इस क्रिया के दो भाग हैं । पहला तो छाती के बीच की हड्डी (Sternum) पर हथेली से लयबद्ध दबाव देना एवं दूसरा पीड़ित व्यक्ति के मुंह पर मुंह लगाकर सांस अन्दर फूंकना । लयबद्ध दबाव के स्थान का निर्धारण सावधानी से करना चाहिए । छाती की बीच की हड्डी जहां समाप्त होती है उसके सिरे को उंगली से टटोल लें । इसके सिरे से दो अंगुल चौड़ाई ($1\frac{1}{2}$ से 2") ऊपर से वह स्थान शुरू हो जाता है जहां दबाव देना है । (देखें चित्र संख्या 12)

चित्र-संख्या 13

अब आप पीड़ित व्यक्ति की छाती के बगल में घुटनों के बल खड़े हो जाएं और एक हाथ की हथेली की ऐड़ी (कलाई के ठीक नीचे का हिस्सा) बीच की हड्डी पर उस स्थान पर टिका दें, जहां पर दबाव देना है । दूसरे हाथ की हथेली भी पहले हाथ की हथेली पर टिका दें, जैसा कि ऊपर के चित्र में दिखाया गया है । अब दोनों हाथों को बिल्कुल सीधा रखते हुए, आगे को झुक जाएं जिससे कंधे पीड़ित की छाती के ऊपर आ जाएं । अब कंधों के माध्यम से अपने झुके हुए शरीर का बोझ हथेली की ऐड़ी से छाती की बीच की हड्डी पर डालें । यह दबाव इतना डालें जिससे कि छाती लगभग दो इंच (5 से.मी.) नीचे तक लचक जाए । इतना दब जाने पर दबाव हटा लें जिससे कि छाती फिर अपनी असली जगह तक ऊपर उठ आए । इस पूरी क्रिया को एक दबाव कहते हैं, अर्थात् छाती को दबाना एवं छोड़ना एक दबाव हुआ । लयबद्ध तरीके से ये दबाव इस गति से देने हैं कि एक मिनट में 80 दबाव पूरे हो जाएं । दबाव देने में विशेष ध्यान जो रखना है वह यह है कि दबाव केवल छाती की बीच की हड्डी पर ही पड़ना चाहिए । पसलियों पर दबाव बिल्कुल नहीं पड़ना चाहिए, क्योंकि हृदय को चालू करने

कें साथ ही सांस को भी चालू करना है अत: 15 दबाव पूरे करने के बाद मुंह से चार बार कृत्रिम सांस पीड़ित के फेफड़ों में फूंकें एवं फिर पहले की तरह 15 दबाव और दें, और अब की बार चार के बजाय दो सांस फूंकें । 15 दबाव एवं फिर दो बार सांस फूंकने का क्रम लगभग पांच मिनट तक चालू रखें । इस दौरान इस ओर भी ध्यान रखें कि हृदय की धड़कन एवं सांस चलना शुरू हुआ या नहीं । यदि पांच मिनट से पहले ही हृदय एवं फेफड़े काम करना शुरू कर दें तो यह क्रिया बन्द कर दें ।

यदि आपको कृत्रिम सांस देने के लिए कोई सहयोगी मिल गया हो तो उस स्थिति में आप दबाव देने की गति 80 के बजाय 60 दबाव प्रति मिनट की रखें एवं अपने साथी को ऐसा तालमेल बिठाने के लिए कहें कि जैसे ही आप पांच दबाव पूरे कर लें वह एक सांस पीड़ित के फेफड़ों में फूंक दे । पांच दबाव–एक सांस, पांच दबाव–एक सांस का यह क्रम पांच मिनट तक चलाएं । हृदय एवं फेफड़े पहले काम करना शुरू कर दें तो यह क्रिया बन्द कर दें ।

6. कृत्रिम सांस देने की तकनीक :

यह ध्यान रखना है कि पूरी सी.पी.आर. क्रिया के दौरान पीड़ित व्यक्ति का सिर चित्र संख्या-11के अनुसार पीछे की ओर मुड़ा हुआ एवं खिंचा हुआ रहे । सिर को इस स्थिति में रखने का काम सहायक को दिया जा सकता है । कृत्रिम सांस देने के लिए एक हाथ के अंगूठे और उंगली से पीड़ित का नाक कसकर बन्द कर लें एवं फिर गहरी सांस भरकर, बगल से झुककर पीड़ित के मुंह पर अपना मुंह कसकर इस तरह फिट कर लें कि मुंह बिल्कुल सील हो जाए जिससे कि फूंकी हुई हवा बाहर नहीं निकले, बल्कि पीड़ित के फेफड़ों में जाए। अब पूरा जोर लगाकर हवा फेफड़ों में फूंकें और फिर मुंह को हटा लें। जब फेफड़ों में गई हवा बाहर निकल आए तो दुबारा पहले की तरह फूंकें:

चित्र-संख्या 14

7. जैसे ही पीड़ित के फेफड़े और हृदय गतिशील हो जाएं, पीड़ित को करवट के बल लिटा दें ताकि यदि उल्टी हो तो दम घुटने की सम्भावना नहीं रहे । अब वह समय है जब पीड़ित को शीघ्र से शीघ्र अस्पताल पहुंचाया जाए । अत: इसके लिए जैसी भी सुविधा उपलब्ध हो, वैसी कार्यवाही करें ।

आपके द्वारा किए गए प्रयासों से यदि किसी को भी खोई हुई जिन्दगी वापिस मिल जाती है तो इससे जो खुशी हासिल होगी, उसका वर्णन नहीं किया जा सकता । एक मनुष्य दूसरे मनुष्य के काम आकर उसे नवजीवन प्रदान करे, इससे बड़ा सौभाग्य क्या हो सकता है ?

जिस गति से हृदय रोग बढ़ रहे हैं, उसको देखते.हुए इस बात की आवश्यकता है कि अधिक से अधिक लोगों को सी.पी.आर. का प्रशिक्षण देने की राष्ट्रव्यापी योजना बनाई जाए, तथा उच्च माध्यमिक स्तर पर विद्यार्थियों को सी.पी.आर. का प्रशिक्षण अनिवार्य रूप से दिया जाए, ताकि राष्ट्रीय स्तर पर प्रशिक्षित स्वयंसेवकों का एक दल गठित हो सके । ऐसे स्वयंसेवकों के सहयोग से हजारों जिंदगियों को बचाना सम्भव हो सकता है । अमेरिका में इसी प्रकार के एक कार्यक्रम के अन्तर्गत पांच करोड़ से भी अधिक लोगों ने सी.पी.आर. प्रशिक्षण प्राप्त कर लिया है ।

■ ■

20

हृदय रोग-निदान के लिए किए जाने वाले मुख्य परीक्षणों की जानकारी

एथिरोस्किलिरोसिस एक ऐसी धीमी प्रक्रिया है कि जब तक धमनियों में 70 प्रतिशत से अधिक जमाव नहीं हो जाता, तब तक रोगी को कोई असुविधा नहीं होती और वह स्वयं को पूर्णतया स्वस्थ महसूस करता है । जब रोग इससे भी आगे बढ़ जाता है तब सीढ़ियां चढ़ने, भागकर बस पकड़ने या इसी प्रकार अचानक श्रम करने वाली स्थितियों के बाद कभी-कभी दम फूलने लगता है, या फिर कभी-कभी बिना दम फूले हुए सांस लेने में कठिनाई महसूस होने लगती है । यदि व्यक्ति अपने स्वास्थ्य के लिए जागरूक है तो इस समय चिकित्सक से परामर्श करता है अथवा अधिकांश मामलों में चिकित्सक के पास उस समय जाया जाता है जब एन्जाइना का दर्द होने लगे । इन शिकायतों वाले रोगी को हृदय रोग है या अन्य कारणों से दर्द उठता है व सांस फूलती है, इसका निर्धारण करने के लिए हृदय रोग विशेषज्ञ द्वारा कुछ विशिष्ट प्रकार के परीक्षण किए जाते हैं, जिनमें से कुछ का उल्लेख हृदयाघात वाले अध्याय में किया जा चुका है। कुछ विशिष्ट परीक्षणों की जानकारी यहां दी जा रही है :

1. एक्स-रे (X-Ray)

चूंकि हृदय में हड्डियां नहीं होती केवल मांसपेशियां होती हैं । अत: एक्स-रे के द्वारा हृदय का सीधा चित्र नहीं आता बल्कि छाया मात्र आती है, जिससे विशेषज्ञ की प्रशिक्षित आंखें हृदय के आकार तथा प्रकृति का सही-सही अनुमान लगा लेती हैं । यदि हृदय का आकार बढ़ा हुआ हो या हृदय और उसके ऊपर की थैली के बीच पानी भरा हुआ हो तो इसका भी पता जल जाता है । हृदय की मांसपेशियों अथवा मुख्य धमनियों में यदि कैलशियम का जमाव हो, तो इसका भी पता एक्स-रे से चल जाता है ।

2. इलेक्ट्रोकार्डियोग्राम यानी ई.सी.जी.

यह एक ऐसी मशीन है जिसके द्वारा हृदय में उत्पादित विद्युत तरंगों को नापा जा

सकता है। इसके लिए कुछ तार जिनको इलेक्ट्रोड कहते हैं, व्यक्ति के शरीर के कुछ विशिष्ट हिस्सों पर स्थापित किए जाते हैं, जो विद्युत प्रवाह को एक ग्राफ पर चित्रित कर देते हैं। कुछ लोगों का ऐसा ख्याल है कि ई.सी.जी. में शरीर में विद्युत प्रवाहित की जाती होगी, लेकिन ऐसा नहीं है। ई.सी.जी. मशीन, हृदय द्वारा प्रवाहित विद्युत तरंगों को जो बहुत कमजोर होती हैं और जो साधारण यन्त्र द्वारा नहीं नापी जा सकतीं, को नापने का एक यन्त्र मात्र है। ई.सी.जी. से रोगी को किसी प्रकार का कष्ट नहीं होता और न ही कोई हानिकारक प्रभाव होता है।

विलैम इनथोवन ने सन् 1903 में सबसे पहले हृदय की विद्युत तरंगों को मापा था। आज यह मशीन हृदय रोग-निदान का सबसे प्रमुख उपकरण हो चुका है। ई.सी.जी. से जो सूचनाएं चिकित्सक को मिल जाती हैं, वे इस प्रकार हैं:-

1. हृदय की धड़कन-गति कितनी है ?

2. हृदय ठीक लय-ताल में धड़क रहा है या ताल में कोई विसंगति आ गई है ?

3. विद्युत तरंगों का प्रवाह बिना किसी अवरोध के हो रहा है अथवा नहीं ?

4. हृदय का आकार-सम्बन्धी अनुमान।

5. पहले हुए हृदयाघात से हृदय की मांसपेशी में कोई क्षतचिन्ह (Scar) तो नहीं बन गया है ? यदि बन गया है तो किस स्थान पर और क्षतचिन्ह कितना बड़ा है ?

इन सभी सूचनाओं से चिकित्सक को रोग-निदान में बहुत सहायता मिल जाती है, परन्तु इसका अर्थ यह नहीं है कि ई.सी.जी. यदि सामान्य हो तो रोगी को हृदय रोग नहीं है। जैसा कि पहले कहा जा चुका है, हृदयाघात के तुरन्त बाद बहुधा ई.सी.जी. में कोई असामान्यता नहीं आती। इसी प्रकार ऐथीरोस्क्लिरोसिस के कारण हृदयाघात के कगार पर खड़े रोगी की ई.सी.जी. भी सामान्य आ सकती है।

3. ट्रेडमिल टेस्ट (Tread Mill Test)

इस टेस्ट को एक्सरसाइज ई.सी.जी. या स्ट्रेस (Stress) टेस्ट भी कहते हैं। अच्छे अस्पतालों में यह टेस्ट पूरी तरह से कंप्यूटरीकृत मशीन द्वारा किया जाने लगा है। जहां यह सुविधा नहीं है, वहां एक विशिष्ट प्रकार की साइकिल अथवा इस प्रयोजन हेतु बनी सीढ़ियों पर चढ़ा-उतरा कर किया जाता है। यह टेस्ट भी ई.सी.जी. ही है। फर्क यह है कि ई.सी.जी. तो रोगी को आराम से लिटाकर किया जाता है, जबकि ट्रेडमिल टेस्ट में रोगी के शरीर पर बारह इलेक्ट्रोड लगाकर उसको एक पट्टे पर खड़ा कर दिया जाता है। इस पट्टे को चला दिया जाता है। रोगी को अपने स्थान पर खड़े रहने के लिए पैरों

को उसी तरह चलाना पड़ता है, जैसे कि पैदल चलते समय चलाते हैं । पट्टे की रफ्तार धीरे-धीरे तेज होती रहती है । अत: पैरों को उसी रफ्तार से तेज करना पड़ता है । इसके अतिरिक्त पट्टा आगे से ऊंचा कर दिया जाता है, जिसके कारण ऐसे लगता है जैसे कि कोई चढ़ाई चढ़ रहे हों ।

इस श्रम से थकान आनी शुरू हो जाती है। शरीर एवं हृदय की ऑक्सीजन की मांग बढ़ जाती है, जिसकी पूर्ति के लिए हृदय की धड़कन बढ़नी शुरू हो जाती है और रक्तचाप में भी वृद्धि हो जाती है । यदि कोरोनरी धमनियों में जमाव है तो एक स्थिति ऐसी आती है कि हृदय की बढ़ी हुई मांग के अनुरूप खून का संचार नहीं हो पाता, क्योंकि जमाव के कारण जमाव वाली धमनी की खून-प्रवाह क्षमता कम हो चुकी होती है । जब हृदय को उसकी आवश्यकता के अनुसार खून (ऑक्सीजन) नहीं मिले, उस स्थिति को इस्कीमिया कहते हैं । कितना श्रम करने पर इस्कीमिया शुरू होता है, यह ई.सी.जी. के ग्राफ से पता चल जाता है । यदि ट्रेडमिल टेस्ट से इस्कीमिया होना प्रकट होता है तो यह इस बात का संकेत है कि धमनियों में जमाव हो चुका है और रोगी उस स्थिति की ओर बढ़ रहा है जबकि उसे हृदयाघात हो सकता है । स्थिति कितनी गम्भीर है, इस बात का अन्दाजा भी लग जाता है ।

इस प्रकार ई.सी.जी. तथा एक्सरसाइज ई.सी.जी. (ट्रेड मिल) में यह फर्क है कि ई.सी.जी. से तो जो कुछ घटित हो चुका है, उसका पता लगता है, जबकि एक्सरसाइज ई.सी.जी. से जो आगे घटित होने वाला है उसका अनुमान लग जाता है । इस टेस्ट में इस्कीमिया का संकेत आने पर चिकित्सक उसे हृदय रोगी मानते हुए इलाज प्रारम्भ कर देता है । हालांकि इस टेस्ट को काफी भरोसेमन्द माना जाता है, लेकिन फिर भी कुछ प्रतिशत मामलों में ऐसा होता है कि इस्कीमिया नहीं होते हुए भी टेस्ट इस्कीमिया इंगित कर देता है या फिर इस्कीमिया होते हुए भी टेस्ट में प्रदर्शित नहीं होता । वैसे इस टेस्ट को निरापद माना जाता है लेकिन फिर भी श्रम के कारण कई बार तात्कालिक पेचीदगियां खड़ी हो जाती हैं । इसलिए इस टेस्ट के दौरान चिकित्सक का मौके पर मौजूद रहना आवश्यक माना जाता है ।

निदान के लिए कई बार चिकित्सक यह आवश्यक समझता है कि 24 घंटे तक रोगी की लगातार ई.सी.जी. ली जाए, ताकि सोते-जागते और अपनी दिनचर्या का अनुसरण करते समय हृदय की क्रियाशीलता किस प्रकार की रहती है, यह जाना जा सके । इसके लिए एक छोटी ई.सी.जी. मशीन ईजाद की गई है, जिसे रोगी के शरीर पर ही लगा दिया जाता है । इससे उसे अपना दैनिक कार्य करने में कोई कठिनाई नहीं होती । इस तकनीक को विकसित करने वाले के नाम पर इस प्रकार की ई.सी.जी. को 'होल्टर' (Holter) टेस्ट के नाम से जाना जाता है ।

4. कोरोनरी एनजियोग्राफी (Coronary Angiography)

ट्रेडमिल टेस्ट से यह तो पता चल गया कि कोरोनरी धमनियों में जमाव है, लेकिन यह जमाव एक धमनी में है या दो में है एवं किस स्थान पर है और कितना है, इस बात का पता इस टेस्ट से नहीं चलता है । यह पता लगाने के लिए जो टेस्ट किया जाता है उसे कोरोनरी एनजियोग्राफी कहते हैं ।

इस टेस्ट की कार्य प्रणाली इस प्रकार है कि रोगी को सीधा लिटाकर कमर के ठीक नीचे जंघा से होकर गुजरने वाली एक मुख्य धमनी में छोटा-सा छेद किया जाता है, जिसमें एक पतली नली जिसे कैथीटर कहते हैं, अन्दर डाल दी जाती है और फिर धमनी के भीतर-भीतर हृदय तक पहुंचा दी जाती है । फिर नली में से एक द्रव जिसे Opaque Dye कहा जाता है, अन्दर प्रवाहित किया जाता है । यह पदार्थ क्योंकि एक्स-रे के लिए अपारदर्शी है अत: जहां पर धमनी में जमाव है, वहां साफ पता चल जाता है । खून के साथ डाई सभी धमनियों में संचरित हो जाती है । अत: एक्स-रे के माध्यम से सभी धमनियों का चित्र ले लिया जाता है । ये चित्र बाईपास सर्जरी के लिए बहुत उपयोगी होते हैं, क्योंकि सर्जन को यह पता चल जाता है कि जमाव कहां है एवं कितना है । अत: बाईपास केवल जमाव वाले हिस्से के लिए ही किया जाता है ।

कई बार कैथीटर को जंघा की धमनी के बजाय हाथ की कोहनी पर धमनी से अन्दर डाला जाता है ।

पन्द्रह मिनट में कोरोनरी एनजियोग्राफी की पूरी कार्यवाही समाप्त हो जाती है । इसमें रोगी को बेहोश नहीं किया जाता । जहां कैथीटर डालना है, केवल उस स्थान को इन्जेक्शन से सुन्न कर दिया जाता है जिसमें बिलकुल दर्द नहीं होता । आम लोगों के दिमाग में यह डर रहता है कि धमनी से कैथीटर को हृदय तक पहुंचाने में दर्द होता होगा । निश्चिंत रहें, न तो कोई दर्द होता है और न कोई असुविधा ।

इसका मतलब यह नहीं है कि यह टेस्ट पूरी तरह निरापद हो । कुछ मामलों में डाई के रिऐक्शन अथवा अन्य कारणों से कुछ पेचीदगियां खड़ी हो सकती हैं एवं मौत भी हो सकती है । हजार के पीछे लगभग दो मामलों में मृत्यु तक हो सकती है। यह बात अवश्य है कि सदा विकसित हो रही तकनीक के कारण खतरा कम होता जा रहा है । आपको केवल यह सलाह है कि आप अपनी तरफ से अपने चिकित्सक पर जोर नहीं डालें कि आपकी एनजियोग्राफी करवाए । यह फैसला चिकित्सक का अपना होना चाहिए कि वह नितान्त आवश्यक समझने पर ही आपको एनजियोग्राफी के लिए भेजे । वैसे भी यह काफी महंगा टेस्ट है । इस पर 6 हजार से 15 हजार तक का खर्चा आ जाता है ।

5. इको कार्डियोग्राफी अथवा अल्ट्रा-साउंड कार्डियोग्राफी

यह पूरी तरह से निरापद और बहुत ही उपयोगी टेस्ट है, जिसकी विधि यह है कि ध्वनि तरंगें शरीर में फेंकी जाती हैं तथा हृदय एवं धमनियों से टकराकर जो प्रतिध्वनि वापस आती है, वह एक विशेष प्रणाली से चित्रित हो जाता है, जिनसे प्रशिक्षित तकनीशियन यह पता लगा लेता है कि वैनट्रिकल की दीवार (मांसपेशी) की मोटाई कितनी है । हृदय के कोष्ठकों का सिकुड़ना-फैलना क्रम से है अथवा नहीं एवं हृदय के सभी वाल्व भली प्रकार खुल तथा बन्द हो रहे हैं अथवा नहीं । यदि हृदय और फेफड़ों की थैली में पानी भर गया हो, तो इसका पता भी इस टेस्ट से लग जाता है । हृदय की कार्यप्रणाली के बारे में जानकारी प्राप्त करने के लिए यह एक बहुत ही उपयोगी टेस्ट है। यह बहुत अधिक महंगा नहीं है । इस टेस्ट में भी रोगी को किसी प्रकार का दर्द या असुविधा नहीं होती । ध्वनि तरंगें ऐसी होती हैं जिन्हें मानव कान से नहीं सुन सकते। अत: किसी प्रकार की आवाज भी नहीं होती है ।

6. थैलियम स्टडी (Thallium Study)

यह बहुत ही उच्च तकनीक वाला टेस्ट है, लेकिन रोगी के नजरिए से अत्यन्त साधारण टेस्ट है, क्योंकि रोगी को मात्र लेटे रहना पड़ता है तथा लेटे-लेटे ही निर्देशित हल्का व्यायाम करने को कहा जाता है । हाथ की नस में एक इन्जेक्शन लगाकर थैलियम नामक रेडियोधर्मी कण रक्त प्रवाह में डालें जाते हैं । ये रेडियोधर्मी कण हृदय के उस भाग में जाकर जम जाते हैं, जहां पर रक्त पूरी मात्रा में नहीं पहुंच पा रहा है । एक विशिष्ट प्रकार के कैमरे द्वारा रेडियोधर्मी कणों के जमाव के चित्र ले लिये जाते हैं, जिससे यह पता चलता है कि हृदय की कौन सी मांसपेशियां ऐसी हैं, जहां खून का दौरा पर्याप्त नहीं हो पा रहा है । हृदय के कोष्ठकों के द्वारा पर्याप्त मात्रा में खून को संचारित किया जा रहा है या नहीं, यह भी इस टेस्ट से पता चल जाता है ।

रेडियोधर्मिता खतरनाक होती है लेकिन इस टेस्ट को निरापद इसलिए मानते हैं कि इतनी कम मात्रा में रेडियोधर्मी कण शरीर में प्रविष्ट करवाए जाते हैं कि उनसे कोई नुकसान नहीं होता और खतरा उतना ही माना जाता है जितना कि छाती का एक एक्स-रे करवाने में है ।

■ ■

21

हृदय रोग का दवाओं से उपचार

जैसा कि पुस्तक के प्रारम्भ में बताया जा चुका है, हमारी विषय वस्तु केवल इस्कीमिया है जो सामान्यत: कोरोनरी धमनियों के संकरा हो जाने के कारण होता है। एन्जाइना या हृदयाघात इसके परिणाम हैं । अत: इस विवेचन को ऐथिरोस्किलिरोसिस के कारण होने वाले इस्कीमिया तथा एन्जाइना तक ही सीमित रखेंगे । हृदयाघात के लिए निम्न तीन परिस्थितियों का होना आवश्यक है:–

1. कोरोनरी धमनियों का जमाव के कारण संकरा एवं कड़ा हो जाना,

2. संकरी हुई धमनी के भीतर खून के थक्के अथवा प्लेक के टुकड़े का फंस जाना,

3. संकरी हुई धमनी में अचानक अति सिकुड़न (Spasm) पैदा हो जाना ।

अत: हृदय रोग के उपचार का ध्येय यह हो जाता है कि ऐसी स्थितियों को पैदा नहीं होने दिया जाए, जिससे खून का प्रवाह बन्द हो जाए अर्थात् हृदयाघात को टालना और एक बार यदि हृदयाघात हो चुका हो तो पुनरावृत्ति को टालना । यह तभी सम्भव है जब दवाओं के माध्यम से निम्नलिखित ध्येय अर्जित किए जाएं:–

1. दवा के द्वारा खून का थक्का बनने से रोका जाए,

2. हृदय की मांसपेशियों में रक्त का संचार बढ़ाया जाए, जिससे ऑक्सीजन की आवश्यकता की आपूर्ति हो सके,

3. हृदय की मांसपेशियों की ऑक्सीजन की आवश्यकता में कमी की जाए,

4. धमनियों के अति सिकुड़न (Spasm) को रोका जाए एवं

5. धमनियों के भीतर जमे हुए प्लेक को पिघलाकर कम किया जाए जिससे धमनी का मुंह खुल जाए ।

हृदय रोग उपचार में प्रयुक्त होने वाली प्रमुख दवाएं किस प्रकार कार्य करती हैं और उनके क्या मुख्य कार्य हैं, इसका विवरण अगले पृष्ठ पर दिया जा रहा है ।

1. नाइट्रेट्स (Nitrates)

इन दवाओं को नाइट्रोग्लिसरीन (Nitroglycerin) या ग्लिसराइल ट्राइनाइट्रेट्स (Glyceryl Trinitrates) के नाम से जाना जाता है जो आम तौर पर गोलियों के रूप में आती हैं । दवा कम्पनियों ने अपने-अपने उत्पादन के अलग-अलग नाम रख लिये हैं, जैसे एन्जीसड ।

गोली को जीभ के नीचे रखकर चूसा जाता है जिससे इसके तत्त्व सीधे खून में मिल जाते हैं और इसी कारण से एक-दो मिनट में ही यह दवा अपना प्रभाव दिखा देती है। यदि एन्जाइना का दर्द हो रहा हो या छाती में भारीपन अथवा घुटन महसूस हो रही हो तो उसमें तुरन्त ही आराम मिल जाता है । यह दवा अपना प्रभाव दो तरह से दिखाती है। इसके प्रभाव से धमनियां ढीली पड़ जाती हैं, जिससे अन्दर का मुंह चौड़ा हो जाने से हृदय में खून के संचार में वृद्धि हो जाती है । इसके प्रभाव से शिराएं भी चौड़ी हो जाती हैं जिससे हृदय में पहुंचने वाले खून की मात्रा कम हो जाती है तथा हृदय का काम घट जाता है । इसी कारण से उसकी अपनी ऑक्सीजन की आवश्यकता में कमी आ जाती है ।

हृदय रोग के इलाज के लिए इन दवाओं का उपयोग चिकित्सा जगत द्वारा पिछले सौ सालों से किया जा रहा है और आज भी बाजार में इससे अच्छी रोग निरोधक (Prophylactic) दवा नहीं है, जो न केवल सस्ती है बल्कि तुरन्त ही असर करने वाली भी है । आम तौर पर रोगी इस दवा को उस समय लेता है जबकि छाती में दर्द उठने लगता है या बेचैनी होने लगती है । इसका सबसे अच्छा उपयोग तो यह है कि जब भी कोई शारीरिक श्रम करना हो अथवा मानसिक परेशानी की स्थिति आने वाली हो, उससे पहले ही गोली ले ली जाए, जिससे कि एन्जाइना या इस्कीमिया की स्थिति बने ही नहीं। इस दवा का एक सकारात्मक पहलू यह भी है कि यदि एक गोली से आराम नहीं मिले तो दो या तीन गोली भी ले सकते हैं । यह दवा निरापद भी मानी जाती है । कुछ लोगों को गोली लेने से सिरदर्द हो जाता है । यदि ऐसा हो तो एक के बजाय आधी गोली ही लें और थोड़ी देर बाद आधी और ले लें । अधिकांश लोगों में सिरदर्द होना स्वत: ही बन्द हो जाता है ।

हर हृदय रोगी को हर समय ये गोलियां साथ रखनी चाहिए । गोलियों को इन्हीं की अपनी शीशी में ही रखना चाहिए और ढक्कन अच्छी तरह बन्द रखना चाहिए । शीशी खोलने के लगभग दो महीने बाद इनका असर कम होने लगता है । अत: यदि गोलियां बची हुई हों तो उनके स्थान पर नई शीशी ले लेनी चाहिए । इन गोलियों को जब जीभ के नीचे रखते हैं तो हल्की-सी चिनचिनाहट होती है । यह चिनचिनाहट यदि नहीं हो तो समझ लेना चाहिए कि गोलियां प्रभावी नहीं रहीं । इन गोलियों का असर आम तौर

पर एक घंटे से ज्यादा नहीं रहता । अब ये दवाएं मलहम या चिपकने वाले प्लास्टर के रूप में भी आने लगी हैं, जो धीरे-धीरे खून में मिलती हैं और जिनका प्रभाव पूरे दिन रहता है ।

2. एस्पिरिन (Aspirin)

हृदय रोगियों में हृदयाघात को रोकने के लिए एस्पिरिन का नियमित उपयोग बहुत बड़े पैमाने पर किया जाता है । यह दवा खून में थक्का बनने पर रोक लगाती है । इसी कारण इसकी उपयोगिता है । अभी किए गए परीक्षणों से पता चला है कि एक हृदयाघात हो जाने के बाद जो लोग एस्पिरिन का नियमित उपयोग करते हैं, उनमें दूसरा हृदयाघात होने की सम्भावना में 21 प्रतिशत की कमी हो जाती है और मृत्यु की सम्भावना में 15 प्रतिशत की कमी आती है । 1983 से 1988 तक अमेरिका में 22,000 स्वस्थ डॉक्टरों पर किए गए प्रयोग से यह सिद्ध हुआ कि एस्पिरिन के नियमित सेवन से हृदयाघात का खतरा लगभग 50 प्रतिशत कम हो जाता है । यही नहीं बल्कि एक अन्य परीक्षण से यह भी सिद्ध हुआ है कि इस दवा के नियमित उपयोग से बड़ी आंत के कैंसर में भी 50 प्रतिशत की कमी आती है ।

एस्पिरिन का खतरा यह है कि यह रक्त-स्राव को बढ़ाती है । अत: जिन लोगों को पेप्टिक अल्सर होता है, उनके लिए गम्भीर खतरा पैदा कर देती है । आंतों में कहीं घाव हो तो भी खून बहने का खतरा रहता है । नियमित रूप से इस दवा के लेने वालों को यह सावधानी बरतनी जाहिए कि कोई ऑपरेशन करवाने या दांत आदि निकलवाने से पूर्व इसे बन्द कर देना चाहिए । जिन्हें ज्यादा नकसीर आती हो, शरीर में बिना चोट के नीले चकत्ते बनते हों, उनको भी एस्पिरिन का उपयोग नहीं करना चाहिए ।

3. शामक (Sedatives) एवं प्रशांतक (Tranquilizers) औषधियां

दवाओं की इस श्रेणी का उपयोग हृदय रोग के सीधे उपचार के लिए नहीं किया जाता बल्कि इनका अप्रत्यक्ष लाभ रोगी को मिलता है । ये दवाएं नींद लाने वाली और मानसिक तनाव व उद्विग्नता को कम करने वाली होती हैं । मानसिक तनाव से धमनियों में सिकुड़न पैदा होती है और इस कारण से हृदय रोग की आशंका बढ़ जाती है । इसलिए इन दवाओं का उपयोग हृदय रोग चिकित्सा का एक विशेष अंग बन गया है । विशेषकर उन रोगियों के लिए जिन्हें उच्च रक्तचाप रहता है अथवा जो स्वभाव से ही चिन्ताग्रस्त और तनावयुक्त रहने वाले होते हैं ।

4. बीटा ब्लॉकर (Beta Blockers) श्रेणी की दवाएं

इस श्रेणी की दवाएं लगभग 25 साल पहले ईजाद हुई थीं और तब से ये दवाएं हृदय रोग चिकित्सा का मुख्य स्तम्भ बन गई हैं । अब तक लगभग 15 भिन्न-भिन्न रासायनिक पदार्थ ईजाद किए जा चुके हैं । सभी दवा कम्पनियां अलग-अलग व्यापारिक नामों से पचासों दवाओं का निर्माण कर रही हैं । इन दवाओं का विशेष महत्व इस कारण से है कि ये उच्च रक्तचाप को कम करती हैं, एन्जाइना के दर्द का शमन करती हैं । हृदयाघात होने के खतरे को कम करती हैं और यहां तक कि दिल की धड़कन में आए व्यतिक्रम को भी ठीक कर देती हैं । इनका प्रभाव प्रशांतक जैसा भी है । अत: ये चिन्ता और आतुरता को कम करती हैं । इनके ये प्रभाव मुख्यत: इस कारण से हैं कि ये हृदय की ऑक्सीजन की आवश्यकता को कम कर देती हैं । इन्हें बीटा ब्लॉकर नाम इसलिए दिया गया है कि चिन्ता, भय, क्रोध एवं आतुरता के कारण एड्रीनैलीन एवं नोराड्रीनैलीन जैसे हारमोनों का प्रभाव ये शरीर की कोशिकाओं पर नहीं होने देतीं और एक प्रकार से इन हारमोनों का रास्ता रोककर बैठ जाती हैं। इसलिए ये हारमोन जो कि हृदय-गति बढ़ाने वाले एवं धमनियों में सिकुड़न पैदा करने वाले होते हैं, अपना प्रभाव नहीं दिखा पाते।

इस श्रेणी की दवाओं के मुख्य दुष्प्रभाव ये हैं कि कई बार ये हृदय की गति को बहुत अधिक घटा देती हैं, थकावट पैदा करती हैं, हाथ-पैर ठंडे रहते हैं, पाचन संस्थान में गड़बड़ी करती हैं, दु:स्वप्न आते हैं एवं कुछ में नपुसंकता भी ला देती हैं । ब्रोन्कियल अस्थमा एवं निम्न रक्तचाप के रोगियों एवं जिनमें नाड़ी की गति धीमी रहती है, ऐसे लोगो को ये दवाएं देते समय विशेष सावधानी बरती जाती है ।

5. कैलशियम चैनल ब्लॉकर दवाएं (Calcium Channel Blockers)

इस श्रेणी के तीन मुख्य रासायनिक पदार्थ हैं : निफैडीपीन, वेरापामिल और डिलटायजॅम । अलग-अलग दवा कम्पनियां अलग-अलग व्यापारिक नामों से इन दवाओं का निर्माण करती हैं । इनका मुख्य प्रभाव कोरोनरी धमनियों को ढीला कर देना और हृदय की मांसपेशियों को भी ढीला करके उनकी ऑक्सीजन की आवश्यकता को कम कर देने के कारण होता है । जिस प्रकार बीटा ब्लॉकर दवाएं कुछ हारमोनों का असर नहीं होने देतीं, उसी प्रकार ये दवाएं कैलशियम अणुओं का असर हृदय की मांसपेशियों पर नहीं होने देतीं । इसी कारण इन्हें कैलशियम चैनल ब्लॉकर नाम मिला है । इनमें से डिलटायजॅम, एन्जाइना को रोकने के लिए विशेष रूप से प्रभावी है । रोगी को इसकी 30 अथवा 60

मिलीग्राम की तीन गोलियां प्रतिदिन लेनी होती हैं । अब 90 मिलीग्राम की स्लोरीलीज (S.R.) गोलियां भी आने लगी हैं जिनकी दो गोलियों से ही काम चल जाता है ।

इस श्रेणी की दवाओं से कुछ लोगों में सिरदर्द, जी मिचलाने अथवा कब्ज की शिकायत हो जाती है ।

6. कीलेशन (Chelation) चिकित्सा

ऊपर जिन दवाओं का वर्णन किया गया है, उनका प्रभाव इस अध्याय के पैरा संख्या दो में दिए गए बिन्दु संख्या एक से चार के अनुसार होता है । अब प्रश्न यह रह जाता है कि क्या कोई ऐसी दवा भी है जो कि धमनियों के अन्दर जमे हुए पदार्थ को पिघला दे । वास्तविकता यह है कि चिकित्सा जगत को अभी ऐसी चमत्कारिक दवा का इन्तजार ही है । कुछ देशों के चिकित्सकों, विशेषकर अमेरिका के कुछ चिकित्सकों का यह दावा है कि उन्होंने ऐसी चिकित्सा प्रणाली विकसित कर ली है जिसे नाम दिया गया है, कीलेशन चिकित्सा । इस चिकित्सा में एक विशेष श्रेणी के कृत्रिम अमीनो ऐसिड जिसे Ethylene Diamine Tetra Acetic Acid या संक्षिप्त में ई.डी.टी.ए. (E.D.T.A.) कहा जाता है, का इन्जेक्शन नाड़ी के भीतर दिया जाता है । इन चिकित्सकों का दावा है कि इसके द्वारा प्लेक में जमा हुआ आयनिक (Ionic) कैलशियम प्लेक से अलग हो जाता है और यह कैलशियम गुर्दों द्वारा खून से अलग कर दिया जाता है, जो पेशाब के साथ शरीर से बाहर निकल जाता है । कैलशियम के निकल जाने से धमनियों का कड़ापन दूर होकर उनमें लचीलापन आ जाता है तथा प्लेक भी पिघल जाती है जिससे धमनी का मुंह खुल जाता है । इनका यह भी दावा है कि ई.डी.टी.ए. केवल धमनियों में रोग पैदा करने वाले कैलशियम को ही बाहर निकालता है, हड्डियों व दांतों के कैलशियम को बिलकुल नहीं छेड़ता । महत्त्व की बात यह है कि अमेरिका की 'नेशनल रिसर्च कौंसिल' ने सम्भवत: अब तक इस चिकित्सा पद्धति को मान्यता नहीं दी है । कीलेशन चिकित्सकों का आरोप है कि इसके पीछे प्रभावशील गुटों की स्वार्थपरक राजनीति काम कर रही है, जो इस पद्धति को मान्यता दिए जाने में रोड़े अटका रहे हैं । उन्होंने बाईपास सर्जरी करने वाले सर्जनों एवं दवा-निर्माण कम्पनियों पर यह दोषारोपण किया है कि यदि कीलेशन चिकित्सा को मान्यता मिल जाती है तो इन दोनों वर्गों का धंधा चौपट हो जाएगा । इसी स्वार्थ के कारण वे येन-केन-प्रकारेण मान्यता के मुद्दे को उलझा देते हैं ।

कीलेशन चिकित्सकों का दावा है कि कीलेशन के द्वारा उन्होंने सैंकड़ों व्यक्तियों की ऐथीरोस्किलिरोसिस को बिलकुल समाप्त कर दिया है और वे बिलकुल स्वस्थ हो गए हैं। कीलेशन चिकित्सा में समय के अन्तराल से कुल बीस इन्जेक्शन लेने पड़ते हैं और

कुल खर्चा लगभग दो हजार डालर आता है, अर्थात् चिकित्सा काफी महंगी है । यदि कीलेशन चिकित्सकों द्वारा किया गया दावा सही प्रमाणित हो जाता है तो हृदय रोग एवं स्ट्रोक की चिकित्सा में एक नए युग का सूत्रपात हो जाएगा । अब तक का उपचार तो केवल लक्षणों का ही उपचार है, रोग का उपचार नहीं । कीलेशन का रामबाण रोग की जड़ को ही काट देगा । आशा की किरण तो नजर आई है । सम्भव है वह सुदिन आ जाए, जब बाईपास सर्जरी इकाइयों के स्थान पर कीलेशन प्रयोगशालाएं खुल जाएं ।

7. मैगा विटामिन थेरेपी

अमेरिका में ही चिकित्सकों का एक ऐसा वर्ग भी है जो विभिन्न विटामिन बहुत ही अधिक मात्रा में देकर, हृदय रोगों की सफल चिकित्सा करने का दावा करता है । इस चिकित्सा को मैगा विटामिन थेरेपी कहते हैं । इसमें जो विटामिन दिए जाते हैं, उनके नाम और मात्राएं नीचे दी जा रही हैं:–

1. Vitamin A (Carotene) 50,000-100,000 I.V.
2. Vitamin B_1 (Thiamine) 1000 mg.
3. Vitamin B_6 (Pyridoxin) 750 mg.
4. Vitamin B_{12} (Coblamin) 250 mg.
5. Vitamin B_{15} (Pangamic Acid) 150 mg.
6. Vitamin C (Ascorbic Acid)
7. Vitamin E (Tocopherol)

इस चिकित्सा पद्धति को भी अब तक आधिकारिक मान्यता नहीं मिली है । परन्तु एक लाख बीस हजार व्यक्तियों पर लगातार आठ साल तक किए गए परीक्षणों की अभी हाल ही में प्रकाशित रिपोर्ट के अनुसार, जो व्यक्ति प्रतिदिन विटामिन 'ई' के सौ यूनिट लेते हैं, उनमें हृदयाघात की सम्भावना 40 प्रतिशत तक घट जाती है ।

एक युवा भारतीय वैज्ञानिक श्री सी.डी. खेडकर आजकल एक बिलकुल ही अछूते क्षेत्र में शोधरत हैं । उन्होंने यह पता लगाया है कि दूध पीते बच्चों के पाखाने में पाए जाने वाले जीवाणु लैक्टोबैसि़लस ऐसिडोपाइलस (Lactobacilus Acidophylus) में खून के कोलस्ट्रोल में कमी लाने की क्षमता है । इन जीवाणु समूहों को उन्होंने बीस स्वयं-सेवकों को नियमित रूप से खिलाया । कुछ समय के बाद सभी व्यक्तियों के खून में कोलस्ट्रोल की मात्रा में काफी कमी आई, सिवाय उन लोगों के, जो नियमित शराब पीने के आदी थे । ऐसे लोगों में जीवाणु कारगर सिद्ध नहीं हुए ।

परीक्षण अभी जारी है, जिसमें हृदय रोग की रोकथाम की प्रबल सम्भावनाएं छिपी हुई हैं । हमें इस युवा भारतीय वैज्ञानिक के लिए सफलता की कामना करनी चाहिए ।

अन्त में रोगियों के लिए एक सलाह – दवा नियमित रूप से लें और अपनी मर्जी से मात्रा में घटत-बढ़त नहीं करें ।

■■

22

शल्य-क्रिया द्वारा हृदय रोग का इलाज (बाईपास सर्जरी व एनजियोप्लास्टी)

बाईपास ऑपरेशन के नाम से आज हर कोई परिचित है । पहला बाईपास ऑपरेशन 1967 में किया गया था । इसकी लोकप्रियता इतनी तेजी से बढ़ी कि बहुत महंगा होने के बावजूद 1987 तक दो लाख ऑपरेशन प्रतिवर्ष होने लगे । हमारे देश में भी ऐसे अस्पतालों की संख्या बहुत तेजी से बढ़ी है, जहां बाईपास ऑपरेशन की सुविधा है ।

इस ऑपरेशन का पूरा नाम है, कोरोनरी आर्टरी बाईपास ऑपरेशन । इसके नाम से ही इसके कार्य का अन्दाजा लग जाता है । यानी इस ऑपरेशन के द्वारा किसी बन्द धमनी के लिए दूसरा उपमार्ग बना देना, जिससे कि हृदय में खून के संचार में आई बाधा दूर हो जाए । मान लीजिए कि पानी की कोई नाली है और उसमें कोई भारी चीज अटक जाती है, जिससे पानी का बहाव बन्द हो जाता है । बहाव चालू रखने के लिए या तो नाली में से अटकी हुई चीज को हटाया जाए या फिर बगल से दूसरी नाली बना दी जाए, जिससे बहाव चालू रह सके । इसे नीचे दिए गए चित्र से स्पष्ट किया गया है:-

चित्र-संख्या 15

उपरोक्त प्रकार से उप-नाली बन जाने पर अवरोध के रहते हुए भी पानी का बहाव जारी रह सकेगा । इसी प्रकार का कार्य बाईपास ऑपरेशन में किया जाता है । इसे समझने के लिए हृदय की बनावट को हम थोड़ा-सा दोहरा लेते हैं ।

हृदय से जो मुख्य धमनी निकलती है, उसे ऐओर्टा कहते हैं । इसी में से शरीर के अलग-अलग हिस्सों में खून ले जाने वाली उप-धमनियां निकलती हैं । हृदय को रक्त पहुंचाने वाली दोनों धमनियां, बाईं कोरोनरी धमनी और दाईं कोरोनरी धमनी ऐओर्टा की

जड़ से ही निकल जाती हैं । बाईं कोरोनरी धमनी से एक मुख्य शाखा निकल जाती है जिसे सरकमफ्लेक्स कहते हैं । इस प्रकार ये तीनों धमनियां मिलकर हृदय की सभी मांसपेशियों को रक्त पहुंचाती हैं । इनमें से किसी भी धमनी का मुंह जमाव के कारण संकरा हो जाता है, तो हृदय के उस हिस्से में ऑक्सीजन की कमी हो जाती है, जिस हिस्से में यह धमनी रक्त पहुंचाने का काम करती है । यदि एक धमनी में जमाव हुआ है तो इसे एक नाड़ी वाली रुग्णता (Single Vessel Disease) कहते हैं । यह रुग्णता दो धमनियों में अथवा तीनों में भी हो सकती है । मान लीजिए कि एक धमनी में रुकावट है, जैसा कि नीचे के चित्र में दिखाया गया है, तो इसके लिए सर्जन को उप-मार्ग बनाना होगा । यह उप-मार्ग रोगी के स्वयं के शरीर से ही ली गई खून की नाड़ी का उपयोग करके बनाया जाता है, क्योंकि विज्ञान अब तक कृत्रिम नाड़ी बनाने में सफल नहीं हुआ है । किसी दूसरे व्यक्ति या सगे-सम्बन्धी की नाड़ी का प्रयोग भी नहीं कर सकते, क्योंकि शरीर दूसरे शरीर की नाड़ी को स्वीकार नहीं करता । इसलिए रोगी के पैर में से सैफीनस नाम की शिरा को निकाल लिया जाता है । इस शिरा की मोटाई हृदय की मुख्य धमनियों के बराबर होती है । इस शिरा के ऊपरी सतह पर होने के कारण इसको निकालना भी आसान है । कई बार छाती में पाई जाने वाली मैमरी धमनी का उपयोग भी इस प्रयोजन हेतु किया जाता है ।

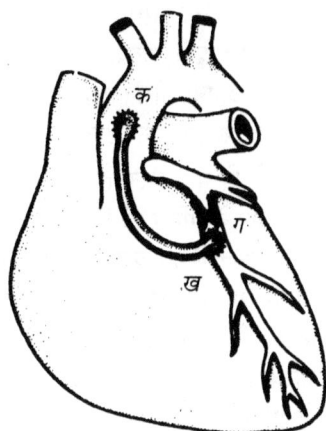

चित्र-संख्या 16

बाईपास ऑपरेशन के लिए पहले छाती को खोल लिया जाता है जिससे कि हृदय चौड़े में आ जाए । ऑपरेशन के समय हृदय को बन्द कर दिया जाता है और हृदय व फेफड़ों का काम एक मशीन, जिसे हार्टलंग मशीन कहते हैं, के द्वारा लेकर शरीर में रक्त

संचार चालू रखा जाता है। इसके साथ ही पैर में से शिरा निकालकर उसे लगाने के लिए तैयार कर लिया जाता है। जितने लम्बे टुकड़े की आवश्यकता हो, उतना टुकड़ा काट लिया जाता है। इसके बाद इस टुकड़े का एक सिरा ऐओर्टा में छेद करके उसमें सी दिया जाता है, जैसा कि ऊपर के चित्र में 'क' पर दिखाया गया है। दूसरे सिरे को धमनी में जहां अवरोध है, ठीक उसके नीचे जोड़ दिया जाता है जैसा कि चित्र 'ख' में दिखाया गया है। लीजिए, हो गया उपमार्ग तैयार। 'ग' स्थान का अवरोध खून के संचार में जो समस्या पैदा कर रहा था, वह दूर हो गई और इस प्रकार जिस क्षेत्र में यह धमनी रक्त पहुंचा रही थी, उसे फिर से पूरी मात्रा में रक्त पहुंचना शुरू हो जाता है। इस प्रकार रोग दूर हो जाता है। यदि दो धमनियों में अवरोध उत्पन्न है तो दो उपमार्ग बनाने पड़ेंगे और यदि तीनों धमनियों में अवरोध है तो तीन बाईपास बनाने होंगे।

इसमें कोई संदेह नहीं कि बाईपास ऑपरेशन के फलस्वरूप रोगी को एक नई जिंदगी मिल जाती है। इसी कारण बाईपास सर्जरी इतनी लोकप्रिय भी हुई है। इस ऑपरेशन पर एक लाख रुपये के करीब खर्चा आ जाता है। फिर भी जिन अस्पतालों में यह सुविधा है, वहां आसानी से नम्बर नहीं आता। लोगों में यह धारणा है कि उनके रोग का यह पक्का इलाज है। इस गलत धारणा के संदर्भ में स्थिति को स्पष्ट किया जाना जनहित में आवश्यक है। पहली बात तो यह है कि बाईपास ऑपरेशन वास्तव में रोग का इलाज है ही नहीं बल्कि मात्र लक्षण का इलाज है। जैसा कि इस पुस्तक में स्पष्ट किया जा चुका है कि इस रोग के होने का कारण गलत जीवन पद्धति, गलत खान-पान और रुग्ण मानसिकता है। अतः यदि ऑपरेशन के बाद भी रोगी अपनी जीवन पद्धति में सुधार नहीं लाता है तो बाईपास के जरिए मिली राहत अधिक लम्बे समय तक टिकने वाली नहीं है।

अमेरिका में संकलित आंकड़ों से पता चला है कि बाईपास के तौर पर काम में ली गई नाड़ी में 50% लोगों में पांच साल के भीतर ही फिर जमाव हो जाता है अर्थात् बाईपास से जो रास्ता खुला था, वह पांच साल में ही बन्द हो गया। सात साल की अवधि तक तो 80% लोगों की बाईपास नाड़ी या अन्य धमनियों में जमाव हो जाता है। इसी कारण लोग अब बाईपास का बाईपास ऑपरेशन करवाने के लिए आने लगे हैं। अर्थात् हर पांचवें साल एक लाख रुपये खर्च करके जिन्दगी खरीदो। यह न केवल महंगा सौदा है बल्कि खतरनाक भी है। लगभग दो प्रतिशत लोगों की ऑपरेशन के दौरान या तुरन्त बाद ही मृत्यु हो जाती है और दस प्रतिशत लोगों में बाईपास वाली नाड़ी में साल के भीतर-ही-भीतर जमाव हो जाता है या अन्य समस्या पैदा हो जाती है। लगभग 5% लोगों में बाईपास ऑपरेशन के बाद भी हृदयाघात हो जाता है। यही नहीं, लगभग 15% लोगों को ऑपरेशन के बाद भी एन्जाइना का दर्द उठता रहता है। कुछ लोगों का यह भी मत है कि अमेरिका में जो बाईपास ऑपरेशन किए जाते हैं, उनमें से एक-चौथाई ऑपरेशन अनावश्यक थे

अर्थात् बिना ऑपरेशन भी काम चल सकता था । अत: रोगियों के लिए यह सलाह है कि वे कम से कम अपनी तरफ से तो इस ऑपरेशन के लिए आतुरता नहीं दिखाएं और उसी स्थिति में ऑपरेशन करवाएं, जब सर्जन इसे अत्यावश्यक मानता हो। जहां जान जाने का खतरा हो, वहां ऑपरेशन का खतरा उठाना अधिक समझदारी है । ऐसी स्थिति में ईश्वर में विश्वास रखते हुए शांत मन से स्वयं को सर्जन के हवाले कर देना ही श्रेयस्कर है।

एनजियोप्लास्टी (Angioplasty)

बन्द धमनी को खोलने के लिए 1977 में एक और पद्धति की शुरूआत हुई, जिसे गुब्बारा पद्धति या एनजियोप्लास्टी कहते हैं । क्योंकि इसमें छाती को खोलने की आवश्यकता नहीं पड़ती और न कहीं चीरा ही लगता है तथा अस्पताल में भी अधिक समय नहीं रहना पड़ता, इसलिए यह पद्धति भी बहुत लोकप्रिय हुई है । पूरे विश्व में लगभग 5-6 लाख लोग इस पद्धति से प्रतिवर्ष अपना इलाज करवाते हैं । यह क्रिया कोरोनरी एनजियोग्राफी के बिल्कुल समान है, जिसका पूर्ण परिचय आपको करवाया जा चुका है । एनजियोग्राफी की तरह जंघा की धमनी में छेद करके एक कैथीटर को धमनी में उस स्थान तक पहुंचाया जाता है, जहां जमाव के कारण रुकावट पैदा हो गई है । फिर कैथीटर में एक तार डाला जाता है जिसके सिरे पर एक छोटा गुब्बारा लगा होता है । यह गुब्बारा जब रुकावट वाले स्थान पर पहुंच जाता है तो इसको कुछ सेकंड के लिए फुलाया जाता है जिससे धमनी पर अन्दर से दबाव पड़ता है, जिससे अन्दर जमा हुआ प्लेक दब जाता है एवं धमनी का मुंह चौड़ा हो जाता है । गुब्बारा फुलाने की इस क्रिया को दो से लेकर दस-बारह बार तक किया जाता है जिससे कि चाहा गया परिणाम प्राप्त हो जाए । इसके बाद कैथीटर निकाल लिया जाता है । एनजियोप्लास्टी का पूरा कार्य लगभग दो घंटे में पूरा हो जाता है । एनजियोग्राफी की तरह इसमें भी रोगी को बेहोश नहीं किया जाता । बाईपास ऑपरेशन के मुकाबले यह काफी सस्ता भी पड़ता है ।

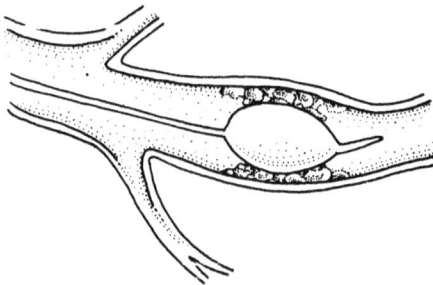

चित्र-संख्या 16

129

इसमें रोगी को आम तौर पर कोई असुविधा नहीं होती । किसी-किसी को गुब्बारा फुलाने के समय एन्जाइना का सा दर्द हो जाता है । ऐसा हो तो डॉक्टर को बता देना चाहिए ।

यह पद्धति भी निरापद नहीं है और बाईपास ऑपरेशन की तरह लगभग 2 प्रतिशत रोगियों की मृत्यु एनजियोप्लास्टी के दौरान या इसके बाद हो जाती है । कई बार ऐसी स्थिति भी बनती है कि तुरन्त ही बाईपास ऑपरेशन करना पड़ता है । इस प्रकार आपद स्थिति में किए जाने वाले ऑपरेशन में खतरा अधिक बढ़ जाता है । परन्तु इससे भी अधिक असंतोषप्रद स्थिति यह है कि इस क्रिया से चौड़ी की गई धमनी का मुंह बहुत जल्दी पुन: बन्द हो जाता है । लगभग 30-40 प्रतिशत लोगों में छ: महीने की अवधि के भीतर ही धमनी का मुंह फिर बन्द हो जाता है ।

ऐथिरोक्टॉमी (Atherectomy)

एनजियोप्लास्टी से ही मिलती-जुलती एक अन्य पद्धति भी विकसित हुई है, जो ऐथिरोक्टॉमी कहलाती है । इसमें गुब्बारे की जगह एक छोटे जेट फव्वारे का इस्तेमाल किया जाता है जिसके पानी की मार से धमनी के अन्दर जमा हुई प्लेक को टुकड़े-टुकड़े कर दिया जाता है जिससे धमनी का मुंह पुन: चौड़ा हो जाता है । अपने देश में भी ऐथिरोक्टॉमी शुरू की जा चुकी है ।

लेजर (Laser) किरणों की गर्मी से प्लेक को पिघलाने वाली पद्धति भी प्रायोगिक स्तर पर चल रही है । पानी के फव्वारे के स्थान पर रोटर का भी इस्तेमाल किया जा रहा है । जिस स्तर पर प्रयास चल रहे हैं, यह आशा की जा सकती है कि शीघ्र ही धमनियों के अन्दर से प्लेक को खुरचने अथवा पिघलाने का कोई संतोषप्रद तथा निरापद तरीका खोज लिया जाएगा ।

परन्तु सोने जैसी खरी सीख तो यही है कि खानपान एवं जीवन पद्धति सुधारने में ही बचाव है ।

■ ■

23

नवीनतम शोध की दिशाएं एवं आयाम

कोरोनरी धमनियों में हुए जमाव द्वारा रक्त संचरण में आए अवरोध को दूर करने के लिए एनजियोप्लास्टी का उपयोग कुछ सालों से बड़े पैमाने पर होने लगा है। इसके साथ जुड़ी हुई सबसे बड़ी समस्या यह है कि धमनी का मुंह अधिकांश रोगियों में फिर से संकरा हो जाता है एवं फिर से एनजियोप्लास्टी करवाए जाने की आवश्यकता हो जाती है। इस समस्या से निपटने के लिए अब स्टैन्ट (Stent) लगाया जाने लगा है। गुब्बारे से धमनी का मुंह चौड़ा करने के साथ ही धमनी के भीतर धातु की बनी एक जालीनुमा नलिका लगा दी जाती है जिसे स्टैन्ट कहते हैं, जो धमनी को पुनः सिकुड़ने से रोकती है। इसके द्वारा धमनी के सिकुड़ने एवं पुनः जमाव की समस्या पर किसी हद तक नियन्त्रण पा लिया गया है।

धमनी के भीतर जमे प्लेक को तोड़ने के लिए लेसर किरण के उपयोग पर पिछले दस सालों से प्रायोगिक कार्य चल रहा था। लेसर के उपयोग में सबसे बड़ी समस्या यह थी कि लेसर किरणों से पैदा होने वाली गर्मी से धमनी की भीतरी सतह के क्षतिग्रस्त होने की सम्भावनाएं रहती थीं। अब एक ऐसी लेसर ईजाद कर ली गई है जो ठंडी लेसर (Excimer) कहलाती है। इस एक्जाइमर लेसर के द्वारा जो एनजियोप्लास्टी की जाती है, उसे Pelca (Percutaneous Excimer Laser Coronary Angioplasty) कहते हैं।

लेसर का एक और अभिनव प्रयोग प्रारम्भ किया गया है। हृदयाघात की स्थिति में जबकि हृदय की किसी मांसपेशी को खून नहीं पहुंच रहा होता है, तो एक विशिष्ट प्रकार की लेसर द्वारा हृदय मासंपेशी में अनेक छेद कर दिए जाते हैं एवं उनमें सीधे ही खून की पिचकारी मारी जाती है। मांसपेशियां इस खून को उसी प्रकार सोख लेती हैं जैसे कि स्पंज पानी को सोखता है एवं इस प्रकार आपद स्थिति टल जाती है। सौ से अधिक रोगियों पर अब तक यह प्रयोग किया जा चुका है।

एनजियोप्लास्टी अथवा बाईपास सर्जरी के बाद धमनियों में दोबारा जमाव की प्रक्रिया को रोकने के लिए उपयुक्त दवाओं की खोज का कार्य भी इन दो सालों में बड़े पैमाने पर चला है एवं इस क्षेत्र में अभूतपूर्व सफलताएं भी मिली हैं। डी.एन.ए. (DNA) पर

आधारित एक ऐसे जैल (Gel) का निर्माण कर लिया गया है जो धमनियों में पुन: जमाव को लगभग रोक ही देती है। Holsidomine व Linsidomine नामक दवाओं एवं शरीर में ही पाए जाने वाले बढ़ोतरी सम्बन्धित PDGF नामक पदार्थ के नतीजे बहुत उत्साहवर्धक आए हैं। इसी प्रकार Metformin नामक दवा के उपयोग से ऐथिरोस्थिलिरोसिस का इलाज तक सम्भव हो गया है। ये दवाएं अभी प्रायोगिक स्तर पर ही हैं एवं बाजार में विक्रय की अनुमति इन्हें अब तक नहीं मिली है।

बाईपास सर्जरी को विकसित करने वाले मिलवाकी (U.S.A.) के ख्यातिप्राप्त डॉ. डडले जोहन्सन ने अब एक बहुत ही जटिल प्रकार की शल्य क्रिया विकसित की है जिसे Endarterectomy कहते हैं। जिन रोगियों की कोरोनरी धमनियों की पूरी लम्बाई में जमाव हो जाता है, उनमें बाईपास सर्जरी नहीं की जा सकती। इस क्रिया में ऐसी धमनियों को लम्बाई में काटकर खोल लिया जाता है एवं फिर हाथ से उनमें जमे प्लेक को साफ करके, धर्मानियों पर रोगी के पैर से निकाली गई शिरा को खोल के रूप में चढ़ा दी जाती है। यह ऑपरेशन इतना जटिल एवं कठिन है कि मिलवाकी के अतिरिक्त शायद ही अन्य केन्द्रों पर यह किया जाता होगा।

न्यूयार्क के स्टोनी ब्रुक अस्पताल के चिकित्सक एक ऐसी विधि विकसित करने में लगे हुए हैं जो बाईपास सर्जरी का विकल्प बन सके। रोगी के पैरों में बाजूबंद जैसा एक कफ (Cuff) बांध कर दबाव पैदा किया जाता है जिससे हृदय की कोरोनरी धमनियों में अतिरिक्त रक्त प्रवाहित होने लगता है जिसके फलस्वरूप अतिरिक्त वैकल्पिक धमनियां (Collaterals) बन जाती हैं जो बन्द हुई धमनी का कार्य अपने ऊपर ले लेती हैं। अमेरिका के ही एक अन्य संस्थान में शोधकर्ताओं ने शरीर में प्राकृतिक रूप से पाए जाने वाले पदार्थ Fibroblast Growth Factor के इन्जेक्शन देकर Collaterals का जाल बिछाने में सफलता प्राप्त कर ली है। ये प्रयोग अभी कुत्तों तक ही सीमित हैं।

ऐथिरोस्किलिरोसिस के निदान के लिए अभी तक एनजियोग्राफी पर निर्भर रहना पड़ रहा है जो न केवल महंगी है बल्कि इसके लिए अस्पताल में भर्ती होना पड़ता है एवं कुछ अंशों में यह क्रिया जोखिम भरी भी है। शोधकर्ताओं ने C.T. Scan की एक ऐसी विधि अब ईजाद कर ली है जिसे Ultrafast CT नाम दिया गया है। इससे हृदयाघात रोग का निदान न केवल निरापद बल्कि त्वरित एव सस्ता भी हो जायेगा। व्यापारिक स्तर पर अभी इसका विकास होना शेष है।

धमनियों में कोलस्ट्रोल एवं वसीय तत्वों का जमाव आखिर होता क्यों है? इस प्रश्न का उत्तर ढूंढने के लिए अनेक शोधकर्ता लगे हुए हैं एवं सभी इस बारे में लगभग समान मत रखते हैं कि शरीर में आक्सीडेशन क्रियाओं के फलस्वरूप ऑक्सीजन एवं अन्य तत्वों के अणु यदि स्वतंत्र हो जाते हैं, तो ये न केवल शरीर की कोषिकाओं को नुकसान पहुंचाते हैं, बल्कि कैंसर जैसी बीमारियां भी पैदा करते हैं। खून में विद्यमान L.D.L के

ऑक्सीडेशन से कोलस्ट्रोल का निर्माण होता है जो ऐथिरोस्किलिरोसिस क्रिया को जन्म देकर धमनियों में जमाव पैदा करता है। यह जमाव क्रिया ही हृदय रोग की जड़ है। कुछ ऐसे तत्व खोज निकाले गए हैं, जो ऑक्सीडेशन को रोकते हैं। ये तत्व ऐन्टी-ऑक्सीडेंट (Anti-Oxidant) कहलाते हैं, जिनमें सबसे महत्वपूर्ण विटामिन 'ई' है। अनेकानेक प्रयोगों से यह सिद्ध हो चुका है कि विटामिन 'ई' धमनियों में होने वाले जमाव को रोकता है एवं इस प्रकार हृदय रोग एवं हृदयाघात से बचने में महत्वपूर्ण योगदान करता है। वनस्पति तेलों, गेहूं के अंकुरों, सोयाबीन, पालक, सूखे मेवों (Nuts), गेहूं एवं अन्य अनाजों में विटामिन 'ई' प्रचुर मात्रा में पाया जाता है।

विटामिन 'सी' जो कि अमरूद, आंवला, नींबू प्रजाति के सभी फलों, हरी मिर्च, टमाटर एवं खरबूजों में पाया जाता है, भी महत्वपूर्ण ऐंटी-ऑक्सीडैन्ट है।

बीटा कैरोटीन (Betacarotene) जो कि पीले एवं नारंगी रंग के फलों जैसे गाजर, खरबूजों, पपीता, आम, पालक एवं शकरकंद में पाए जाते हैं; ऐंटी-ऑक्सीडैन्ट का कार्य करते हैं। विटामिन 'ए' का निर्माण भी बीटा कैरोटीन से शरीर में होता है, जो पृथक से एक प्रमाणित ऐंटी-ऑक्सीडेंट है।

ऐंटी-ऑक्सीडैन्ट के संदर्भ में किए गए शोध अब तक तो मुख्यत: विटामिनों तक ही सीमित थे परन्तु पिछले दो तीन सालों में विभिन्न फलों एवं सब्जियों में बहुत से ऐसे पदार्थ खोज निकाले गए हैं, जो ऐंटी-ऑक्सीडैन्ट के रूप में कार्यशील होकर कैंसर एवं हृदय रोग से शरीर की रक्षा करते हैं। उदाहरण के तौर पर काले अंगूरों, सेव, प्याज एवं चाय में पाए जाने वाले फ्लेविनोयड्स (Flavinoids)।

जैसा कि हम जानते हैं कि अधिकांश हृदयाघात, खून के थक्के के संकरी हुई कोरोनरी धमनी के भीतर अटक जाने एवं इसके परिणाम स्वरूप हृदय की मांसपेशी में खून का दौरा रुक जाने के कारण होते हैं। हृदयाघात की स्थिति में चिकित्सक ऐसी दवाओं का प्रयोग करते हैं जो खून के थक्के को पिघला कर, बंद हुए रास्ते को खोल दें। शोधकर्ता और अधिक प्रभावशाली दवाओं की तलाश में थे। खून चूसने वाली जौंक के थूक से हिरुडिन (Hirudin) नामक रसायन को खोज निकाला गया है, जो खून के थक्के को पिघलाने के लिए वर्तमान में प्रयोग की जाने वाली दवा हिपैरिन (Heparin) से कई गुना प्रभावशील है। इसी प्रकार वैम्पायर किस्म की चमगादड़ के थूक से भी एक प्रभावकारी दवा ईजाद कर ली गई है। मलेशिया में पाए जाने वाले पिट वाइपर प्रजाति के सांप के जहर से प्राप्त एक दवा पर भी प्रयोग चल रहे हैं। आशा की जा सकती है कि अगले दो तीन सालों में खून के थक्के को पिघलाने की तीव्र क्षमता वाली दवाएं बाजार में आ जाएंगी जिसके फलस्वरूप हृदयाघात से पीड़ित अनेक रोगियों की जीवन रक्षा सम्भव हो जाएगी।

खून में कोलस्ट्रोल की अधिक मात्रा, धमनियों में जमाव पैदा करती है, जिसके कारण अन्ततः दिल का दौरा पड़ता है, यह तथ्य कई वर्षों से ज्ञात है। इसी कारण अनेकों दवाएं बाजार में आ चुकी हैं, जो कोलस्ट्रोल घटाने के लिए दी जाती रही हैं। अधिक प्रभावशाली दवाओं की तलाश जारी है एवं बहुत सी दवाएं प्रायोगिक स्तर पर हैं। उदाहरण के तौर पर पशुओं पर किए गए परीक्षणों में ऑक्टीमिबेट (Octimibate) नामक दवा खून में विद्यमान कोलस्ट्रोल की मात्रा को 43% तक नीचे लाने में सफल रही है।

एक तथ्य शोधकर्त्ताओं को लगातार परेशान करता रहा है; वह यह कि 35 प्रतिशत हृदयाघात ऐसे लोगों में होते हैं, जिनके खून में कोलस्ट्रोल की मात्रा काफी नीची होती है। इस संदर्भ में किए गए विभिन्न परीक्षणों से अब यह स्पष्ट हुआ है कि मात्र कोलस्ट्रोल की मात्रा का ही महत्व नहीं है, बल्कि खून में एल.डी.एल. व ट्राइग्सिराइड की मात्रा यदि अधिक हो एवं एच.डी.एल. की मात्रा कम हो तो भी हृदयाघात होने का खतरा बढ़ जाता है। नए शोध परिणामों के आधार पर अब सामान्य मात्राओं को घटा दिया गया है। पहले 225-250 मि.ग्रा. कोलस्ट्रोल की मात्रा सामान्य मानी जाती थी। अब यह अपेक्षा की जाने लगी है कि कोलस्ट्रोल 200 मि.ग्रा. से नीचे रहना चाहिए। इसी प्रकार एल.डी.एल. 130 मि.ग्रा. के बजाय 100 मि.ग्रा. से नीचे रहना सामान्य माना जाने लगा है। हृदयाघात से सुरक्षा हेतु अब यह अपेक्षा की जाने लगी है कि एच.डी.एल. 35 मि.ग्रा. से ऊपर के बजाय 65 मि.ग्रा. से ऊपर रहना चाहिए।

कुछ व्यक्तियों में हृदय-स्वास्थ्य हितकारी भोजन लेने एवं यहां तक कि दवाओं से भी कोलस्ट्रोल की मात्रा कम नहीं होती। ऐसे रोगियों के लिए अच्छी खबर यह है कि हार्वर्ड के वैज्ञानिकों ने एक ऐसी छलनी (Filter) ईजाद कर ली है, जो खून में कोलस्ट्रोल की मात्रा को कम करने में कारगर सिद्ध हुई है।

हृदय रोगों के संदर्भ में सबसे गहन अध्ययन एवं शोध, आनुवंशिकता (Heredity) के क्षेत्र में हुई है। अब यह प्रमाणित हो चुका है कि किसी बीमारी के होने की प्रबलता अर्थात् खतरा अथवा प्रतिरोधात्मक शक्ति उस व्यक्ति के जीनों Genes) में ही विद्यमान रहती है। हृदय रोग के संदर्भ में इस तथ्य की पुष्टि हुई है।

इटली में एक ही वंश के लगभग ढाई सौ लोगों में एच.डी.एल. से सम्बन्धित एक ऐसा जीन खोजा गया है जो उन लोगों में हृदय रोग नहीं होने देता चाहे वे खाने पीने में कितनी ही बदपरहेजी क्यों न करें। इस जीन को ए.पी.ओ. मिलानो नाम दिया गया है। इस जीन से निर्मित रसायन के इन्जैक्शन देने से खरगोशों में हृदय रोग से बचने की विलक्षण क्षमता पैदा हो गई। ऑयरलैंड एवं फ्रांस के अनेक लोगों में एक ऐसे दोषी जीन का पता लगाया है, जो हृदय रोग की सम्भावना को लगभग 60% तक बढ़ा देता है। हृदय रोग के संदर्भ में लगभग 600 जीनों का अध्ययन किया जा रहा है एवं लगभग

15 ऐसे जीन चिन्हित कर लिए गए हैं जो खून में कोलस्ट्रोल की मात्रा एवं वसा क चयापचय को नियन्त्रित करते हैं। ऐसी सम्भावनाएं बन रही हैं कि जीन आधारित चिकित्सा के माध्यम से अगले कुछ ही सालों में हृदय रोग से बचाव एवं सुरक्षा प्राप्त करना सम्भव हो जाएगा।

नवीनतम शोध कार्यों से इस बात की पुष्टि हुई है कि कम वसा वाला शाकाहारी भोजन एवं नियमित व्यायाम असल में हृदय स्वास्थ्य की कुंजी है। कुछ विशिष्ट पदार्थों पर किए गए शोध के परिणाम के आधार पर कुछ महत्वपूर्ण बिन्दु नीचे अंकित किए जा रहे हैं:

1. भोजन में नमक की मात्रा यदि 3 ग्राम प्रतिदिन कम कर दी जाए तो हृदयाघात एवं पक्षाघात (Stroke) होने की सम्भावना 1/6 ही रह जाएगी।
2. जैतून (Olive) के तेल में कोलस्ट्रोल को कम करने एवं हृदय रोग से सुरक्षा प्रदान करने की शक्ति होती है।
3. मारगैरीन (Margarine) में एक ऐसी वसा होती है, जिसका कुप्रभाव संतृप्त वसा से भी अधिक होता है एवं जो हृदयाघात की सम्भावनाओं को दोगुना बढ़ा देती है।
4. हृदय रोगियों के लिए केले का सेवन बहुत लाभदायक होता है। दिल का दौरा पड़ने पर तुरन्त केला खा लेने से अचानक मृत्यु की सम्भावना 55% कम हो जाती है। यह लाभ केले में पाए जाने वाले मैगनेशियम के कारण होता है।
5. लहसुन का नियमित उपयोग न केवल कोलस्ट्रोल घटाता है, बल्कि हृदय की क्षमता को बल प्रदान करता है।
6. काले अंगूरों में बहुत अधिक ऐंटी-ऑक्सीडैंट होते हैं, जो हृदय रोग, कैंसर व अन्य घातक रोगों से रक्षा करते हैं।
7. कॉफी के अधिक सेवन से खून में कोलस्ट्रोल की मात्रा बढ़ जाती है।
8. ओट (Oat) अर्थात् जई के दलिए के सेवन से कोलस्ट्रोल घटता है।
9. अखरोट एवं बादाम का अल्प मात्रा में नियमित सेवन स्वास्थ्य के लिए अच्छा है। ये कोलस्ट्रोल घटाते हैं।
10. चकोतरा (Grapefruit) का सेवन हृदय स्वास्थ्य के लिए हितकारी है।
11. हृदय रोग से बचने के लिए आहार में कम से कम 2000 मि.ग्रा. पोटेशियम लिया जाना चाहिए। एक भुने हुए आलू में 244 मि.ग्रा. व एक केले में 451 मि.ग्राम. पोटेशियम होता है। मटर, सभी प्रकार की फलियों, नाशपाती, संतरे एवं दूध में

भी पोटेशियम काफी मात्रा में उपलब्ध रहता है। पोटेशियम रक्तचाप को घटाता है।

12. आम (Mango) खून की नाड़ियों को लचीला बनाए रखता है।

13. जिन लोगों को दोपहर के खाने के बाद एक छोटी सी नींद (Napping) लेने की आदत है, उनमें हृदयाघात की सम्भावनाएं बहुत कम होती हैं (नींद लगभग 20-30 मिनट की ही होनी चाहिए – लम्बी नहीं)।

■ ■

24

शोधकार्यों की वर्तमान उपलब्धियां एवं भावी संभावनाएं

हृदय रोग उपचार एवं निरोधन के क्षेत्र में शोधकार्य इस गहन गति से हो रहा है कि प्रतिदिन पूर्व निर्धारित धारणाओं का या तो पुष्टीकरण हो रहा है अथवा इनमें संशोधन या परिवर्द्धन किया जा रहा है। पूर्व अध्याय में उस समय तक के शोधकार्यों का विवरण दिया गया था। पुस्तक के दूसरे संस्करण के प्रकाशन के पश्चात् लगभग पांच साल की इस अवधि में जिन मुख्य क्षेत्रों अथवा विषयों में अधिक शोध हुए हैं, उनकी संक्षिप्त जानकारी उपलब्ध कराने के उद्देश्य से वर्तमान संस्करण के लिए यह अध्याय जोड़ा जा रहा है।

1. स्वतंत्र मूलाणु (Free Radicals) एवं प्रति उपचायक (Anti Oxidants)

शरीर में निरन्तर चल रही चयापचय (Metabolism) क्रियाओं का एक आवश्यक परिणाम यह भी होता है कि ऑक्सीजन के कुछ ऐसे मूलाणु, जो रासायनिक रूप से अति सक्रिय होते हैं, स्वतंत्र होकर खून में मिल जाते हैं। इन्हें Free Radicals (स्वतंत्र मूलाणु) नाम दिया गया है। ये मूलाणु यदि अल्प समय के लिए भी स्वतंत्र रह जाएं, तो शरीर की कोषिकाओं को नुकसान पहुंचा सकते हैं। इनको तुरन्त ही निष्क्रिय करने वाले तत्व भी शरीर में स्वत: ही विद्यमान रहते हैं। इस प्रकार शरीर में आक्सीकरण क्रिया का ऐसा संतुलन बना रहता है कि शरीर के अंग-प्रत्यंग इन फ्री रेडीकल्स के दुष्प्रभाव से बचे रहते हैं। फ्री रेडीकल्स को निष्क्रिय करने वाले तत्वों को एंटीऑक्सीडेंट नाम दिया गया है। कुछ एंटीऑक्सीडेंटों का निर्माण तो शरीर स्वयं कर लेता है। कुछ अन्य को भोजन अथवा संपूरक के रूप में ग्रहण करना आवश्यक है।

नवीनतम शोधकार्यों से अब यह तथ्य लगभग सिद्ध हो चुका है कि फ्री रेडीकल्स के आघातों से धमनियों की भीतरी सतह क्षतिग्रस्त हो जाती है, जिसके कारण ही

ऐथीरोस्क्लिरोसिस की शुरुआत होती है, जो आगे चलकर दिल के दौरे या पक्षाघात का कारण बनती है।

ऑक्सीडेशन एवं एंटीऑक्सीडेंटों के संबंध की पर्याप्त जानकारी पूर्व अध्याय में दी जा चुकी है। विटामिन 'ई' को अब ऐथीरोस्क्लिरोसिस को रोकने वाले महत्त्वपूर्ण एंटीऑक्सीडेंट के रूप में स्वीकार कर लिया गया है एवं चिकित्सक हृदय रोगियों को संपूरक के रूप में विटामिन 'ई' लेने की सलाह देने लगे हैं। विटामिन 'सी' न केवल स्वयं एक महत्त्वपूर्ण एंटीऑक्सीडेंट है, बल्कि यह विटामिन 'ई' की रोग निरोधक क्षमता को और बढ़ा देता है। यह भी सिद्ध हुआ है कि सिलेनियम नामक धातु तत्व की अनुपस्थिति में एंटीऑक्सीडेंट्स अपना कार्य नहीं कर पाते हैं। सिलेनियम सूखे मेवों, अनाजों (Cerials) एवं समुद्री जीवों के मांस में पाया जाता है। हृदय रोगियों को इसे संपूरक के रूप में लेना चाहिए।

एक महत्त्वपूर्ण तथ्य यह भी है कि विभिन्न विषैले पदार्थों एवं प्रदूषण के प्रभाव से धूम्रपान अथवा तम्बाकू के धुएं से अधिक वसायुक्त भोजन करने से रेडियोधर्मी विकिरण, सूर्य किरणों, अधिक ताप अथवा अधिक ठंड से फ्री रेडीकल्स बहुत अधिक मात्रा में मुक्त हो जाते हैं एवं शरीर का ऑक्सीकरण संतुलन बिगड़ जाता है। अत: रोग मुक्त रहने के लिए उपरोक्त कारकों से बचने की सावधानी बरतना आवश्यक है।

नियमित व्यायाम शरीर में ऑक्सीडेशन संतुलन को बनाए रखने में अत्यन्त महत्त्वपूर्ण भूमिका निभाता है एवं एंटीऑक्सीडेंट का काम करता है। अत: नियमित व्यायाम स्वस्थ जीवन एवं हृदय रोग से मुक्ति के लिए अत्यन्त आवश्यक है।

2. फोलिक एसिड (Folic Acid)

कुछ विशिष्ट प्रकार के अमीनोएसिड के पचाने की क्रिया में होमोसिस्टीन (Homocysteine) नामक पदार्थ बनता है, जिसे शरीर तुरन्त ही सिस्टीन नामक पदार्थ में परिवर्तित कर देता है। यदि शरीर में फोलिक एसिड, जो 'बी' कम्पलेक्स ग्रुप के विटामिनों का एक घटक है, की कमी हो, तो खून में होमोसिस्टीन की मात्रा बढ़नी शुरू हो जाती है। कुछ वर्षों से यह धारणा बन रही थी कि होमोसिस्टीन की अधिक मात्रा हृदय रोग का कारण बनती है। यह धारणा अब परीक्षणों से पुष्ट हो चुकी है एवं चिकित्सकों ने होमोसिस्टीन की अधिकता को हृदय रोग के कारक के रूप में स्वीकार कर लिया है। फोलिक एसिड नियमित रूप से लेने से बढ़ा हुआ होमोसिस्टीन तुरन्त ही नियंत्रित हो जाता है। फोलिक एसिड के साथ विटामिन 'बी' 6 एवं विटामिन 'बी' 12 लेना उपयोगी रहता है।

3. ऐंडोथिलीयल दुष्क्रिया (Endothelial Dys Function)

कुछ वर्ष पहले तक चिकित्सा जगत धमनियों को मात्र रक्तवाहिनी नलिकाओं के रूप में ही देखता रहा था, लेकिन अब यह प्रमाणित हो चुका है कि धमनियों की भीतरी सतह एक अत्यन्त महत्त्वपूर्ण अन्त:श्रावी (Endocrine) ग्रन्थि के रूप में कार्य करती है एवं धमनी की आंतरिक सतह के नीचे स्थित एंडोथिलीयल कोषिकाएं कई रसायनों का निर्माण करती हैं, जो धमनी को स्वस्थ और उसका लचीलापन बनाए रखने में सहायक होते हैं। एंडोथिलीयम से श्रवित रासायनिक द्रवों को ई.डी.आर.एफ (एंडोथिलीयम डिराइव्ड रिलेक्सिंग फेक्टर) नाम दिया गया है। इसमें प्रमुख अंश नाइट्रिक ऑक्साइड का होता है। फ्री रेडीकल्स के कारण क्षतिग्रस्त हुई धमनियों से नाइट्रिक ऑक्साइड के निर्माण में अवरोध आता है एवं धमनियां रुग्ण होकर कठोर होने लगती हैं। नाइट्रिक ऑक्साइड के प्रभाव एवं हृदय रोग चिकित्सा में इसके प्रयोग की संभावनाओं पर आजकल शोधकार्य वृहत स्तर पर चल रहा है।

4. संक्रमण (Infection)

कुछ शोध पत्र ऐसे भी प्रकाशित हुए हैं, जिनसे यह निष्कर्ष निकाला गया है कि कुछ विशिष्ट प्रकार के वायरस एवं जीवाणुओं (Bacteria) के संक्रमण से भी धमनियां क्षतिग्रस्त हो जाती हैं एवं उनमें एथीरोस्किलिरोसिस की प्रक्रिया प्रारम्भ हो जाती है।

5. लिपिड (Lipids)

खून में विद्यमान सभी प्रकार के कोलस्ट्रोल एवं वसा (ट्राइग्लिसराइड) को सामूहिक जो नाम दिया गया है, वह है लिपिड। अध्याय पांच में इनके संबंध में पर्याप्त जानकारी दी गई है।

खून में कोलस्ट्रोल की बढ़ी हुई मात्रा हृदय रोग का कारक माना जाता रहा है। अब जो अध्ययन हुए हैं, उनसे ये निष्कर्ष निकले हैं कि एल.डी.एल. प्रकार के कोलस्ट्रोल की मात्रा अधिक होना ज्यादा खतरनाक है। एल.डी.एल. में अत्यन्त छोटे कणों वाला घटक होता है, जिसे लाइपो प्रोट्रीन (ए) {Lp (a)} नाम दिया गया है, जो धमनियों में जमाव के लिए सबसे अधिक दोषी तत्व के रूप में पहचाना गया है। इसलिए खून में एल.डी.एल. की मात्रा नीची रखे जाने पर अधिक जोर दिया जाने लगा है। खून में ट्राइग्लिसराइड की अधिक मात्रा भी चर्चा का विषय रही है। कुछ शोधकर्ता इसे हृदय रोग के कारक के रूप में स्वीकार करने लगे हैं, जबकि अन्य का मत है कि ट्राइग्लिसराइड्स का आधिक्य अपने आप में तो कारक नहीं है, परन्तु अन्य कारकों के साथ मिलकर यह रोग की संभावनाओं को बढ़ा देता है।

अत: इसकी मात्रा को भी नियंत्रित रखा जाना वांछनीय है। अनेक विद्वान् अब मोटापे को भी हृदय रोग के लिए स्वतंत्र कारक के रूप में स्वीकार करने लगे हैं।

कोलस्ट्रोल की मात्रा को नियंत्रित करने में चिकित्सा जगत को स्टेटिन (Statin) ग्रुप की दवाओं के रूप में सबसे कारगर हथियार प्राप्त हो गया है। इस ग्रुप की पहली दवा लोवा स्टेटिन का उल्लेख अध्याय छ: में किया गया है। लोवा स्टेटिन के अतिरिक्त इसी ग्रुप की पांच अन्य दवाओं को अब अमेरिकी दवा विभाग की प्रामाणिकता प्राप्त हो चुकी है, जिनके नाम हैं, प्रैवा स्टेटिन, सिमीवा स्टेटिन, एटोरवा स्टेटिन, फलूवा स्टेटिन एवं सेरीबा स्टेटिन। एल.डी.एल. कोलस्ट्रोल एवं ट्राइग्लिस राइड्स की मात्रा घटाने में एटोरवा स्टेटिन सबसे कारगर दवा सिद्ध हुई है। ये सभी दवाएं एच.डी.एल. अर्थात् अच्छे कोलस्ट्रोल की मात्रा को भी बढ़ाती हैं, जिससे इनकी उपयोगिता बढ़ जाती है, लेकिन इस प्रयोजन हेतु प्रैवा स्टेटिन व सिमीवा स्टेटिन ज्यादा उपयोगी हैं।

कोलस्ट्रोल की मात्रा घटाने में फाइबर (Fibre) की उपयोगिता भी विभिन्न अध्ययनों के माध्यम से सिद्ध हुई है। ईसबगोल की भूसी, ग्वार गोंद (Guar Gum) एवं अमरूद, सेव व नीबू प्रजाति के फलों में विशेष रूप से पाया जाने वाला पेक्टिन (Pectin) नामक पदार्थ विशेष रूप से उपयोगी सिद्ध हुए हैं। यहां यह उल्लेख किया जाना भी आवश्यक है कि स्टेटिन ग्रुप की दवाएं ट्राइग्लिसराइड की मात्रा घटाने में कारगर नहीं है। इसके लिए निकोटिनिक एसिड या फाइब्रेट (Fibrates) ग्रुप की दवाएं उपयोगी हैं।

6. ओमेगा 3 फैटी एसिड (Omega 3 Fatty Acid)

अनेक प्रयोगों एवं अध्ययनों से अब यह तथ्य पूर्णतया सिद्ध हो चुका है कि मछली के तेल में पाया जाने वाला ओमेगा 3 फैटी एसिड हृदय रोग को रोकने में बहुमूल्य भूमिका निभाता है। इससे खून में एल.डी.एल. एवं ट्राईग्लिसराइड की मात्रा घटती है एवं यह धमनियों में कोलस्ट्रोल के जमाव पर रोक लगाता है। शाकाहारियों के लिए शुभ सूचना यह है कि अलसी (Flaxseed) के तेल में ओमेगा 3 फैटी एसिड की मात्रा मछली के तेल से कई गुना अधिक है। इसके अतिरिक्त इसमें एक अन्य उपयोगी तत्व ओमेगा 6 फैटी एसिड भी पाया जाता है। अत: दो चाय के चम्मच बराबर अलसी का तेल दवा के रूप में प्रतिदिन लेना हितकारी है। सावधानी यह बरतें कि अलसी के तेल को गर्म नहीं करें अथवा सब्जी आदि में छोंक के रूप में इस्तेमाल नहीं करें।

7. सूखे मेवे (Nuts)

विभिन्न प्रकार के सूखे मेवे हृदय रोग को रोकने में बहुमूल्य योगदान दे सकते हैं, यह तथ्य अब पूर्णतया प्रमाणित हो चुका है। पौष्टिकता में इनका कोई सानी नहीं है। इनमें हृदय

हितकारी असंतृप्त वसा तो होती ही है, लेकिन इसके अतिरिक्त इनमें विटामिन 'ई', फाइबर, मैगनिशियम, पोटाशियम भी प्रचुर मात्रा में उपलब्ध है। इनमें पाए जाने वाले आरजीनाइन (Arginine) नामक पदार्थ से शरीर में नाइट्रिक ऑक्साइड का निर्माण होता है, जो धमनियों को लचीला बनाए रखता है। बादाम एवं अखरोट के नियमित सेवन से एल.डी.एल. की मांत्रा में 8 से 12 प्रतिशत की कमी आना प्रमाणित हुआ है एवं हृदय रोग की संभावना में 30 से 50 प्रतिशत की कमी आ सकती है। बादाम का सेवन सबसे अधिक उपयोगी है। अखरोट, मूंगफली (भुनी हुई, तली हुई नहीं), काजू एवं पिस्ते भी समान रूप से हितकारी हैं। इनका नियमित उपयोग होना चाहिए, लेकिन सीमित मात्रा में। दस बादाम के भार से अधिक मेवों का सेवन उचित नहीं होगा। काजू भी तला हुआ नहीं लें।

8. रोग निदान (Diagonosis)

किसी भी रोग का निदान यदि समय से हो जाए, तो न केवल इलाज आसान हो जाता है, बल्कि निरोधन अर्थात् रोकथाम भी संभव हो जाता है। कैंसर की तरह हृदय रोग का निदान, रोग प्रारम्भ होने से पूर्व अथवा प्रारम्भिक अवस्था में नहीं हो पाता। निदान क्षेत्र में भी शोधकार्य एवं तकनीक विकास का कार्य जोरों से चल रहा है। हारवर्ड में कार्यरत वैज्ञानिकों ने खून में C. Reactive Protein नामक तत्व की मात्रा नापने की जांच विधि ईजाद की है, जिससे हृदय रोग होने से दस साल पहले, रोग की संभावनाओं का अंदाज लगाया जा सकता है।

गर्दन की धमनियों की सोनोग्राफी की एक ऐसी विधि ईजाद कर ली गई है, जिसके आधार पर हृदय की धमनियों में रोग का निदान संभव है। व्यापारिक स्तर पर मशीनें आदि उपलब्ध होने में तीन-चार साल लगने की संभावना है। कोरोनरी धमनियों में जमाव के निदान के लिए विशिष्ट प्रकार की C.T. Scan मशीनें बना ली गई हैं, लेकिन कीमत है लगभग बीस लाख डालर। अत: भारत में इनका उपयोग कुछ सालों तक संभव नहीं लगता। हृदय के M.R.I. टेस्ट की विधि का भी विकास कर लिया गया है, लेकिन अपने देश में इसका लाभ मिलने के लिए भी कुछ साल इंतजार करना पड़ेगा।

9. शल्य क्रिया (Surgery)

हृदय की धमनियों के अधिक रोगग्रस्त हो जाने पर बाईपास सर्जरी ही एक मात्र विकल्प है, जो महंगा तो है ही, बल्कि जोखिम-भरा भी है। इसमें हृदय के स्पंदन को बंद करना होता है एवं हृदय का काम हार्ट-लंग मशीन के द्वारा किया जाता है, जिसके कारण ऑप्रेशन के बाद कई परेशानियां खड़ी होती हैं। अब हॉलैंड के तकनीशियनों द्वारा विकसित एक ऐसी मशीन बाजार में आ गई है, जिसकी सहायता से धड़कते हुए दिल में बाईपास सर्जरी किया

जाना संभव हो गया है। इस मशीन, जिसको 'ऑक्टोपस' कहा जाता है, की सहायता से हृदय के केवल उस हिस्से को स्पंदन विहीन किया जाता है, जहां बाईपास करना है। इस मशीन को स्टेबिलाइजर भी कहते हैं। इस विधि से हजारों ऑपरेशन अब तक किए जा चुके हैं एवं नतीजे उत्साहवर्धक हैं। भारत में भी इस विधि से ऑप्रेशन हो चुके हैं। शल्यक्रिया में एक और विधि का विकास हुआ है, जिसे Minimally Invasive Surgery नाम दिया गया है। इसमें कोई चीरा लगाने या छाती को खोलने की आवश्यकता नहीं पड़ती। मात्र एक छेद करके कथीटरनुमा यंत्र के माध्यम से सारा काम किया जाता है। इस विधि का विकास हृदय रोग शल्यक्रिया क्षेत्र में नई आशाएं जगाती हैं। सबसे क्रांतिकारी विकास जो हो रहा है, वह है रोबोट (Robot) के माध्यम से शल्यक्रिया, जिसमें सर्जन कंप्यूटर स्क्रीन के माध्यम से निर्देश करके रोबोट से शल्यक्रिया करवाता है। इस विधि से भी भारत में ऑप्रेशन किया जा चुका है।

लेजर किरणों से हृदय की मांसपेशियों में जमाव के कारण बंद हुई धमनियों के बजाए खून संचार स्थापित करने की विधि, जिसे P.T.M.R. कहा जाता है। विकसित कर ली गई है एवं इसका उपयोग बढ़ रहा है। हालांकि इसे अब तक पूर्णरूपेण स्थापित एवं स्वीकृत विधि नहीं कहा जा सकता।

10. एंजिओप्लास्टी (Anjioplasty)

एंजिओप्लास्टी विधि से खोली हुई धमनी के दुबारा सिकुड़ जाने की समस्या से चिकित्सा जगत प्रारम्भ से ही जूझ रहा है। स्टेंट के प्रयोग की जानकारी पुस्तक में दी जा चुकी है। टैक्सास विश्वविद्यालय में एक विधि खोजी गई है, जिसमें एंजिओप्लास्टी करने के बाद खोली गई धमनी में खून के थक्के (Clot) को घोलने वाली दवाएं संचरित की जाती हैं। खोजकर्ता चिकित्सक का दावा है कि इसके बाद धमनियां पुनः नहीं सिकुड़तीं।

कुछ इज़राइली चिकित्सकों ने उच्च ध्वनि तरंगों से खून के थक्कों को तोड़ सकने वाला यंत्र ईजाद किया है, जिसकी सहायता से हृदयाघात से पीड़ित रोगियों की धमनियों को खोलने में सफलता पाई है।

11. जीन (Gene) थैरेपी एवं नई धमनियों का विकास

चिकित्सा जगत यह जानता है कि हृदय रोग पर विजय प्राप्त तभी होगी, जब रोगग्रस्त धमनी का स्थान लेने के लिए नई धमनियों का स्वतः विस्तार करने की कोई विधि खोज ली जाए। कुछ दवाएं खोज भी ली गई हैं, जिनके अच्छे परिणाम आए हैं, लेकिन जीन चिकित्सा आधारित जो कार्य हो रहा है, उसके बहुत उत्साहजनक परिणाम आ रहे हैं। पैरों की रोगग्रस्त धमनियों के स्थान पर स्वस्थ धमनियों के विस्तार में काफी सफलता मिली है।

हृदय की मांसपेशियों में भी नई धमनियां विकसित करने के कुछ प्रयोग सफल हुए हैं।

अमेरिका एवं कनाडा के एक शोध दल ने तो मानव कोषिकाओं से कृत्रिम रक्त नलिका का निर्माण कर लिया है, जिससे यह संभावना बनती है कि भविष्य में बाईपास के लिए रोगी के पैर से शिरा निकालने की आवश्यकता नहीं पड़ेगी एवं कृत्रिम धमनी बाजार में मिलने लगेगी। इससे भी अधिक सनसनीखेज खबर यह है कि ब्रिटेन, अमेरिका, कनाडा एवं स्विटज़रलैंड के शोधकर्ताओं का एक दल कृत्रिम मानव हृदय के निर्माण में जुटा हुआ है। अब तक की प्रगति से ये लोग आशावान हैं कि उन्हें शीघ्र ही सफलता मिल जाएगी। ऐसे रुग्ण हृदय वाले रोगी, जिन्हें किसी अन्य स्वस्थ हृदय वाले मृतक के हृदय को ट्रान्सप्लांट करके ही बचाया जा सकता है, हृदय न मिल पाने के कारण मर जाते हैं। कृत्रिम हृदय जब उपलब्ध हो जाएंगे, तो ऐसे रोगियों की प्राण रक्षा भी संभव हो जाएगी।

12. विज्ञान में अध्यात्म की पुट

अंत में एक रोचक वैज्ञानिक शोध की जानकारी। अमेरिका के एक अस्पताल में यह अध्ययन किया गया कि क्या रोगी के लिए की गई प्रार्थना उसके स्वास्थ्य लाभ में सहायक होती है? अध्ययन को पूर्णतया गुप्त रखा गया। इसके लिए कुछ स्वयं सेवकों को चुना गया, जिन्हें बताए गए रोगी के स्वास्थ्य लाभ हेतु प्रार्थना करनी थी, लेकिन उन्हें रोगी से मिलवाया नहीं गया। केवल नाम ही बताए गए। अध्ययन प्रारम्भ होने के बाद जो पहला रोगी भर्ती हुआ, उसके लिए प्रार्थना करवाई गई। दूसरे के लिए नहीं। तीसरे के लिए प्रार्थना करवाई गई, चौथे के लिए नहीं। कुल मिलाकर 350 रोगियों पर यह अध्ययन हुआ, जिनमें से आधे ऐसे थे, जिनके लिए प्रार्थना की गई थी एवं अन्य ऐसे थे, जिनके लिए प्रार्थना नहीं की गई। किसी भी रोगी को यह जानकारी नहीं दी गई थी कि उनके संबंध में कोई ऐसा अध्ययन किया जा रहा है।

निष्कर्ष चौंकाने वाला था। जिनके लिए प्रार्थना की गई थी, वे रोगी तुलनात्मक रूप से शीघ्र स्वस्थ हुए एवं मृत्यु का ग्रास होने से भी बचे।

हम भारतीयों का विश्वास है कि बड़े बूढ़ों का आशीर्वाद एवं हितैषियों द्वारा की गई प्रार्थना फलदायक होती है। उक्त अध्ययन से इस धारणा की पुष्टि होती है। संभवत: वैज्ञानिक खोज जब चरम सीमा पर पहुंच जाती है, तो वह अध्यात्म के क्षेत्र में प्रवेश कर जाती है।

प्रश्न: बहुत-से ऐसे लोगों को भी दिल का दौरा पड़ जाता है, जिनके खून में कुल कोलस्ट्रोल की मात्रा 200 मि.ग्रा. से कम होती है। ऐसा क्यों?

उत्तर: हृदय रोग के कई कारक हैं, जिनकी जानकारी आप पुस्तक में प्राप्त कर चुके हैं। कोलस्ट्रोल की मात्रा अधिक होना हृदय रोग का मुख्य कारक है, लेकिन नवीनतम शोध से यह पता लगा है कि एल.डी.एल. (बुरे कोलस्ट्रोल) एवं एच.डी.एल. (अच्छे कोलस्ट्रोल) के अनुपात का अत्यन्त महत्त्व है। एच.डी.एल. की मात्रा कम होना भी खतरे को बहुत बढ़ा देता है। जिन व्यक्तियों में एच.डी.एल. 25 मि.ग्रा. से कम होता है, उनमें हृदय रोग होने की संभावना 18 प्रतिशत होती है। यह मात्रा यदि 45 से ऊपर हो जाए, तो यह संभावना मात्र 5 प्रतिशत ही रह जाएगी। खतरे की संभावना जानने के लिए कुल कोलस्ट्रोल के साथ एल.डी.एल. एवं एच.डी.एल. का अनुपात बहुत महत्त्व रखता है। यदि कुल कोलस्ट्रोल के साथ एच.डी.एल. का अनुपात 6 से अधिक है एवं इसी प्रकार कुल कोलस्ट्रोल के साथ एल.डी.एल. का अनुपात 4 से ज्यादा है, तो समझ लेना चाहिए कि हृदय रोग होने अथवा दिल का दौरा पड़ने का खतरा बहुत अधिक है।

प्रश्न: मोटापे को भी हृदय रोग का कारक माना गया है। कैसे जानें कि कोई व्यक्ति मोटा है अथवा नहीं एवं यदि है, तो कितना?

उत्तर: चिकित्सा जगत इसके लिए Body Mass Index (B.M.I.) निकालने के लिए एक फॉरमूले का अनुसरण करता है, जो इस प्रकार है:

जितने किलोग्राम भार हो, उसकी जितने मीटर ऊंचाई है, उस संख्या के वर्ग की संख्या से भाग दे दें। इस प्रकार जो संख्या आएगी, वह बी.एम.आई. होगा।

उदाहरण के लिए मान लें कि भार 72.7 किलोग्राम है एवं ऊंचाई 1.7 मीटर है, तो 72.7 किलोग्राम को 1.7 के वर्ग अर्थात् 1.7 x 1.7 = 2.89 से भाग देगें, जिसके फलस्वरूप 72.7 ÷ 2.89) संख्या आएगी 25.2 अर्थात् उस व्यक्ति का बी. एम. आई. हुआ 25.2। बी.एम.आई. के आधार पर मोटापे की स्थिति नीचे लिखे अनुसार ज्ञात करें–

बी.एम.आई. 40 से ऊपर	बहुत अधिक मोटापा
बी.एम.आई. 30 से 40	अधिक मोटा
बी.एम.आई. 25 से 29.9	थोड़ा मोटा
बी.एम.आई. 20 से 24.9	वांछनीय भार

25

सवाल-जवाब

प्रश्न : कोलस्ट्रोल की मात्रा कितनी रहनी चाहिए, जिससे हृदय रोग होने का खतरा नहीं रहे ?

उत्तर : खून में कोलस्ट्रोल की मात्रा अधिक होना हृदय रोग का एक प्रमुख कारण माना जाता है लेकिन यह एकमात्र कारक नहीं है । अन्य कारक भी हृदय रोग पैदा करने के लिए उत्तरदायी माने जाते हैं । पहले 250 मिलीग्राम तक की कोलस्ट्रोल की मात्रा सामान्य मानी जाती थी लेकिन अब अधिकांश विशेषज्ञ यह मानने लगे हैं कि यह मात्रा 200 मिलीग्राम से कम रहे तो अधिक सुरक्षा है ।

प्रश्न : यदि कोलस्ट्रोल और भी घटा लिया जाए तो क्या और अच्छी बात नहीं होगी?

उत्तर : कोलस्ट्रोल को घटाना इतना आसान नहीं है । इसके लिए पूरी जीवन शैली में परिवर्तन करना होता है । यदि आपका वजन निर्धारित मापदण्ड से अधिक नहीं है और कोलस्ट्रोल 200 मि.ग्रा. से कम है तो चिन्ता करने की जरूरत नहीं है। कुछ शोध परिणाम ऐसे भी आए हैं कि कम कोलस्ट्रोल होना भी उतना ही हानिकारक है, जितना ज्यादा होना । 'न्यूयार्क टाइम्स' में प्रकाशित एक रिपोर्ट के अनुसार 160 से कम कोलस्ट्रोल वाले व्यक्तियों में कुछ खास तरह के कैंसर एवं फेफड़ों की बीमारियां होने का खतरा अधिक रहता है । स्वीडन में किए गए एक अध्ययन के अनुसार जिन पुरुषों में (महिलाओं में नहीं) कोलस्ट्रोल नीचा होता है, उनमें आत्महत्या करने की प्रवृत्ति प्रबल होती है । अधिकांश विशेषज्ञों ने इस अध्ययन के नतीजों को विश्वसनीय नहीं माना है। इसके विपरीत कुछ विशेषज्ञ हृदय रोगियों को कोलस्ट्रोल 150 तक घटाने की राय देने लगे हैं ।

प्रश्न : कोलस्ट्रोल घटाने का सबसे उत्तम तरीका ?

उत्तर : कोलस्ट्रोलयुक्त खाद्य खाना बिलकुल बन्द कर दें और वसा की मात्रा भी घटा दें, विशेषकर संतृप्त वसा की । नियमित हल्का व्यायाम इसमें सहायक है । दवाएं भी हैं लेकिन वे समस्याएं पैदा करती हैं ।

प्रश्न : क्या कोई ऐसी दवा नहीं है, जो धमनियों में जमी हुई चर्बी (प्लेक) को घोल कर खत्म कर दे ?

उत्तर : ऐसी दवा की खोज बड़े पैमाने पर चल रही है । 'कीलेशन' का जिक्र पुस्तक में किया जा चुका है । अभी तक कोई प्रामाणिक दवा बाजार में नहीं आई है। लगभग दो साल पहले इस आशय की रिपोर्ट छपी थी कि सोवियत संघ के वैज्ञानिकों ने 'स्ट्रेटोडेफार्स' नामक दवा का निर्माण कर लिया है जो धमनियों के जमाव को खत्म करके, रक्त-प्रवाह को बिलकुल सामान्य कर देती है । यह दवा बाजार में आई अथवा नहीं, इसकी जानकारी नहीं है ।

प्रश्न : दिल के दौरे के साथ-साथ दिमागी दौरे (Stroke) का जिक्र भी पुस्तक में किया गया है । ऐसा क्यों ?

उत्तर : इसलिए कि दोनों का कारण बहुधा एक ही है–धमनियों में चर्बीनुमा पदार्थ और कैलशियम का जमाव । कोरोनरी धमनियों का जमाव दिल के दौरे का कारण बनता है जबकि दिमाग में खून ले जाने वाली धमनियों का जमाव दिमाग के दौरे का जिसका परिणाम पक्षाघात अथवा मृत्यु होती है ।

प्रश्न : हृदय रोग के नियन्त्रण के लिए दो सबसे अच्छी दवाएं कौन-सी हैं ?

उत्तर : अखिल भारतीय आयुर्विज्ञान संस्थान के हृदय रोग विशेषज्ञ डॉ. एच.एस. वसीर के शब्दों में, "मुझे ऐसी दो दवाओं का पता है, जो हृदय की ऑक्सीजन की आवश्यकता को घटा देती हैं, हृदय की धड़कन में आई अनियमितता को दूर कर देती हैं; उच्च रक्तचाप को सामान्य कर देती हैं; खून के संचरण गुण को बढ़ा देती हैं तथा थक्का बनने पर रोक लगाती हैं; बुरे कोलस्ट्रोल को कम करती हैं और अच्छे कोलस्ट्रोल को बढ़ाती हैं एवं इस प्रकार जो हर प्रकार से हृदय के लिए हितकारी हैं और वह भी बिना किसी अन्य दुष्प्रभाव के । ये दो दवाएं हैं:–

1. नियन्त्रित चित्त के माध्यम से प्राप्त मानसिक विश्रांति एवं

2. शारीरिक व्यायाम ।"

प्रश्न : हृदय रोग से बचाव हेतु कौन-सी दो बातों का विशेष ध्यान रखें ?

उत्तर : हमारे राजस्थान तथा हरियाणा की एक पुरानी कहावत है, "गूँगो का तो खा मर, का ऊंचा मरै ।" अर्थात् नासमझ (अल्प बुद्धि या पागल) आदमी या तो अधिक खाने से मरता है या फिर अधिक भार उठाकर (क्षमता से अधिक मेहनत करके) मरता है । लगता है, खाने के मामले में हममें से अधिकांश व्यक्ति गूँगे (नासमझ) ही हैं । हम न केवल आवश्यकता से अधिक खाते हैं बल्कि जो नहीं खाना चाहिए

वह खाते हैं और जो खाना चाहिए, वह नहीं खाते हैं । न केवल हृदय रोग बल्कि अधिकांश बीमारियां गलत खानपान की ही उपज हैं । अत: पहली महत्त्वपूर्ण बात है आहार-सम्बन्धी आदतों में स्थायी सुधार । जहां तक भार उठाकर मरने वाले अंश का प्रश्न है, हम समझदार लोगों ने कहावत को उल्टा कर दिया और भार न उठाकर (अर्थात् आरामतलबी से) मरने की नई राह खोज ली । शारीरिक श्रम विहीन आरामतलबी की जिन्दगी से बची-खुची बीमारियों के लिए हम प्रवेश-द्वार खोल देते हैं । अत: सलाह है खाओ कम, हाथ-पैर चलाओ ज्यादा।

प्रश्न : *हृदय रोग पैदा करने वाले तीन बड़े खतरे किन्हें मानें ?*

उत्तर : मानव संरचना एवं प्रकृति इतनी जटिल है कि यह नहीं कहा जा सकता कि किस व्यक्ति में कौन-सा कारक कितना दुष्प्रभाव डालता है । फिर भी अध्ययनों से जो निष्कर्ष निकले हैं, उनके आधार पर तीन बड़े खतरे हैं:-

1. धूम्रपान
2. उच्च रक्तचाप
3. उच्च कोलस्ट्रोल तथा उच्च ट्राईग्लिसराइड ।

प्रश्न : *हमने देखा है कि कुछ लोग खूब खाते हैं, खूब नशा करते हैं और फिर भी न केवल स्वस्थ रहते हैं बल्कि लम्बी उम्र जीते हैं । इसके विपरीत कुछ लोग परहेजी जिन्दगी जीते हुए भी कम उम्र में मर जाते हैं । फिर क्यों न जिन्दगी के सभी आनन्द लिए जाएं ?*

उत्तर : यह सही है कि कुछ लोग स्वास्थ्य के सभी नियमों को झुठलाते हुए नजर आते हैं परन्तु इसका मतलब यह नहीं हुआ कि स्वास्थ्य के नियम झूठे हैं । जीवन के छुपे रहस्यों को अभी तक कोई नहीं जान पाया है । यह अब भी एक पहेली है। यही कहना होगा कि ईश्वर ने कुछ लोगों के शरीर की संरचना ही ऐसी की है कि वे इसके साथ सभी तरह के खिलवाड़ करते हुए भी स्वस्थ बने रहते हैं । इसके विरीत कुछ अन्य का दुर्भाग्य यह है कि सभी तरह का ध्यान रखते हुए भी अच्छा स्वास्थ्य उनके लिए सदा ही मृग मरीचिका बनी रहती है । ऐसे लोग यदि स्वास्थ्य का ध्यान नहीं रखेंगे, तो सम्भवत: साल-दो-साल भी नहीं निकाल पाएंगे । दोनों तरह के लोग अपवादस्वरूप ही होते हैं ।

पहले प्रकार के लोगों के लिए वैज्ञानिक यह मानते हैं कि उनके शरीर में कुछ न कुछ ऐसा होता है जो उनके स्वास्थ्य की रक्षा करता है । इस 'कुछ न कुछ' को **'पी' फैक्टर** नाम दिया गया है । ऐसे लोगों को आदर्श मानकर संयम्मित एवं

संतुलित जीवन को तिलांजलि देना समझदारी नहीं है । पिछले दिनों खबर थी कि एक बच्चा दसवीं मंजिल से गिर जाने के बाद भी चोटग्रस्त नहीं हुआ । क्या इससे प्रोत्साहित होकर कोई दसवीं मंजिल से छलांग लगाना चाहेगा ?

प्रश्न : कुछ लोग खूब खाते हैं और फिर भी मोटे नहीं होते, जबकि इसके विपरीत कुछ लोग 'डाइटिंग' करते हुए भी मोटे होते रहते हैं, ऐसा क्यों ?

उत्तर : यहां भी स्थिति पहले जैसी ही है । कुछ लोगों के शरीर का चयापचय (Metabolism) ऐसा विशिष्ट होता है कि खूब घी, मक्खन एवं मीठा खाते हुए भी वे मोटे नहीं होते जबकि अन्य कुछ लोग कम खाने पर भी मोटे हो जाते हैं। परन्तु वास्तविकता यह होती है कि वे कम खाते नहीं हैं, उन्हें लगता है कि वे कम खाते हैं। उस समय तक कोई मोटा नहीं होगा, जब तक दिन भर में जितनी कैलोरी खर्च होती है, उससे अधिक कैलोरी भोजन के रूप में ग्रहण नहीं करता हो । इसलिए जो व्यक्ति यह समझता हो कि वह पानी भी पीता है तो वह भी उसके अंग लग जाता है अर्थात् मोटापा बढ़ा देता है, तो वह छलावे में है । ऐसा व्यक्ति भी अपने आहार में सही संशोधन करके मोटापे को कम कर सकता है।

प्रश्न : हृदय के स्वास्थ्य के लिए घी-तेल युक्त चीजें कम खाने की सलाह दी जाती है, लेकिन बच्चों के लिए तो ये जरूरी हैं । क्या उन्हें भी परहेज की जरूरत है ?

उत्तर : यह सही है कि बढ़ते हुए बच्चों को शरीर के वजन के अनुसार बड़ों की अपेक्षा अधिक कैलोरी की आवश्यकता होती है, लेकिन अधिक वसा उनके लिए भी उपयोगी नहीं है । हमारी सामाजिक धारणा कुछ ऐसी है कि ताकत देशी घी अथवा तेल खाने से ही आती है । यही कारण है कि अधिकांश माता-पिता अपने बच्चों को आवश्यकता से अधिक वसा एवं कोलस्ट्रोलयुक्त चीजें खिलाते हैं । अधिक वसायुक्त भोजन से शरीर में अधिक मात्रा में वसा कोशिकाएं (Adipose Cells) या फैट सेल बन जाते हैं जो आगे चलकर समस्या बन जाते हैं, क्योंकि जिसके शरीर में फैट सेल जितने अधिक होंगे, उस व्यक्ति में मोटापे की प्रवृत्ति उतनी ही अधिक होगी ।

प्रश्न : हृदयाघात हो जाने के बाद क्या पति-पत्नी सम्बन्ध पूर्ववत् चालू रखे जा सकते हैं या सहवास में कोई खतरा है ?

उत्तर : हृदयाघात के बाद स्वास्थ्य लाभ करके जब रोगी पुन: अपनी दिनचर्या में प्रविष्ट हो जाता है, तो वह बिना किसी आशंका के सहवासीय सम्बन्ध स्थापित कर सकता है । जो सावधानी सीढ़ियां चढ़ने अथवा अचानक श्रम वाले काम करने में बरती जाती है, उसी प्रकार की सावधानी यहां भी रखे जाने की आवश्यकता

है। अपने मनोभावों पर नियन्त्रण रखते हुए धीरज से जो भी काम किया जाए, वह अच्छा होता है । यह नियम यहां भी लागू है ।

प्रश्न : कुछ लोगों को यह शिकायत करते सुना है कि नाइट्रेट की गोली से उन्हें बेहोशी आ गई, ऐसा क्यों ?

उत्तर : अधिक उम्र के रोगियों में कभी-कभी ऐसा हो जाता है । ऐसा रक्तचाप के अचानक कम हो जाने के कारण होता है । यदि यह सावधानी बरती जाए कि गोली खड़े-खड़े या सीधे बैठे हुए नहीं लेकर लेटे हुए या आराम कुर्सी पर बैठ कर ली जाए, तो बेहोशी आने की सम्भावना नहीं रहेगी ।

प्रश्न : निम्न रक्तचाप किसे कहते हैं ? क्या उच्च रक्तचाप की तरह से निम्न रक्तचाप भी एक बीमारी है ? इसके क्या नुकसान हैं ?

उत्तर : यदि रक्तचाप 100/60 से नीचा रहता हो तो इसे निम्न रक्तचाप कहा जाएगा। इसे उच्च रक्तचाप की तरह बीमारी मानना उचित नहीं है, क्योंकि लगातार रहने वाले निम्न रक्तचाप का कोई दुष्प्रभाव शरीर पर पड़ता हो, ऐसा सिद्ध नहीं हुआ है । बल्कि यह बात प्रमाणित है कि निम्न रक्तचाप वाले व्यक्ति अक्सर दीर्घजीवी होते हैं । निम्न रक्तचाप वाले व्यक्तियों को थकावट जल्दी आती है और लगातार सुस्ती भी बनी रहती है । चक्कर आने अथवा बेहोशी की शिकायत भी कभी-कभी हो जाती है । इसी कारण कई बार डॉक्टर निम्न रक्तचाप का भी इलाज करते हैं जबकि वास्तव में यह कोई बीमारी नहीं है ।

प्रश्न : क्या हृदयाघात केवल अमीर और शहरी लोगों की बीमारी नहीं है ?

उत्तर : जो सर्वेक्षण हुए हैं, उनसे यह धारणा गलत साबित हुई है । गरीबों में तथा ग्रामीण लोगों में भी यह बीमारी लगभग बराबर ही पाई जाती है । जो फर्क है, वह खानपान अथवा श्रम करने की आदत के कारण हो सकता है ।

प्रश्न : बहुत-से डॉक्टर भी धूम्रपान तथा मदिरापान करते हैं और मोटे भी होते हैं । सब कुछ जानते हुए भी वे ऐसा क्यों करते हैं ?

उत्तर : जिसे भले-बुरे का ज्ञान नहीं हो, उसे अज्ञानी कहते हैं । अज्ञानी को दोष नहीं दे सकते, क्योंकि उसे ज्ञान ही नहीं है । दुनिया में अधिकतर लोग 'ज्ञानी-अज्ञानी' किस्म के होते हैं अर्थात् किसी बुरी चीज के दुष्परिणाम का ज्ञान होते हुए भी अज्ञानी बने रहना।

धूम्रपान, मदिरापान और मोटापे के अलावा बहुत-सी अन्य चीजें शरीर को नुकसान पहुंचाने वाली होती हैं । जैसे कि लिपस्टिक, मस्कारा, चेहरे पर मेकअप

आदि के सौंदर्य प्रसाधन । ये सभी चीजें त्वचा के स्वास्थ्य के लिए हानिकारक हैं । ऊंची एड़ी के सैंडल रीढ़ की हड्डी का रोगी बनाते हैं । फिर भी ऐसी कितनी महिला चिकित्सक हैं, जो इनसे दूर रहती हैं ?

ज्ञान से हमेशा जागरूकता आ जाती हो, ऐसा नहीं होता । इच्छाशक्ति की कमी एक डॉक्टर में भी उतनी ही कम हो सकती है, जितनी एक साधारण आदमी में। लेकिन प्रकृति एक डॉक्टर और साधारण आदमी में फर्क नहीं करती । स्वास्थ्य के नियमों की अवहेलना का दण्ड उन्हें भी साधारण आदमी की तरह भुगतना पड़ता है ।

प्रश्न : *क्या यह सही है कि कम उम्र में हुआ हृदयाघात घातक होता है ?*

उत्तर : हां, यह काफी हद तक सही है । जब धमनियों में जमाव और उनके कड़ेपन के कारण हृदय की मांसपेशियों को पूरी ऑक्सीजन नहीं मिल पाती तो एक प्रकार की आपद स्थिति उभरती है । प्रकृति इस आपद स्थिति से निपटने के लिए अपनी ओर से कुछ प्रयास करती है । यह प्रयास मुख्य धमनियों के बीच छोटी धमनियों का एक जाल बिछाने के रूप में होता है जिन्हें कोलेट्रल्स (Collaterals) अथवा एनैस्टोमोसेस (Anastomoses) कहते हैं । इनका फायदा यह होता है कि मुख्य धमनी यदि पूरी तरह बन्द भी हो जाती है तो कुछ रक्त-संचार इनके माध्यम से बना रहता है एवं इस प्रकार मांसपेशियां प्राणहीन होने से बच जाती हैं या यों कहिए कि नुक्सान कम होता है । यदि कम उम्र में ही हृदयाघात हो गया तो प्रकृति को अपना यह इन्तजाम करने का मौका ही नहीं मिलता।

प्रश्न : *मोटापा घटाने के लिए खानपान का अधिक महत्त्व है या व्यायाम का ?*

उत्तर : वैसे तो दोनों का ही महत्त्व है और दोनों एक-दूसरे के पूरक हैं । लेकिन प्रथम ध्यान खाने पर दिया जाना चाहिए, क्योंकि आवश्यकता से अधिक कैलोरी शरीर में पहुंचना इस बात पर निर्भर करता है कि हम किस प्रकार का खाना खाते हैं। संतुलित प्रकार का भोजन यदि अधिक मात्रा में भी खाया जाए तो भी मोटापा नहीं बढ़ता । वजन घटाने के लिए सबसे आवश्यक है भोजन में वसा की मात्रा घटाना । दूसरे-शक्कर एवं मीठे की मात्रा घटाना । यदि आप प्रतिदिन 100 ग्राम घी अथवा तेल भोजन में लेते हैं तो इससे 900 ग्राम कैलोरी ग्रहण कर लेते हैं। 100 ग्राम की जगह यदि 20 ग्राम रोज लेने लगें तो 720 कैलोरी प्रतिदिन की कटौती हो जाएगी ।

दूसरी तरफ एक घंटा प्रतिदिन घूमने में हम लगभग 215 कैलोरी खर्च करते हैं। घूमकर आने के बाद यदि एक पेस्ट्री अथवा दो जलेबी या एक लड्डू खा लेते

हैं तो एक घंटे में जितनी कैलोरी खर्च की थी, उससे अधिक कैलोरी ग्रहण कर लेते हैं । अत: विशेष ध्यान खानपान पर रखना होगा जबकि व्यायाम भी आवश्यक है ।

प्रश्न : वजन घटाने के लिए किस प्रकार का व्यायाम सर्वोत्तम है ?

उत्तर : इस संदर्भ में हम आपको डॉ. जेम्स रिप्पे, जो एक हृदय रोग विशेषज्ञ एवं शरीर विज्ञान व आहार विशेषज्ञ भी हैं, के विस्तृत अध्ययन के बारे में बताना चाहेंगे। उन्होंने 65 ऐसे लोगों का विस्तार से परीक्षण किया जो डाइटिंग कर रहे थे । इन्होंने अपने अध्ययन के बाद वजन कम करने वाले सभी लोगों को चार श्रेणियों में बांटा:–

1. जो व्यायाम बिलकुल नहीं करते थे । इनके वजन में 4 किलो की कमी हुई। लेकिन इसमें 11 प्रतिशत कमी मांसपेशियों के क्षरण से हुई थी ।

2. जो लोग कोई न कोई ऐरोबिक व्यायाम–जैसे घूमना, तैरना आदि करते थे; इनके वजन में 4.5 किलो की कमी हुई लेकिन इनमें मांसपेशियों का क्षरण केवल 1% था ।

3. जो ताकत बढ़ाने वाले व्यायाम जैसे भारोत्तोलन, डंबल, मुगदर घुमाना आदि व्यायाम करते थे; इनका 4 किलो वजन कम हुआ, लेकिन साथ ही साथ उनकी मांसपेशियों के भार में 9% की बढ़ोतरी हो गई ।

4. जिन्होंने ऐरोबिक और ताकत बढ़ाने वाले–दोनों ही प्रकार के व्यायाम किए। इनके वजन में 6 किलो की कमी आई तथा साथ ही मांसपेशियों के भार में 4 प्रतिशत की बढ़ोतरी हुई ।

उपरोक्त से स्पष्ट है कि डाइटिंग से वजन तो प्रत्येक श्रेणी वाले व्यक्ति का कम हुआ लेकिन ताकत बढ़ाने वाले व्यायामकर्ता (Strength trainer) ने मांसपेशियों के भार में बढ़ोतरी की, जो इसलिए फायदेमंद है कि मांसपेशियों का भार आनुपातिक रूप से जितना ज्यादा होगा, शरीर की कैलोरी काम में लेने की क्षमता उतनी ही बढ़ जाएगी ।

हृदय रोगियों को व्यायाम करते समय पुस्तक में बताई सामान्य सावधानियां रखने की आवश्यकता है ।

प्रश्न : एक किलोमीटर चलने के मुकाबले एक किलोमीटर दौड़ने में कितनी ज्यादा कैलोरी खर्च होगी ?

उत्तर : बराबर । क्योंकि चलने में समय ज्यादा लगेगा ।

प्रश्न : वसायुक्त भारी खाना खाने के बाद कुछ लोगों को एन्जाइना का दर्द हो जाता है ऐसा क्यों ?

उत्तर : वसा को पचाने के लिए पाचक संस्थान पर अधिक जोर पड़ता है और इस कारण से शरीर को ऑक्सीजन की आवश्यकता पड़ जाती है। ऐसा भोजन जिसमें वसा तथा कोलस्ट्रोल की मात्रा अधिक हो, उससे शरीर थ्रोमबोक्जेन (Thromboxane) नामक हारमोन को अधिक मात्रा में प्रवाहित करता है। यह हारमोन न केवल धमनियों में सिकुड़न पैदा करता है बल्कि खून में थक्का भी बनाता है। इसी कारण एन्जाइना का दर्द होता है। यही नहीं, कई बार हृदयाघात भी हो जाता है।

प्रश्न : क्या शरीर की संरचना एवं हृदय रोग का कोई सम्बन्ध है ?

उत्तर : यह प्रमाणित हो चुका है कि मोटे लोगों में हृदय रोग की सम्भावना अधिक होती है। मोटे दो तरह के होते हैं। पहले 'सेवनुमा' (Apple Shaped) कहलाते हैं, जिनके गर्दन और कमर के बीच ज्यादा चर्बी चढ़ी हुई होती है, विशेषकर पेट पर। दूसरे वे जो "नाशपातीनुमा" (pear shaped) कहलाते हैं अर्थात् जिनके कमर एवं नितंबों पर ज्यादा चर्बी होती है। यह पता चला है कि सेवनुमा अर्थात् बड़े से पेट वालों में हृदय रोग होने की सम्भावना आनुपातिक तौर पर अधिक होती है।

नाटे आदमियों में लम्बों की अपेक्षा हृदय रोग की सम्भावना अधिक होती है, ऐसा कुछ अध्ययनों से पता चला है। आपके शरीर की संरचना पर आपका कोई बस नहीं परन्तु यदि आपका वजन सामान्य से अधिक है तो वजन घटाकर हृदय रोग की सम्भावना को कम अवश्य कर सकते हैं।

■■

26

तत्त्व बिन्दु

- अच्छे स्वास्थ्य के लिए मोटापे की नींव बचपन में ही पड़ जाती है। इसलिए बच्चों को प्रारम्भ से ही अधिक वसा वाले भोजन नहीं खिलाएं।
- अपने भोजन के लिए निम्नलिखित बातों के प्रति जागरूक रहें :
  1. भोजन में वसा कम होनी जाहिए, विशेषकर संतृप्त वसा।
  2. चीनी का उपयोग अधिक नहीं हो।
  3. मौसमी फल एवं हरी पत्तेदार सब्जियां अधिक से अधिक खाई जाएं, जिससे पर्याप्त रेशा व खनिज प्राप्त होते रहें।
  4. मैदा, डिब्बाबन्द खाद्य पदार्थ एवं रिफाइन्ड तेलों का उपयोग कम से कम हो।
  5. कोलस्ट्रोलयुक्त पदार्थों का कम उपयोग करें।
- मोटापा न होने दें।
- नियमित व्यायाम करें।
- धूम्रपान नहीं करें, करते हों तो छोड़ दें।
- मदिरापान नहीं करें और करना ही हो तो सीमित मात्रा में।
- सदा शांत एवं प्रसन्नचित्त रहने का प्रयास करें। अकेले रहने के बजाय लोगों से घुलमिल कर रहने का प्रयास करें, दूसरों का भला चाहें एवं निस्वार्थ भाव से लोगों की मदद करें। दूसरों का भला चाहने से ही स्वयं का भला होता है। सदा यह बोध रहना चाहिए कि हम उन महापुरुषों के वंशज हैं, जो सदा समस्त प्राणियों को सुखी और स्वस्थ देखना चाहते थे:–

  "सर्वे भवन्तु सुखिनः सर्वे सन्तु निरामयाः।"

  यदि हृदय रोग हो चुका हो, तो उपरोक्त के अतिरिक्त निम्नलिखित बातों का और ध्यान रखें :
- अचानक दौड़ लगाने की स्थितियों से बचें। जैसे बस या गाड़ी पकड़ने के लिए अथवा दूध उफन रहा हो।

- इसी प्रकार जिस श्रम को करने की आदत नहीं हो, वह नहीं करें । कार को धक्का लगाना हो या स्टैपनी बदलनी हो तो दूसरों की मदद मांगें ।
- भार उठाकर सीढ़ियां न चढ़ें, अधिक भार भी न उठाएं ।
- अधिक गरिष्ठ भोजन नहीं करें ।
- भोजन करने के तुरन्त बाद पैदल नहीं चलें और श्रम वाला कोई काम नहीं करें ।
- मल अथवा मूत्र त्याग में अधिक जोर नहीं लगाएं ।
- जिन खेलों को देखने से उत्तेजना महसूस करते हों, उन्हें नहीं देखें ।
- गुस्सा एक प्रकार का अस्थायी पागलपन है । इस पागलपन से बचें ।
- जल्दबाजी एवं आतुर रहने का स्वभाव यदि हो, तो इसे छोड़ने का प्रयास करते रहें।
- दोपहर के भोजन के बाद 15 मिनट से आधा घंटे तक आराम अवश्य करें ।
- अधिक ठण्डे पानी से नहीं नहाएं एवं बिना पर्याप्त कपड़े पहने अधिक ठण्ड में नहीं निकलें ।
- तेजी, हड़बड़ाहट और जल्दबाजी से कार्य करने के बजाय धैर्य एवं शांति से कार्य करने की आदत डालें ।
- तेज गति से सीढ़ियां या चढ़ाई नहीं चढ़ें । आठ हजार फीट से अधिक ऊंचे पहाड़ी स्थानों पर नहीं जाएं ।

शब्दावली

आपने यह अनुभव किया होगा कि जब भी हम कभी किसी चिकित्सक के पास जाते हैं तो वह रोग निदान अथवा इलाज के संदर्भ में कुछ ऐसे शब्दों का प्रयोग करता है या चिकित्सा पर्ची पर लिखता है, जिनका मतलब हम नहीं जानते, परन्तु उनके बारे में जानने की जिज्ञासा होती है। हृदय रोग (इस्कीमिया, एन्जाइना, पॅक्टोरिस अथवा हृदयाघात) के संदर्भ में जो शब्द चिकित्सकों द्वारा अक्सर प्रयोग में लाए जाते हैं, उनका उल्लेख नीचे करते हुए यह बताया गया है कि उनका क्या अर्थ है, ताकि आप प्रयुक्त किए गए किसी भी शब्द को आसानी से ढूंढकर अपनी जिज्ञासा को शांत कर सकें। आवश्यक नहीं है कि इस शब्दावली में दिए गए शब्द का प्रयोग इस पुस्तक में हुआ ही हो। केवल उन्हीं पारिभाषिक शब्दों का चयन किया गया है, जिनसे आपका वास्ता इलाज के संदर्भ में कभी न कभी पड़ सकता है :

ANASTOMOSES: दो बड़ी धमनियों या शिराओं को मिलाने वाली पतली खून की नाड़ियों का जाल। इन्हें कोलेट्रल्स भी कहते हैं।

ANEURYSM: हृदय की दीवार या धमनी का वह हिस्सा जो कमजोर पड़कर गुब्बारे की तरह से फूल जाता है।

ANGINA: छाती का दर्द, जो इस कारण से होता है कि हृदय की मांसपेशियों को आवश्यकतानुसार ऑक्सीजन नहीं मिल पा रही है।

ANGIOGRAPHY: हृदय की धमनियों में एक्स-रे के लिए अपारदर्शी द्रव प्रवाहित करके एक्स-रे फोटो लेना, जिससे यह पता चल जाए कि यदि धमनी में जमाव है तो वह किस स्थान पर है एवं कितना है।

ANGIOPLASTY: कैथीटर के आगे लगे गुब्बारे को हृदय की धमनी में पहुंचाकर एवं गुब्बारे को फुलाकर धमनी के मुंह को चौड़ा कर देना।

AORTA: बाएं वैन्ट्रिकल से निकलने वाली बड़ी धमनी, जिसकी शाखाओं व उप-शाखाओं से खून शरीर के सब हिस्सों में पहुंचता है।

ARRHYTHMIA: हृदय की धड़कन का ताल में न रहकर अनियमित व अनियन्त्रित हो जाना।

ARTERIES: खून की वे नलियां जो खून को हृदय से शरीर के सभी अंगों में ले जाती हैं।

ATHEROMA: वसा, कोलस्ट्रोल एवं खून के कुछ घटकों का ऐसा मिश्रण, जो धमनियां की भीतरी दीवार पर जम जाता है।

ATHEROSCLEROSIS: ऐथीरोमा के कारण धमनियों के मुंह का संकरा हो जाना। इसे आर्टिरियो-स्किलिरोसिस भी कहते हैं।

BRADYCARDIA: हृदय की धड़कन की गति का बहुत अधिक धीमा पड़ जाना।

CARDIAC: हृदय-सम्बन्धी।

CARDIAC MASSAGE: तालबद्ध तरीके से छाती पर जोर देना व छोड़ना, जिससे बंद हुआ हृदय फिर से काम करना शुरू कर दे।

CARDIOMYOPATHY: हृदय की मांसपेशियों के क्षरण की एक बीमारी।

CARDIO VASCULAR: हृदय एवं रक्त नलिकाओं से सम्बन्धित।

CORONARY ARTERIES: वे धमनियां जो हृदय की मांसपेशियों में ऑक्सीजन युक्त खून पहुंचाती हैं।

CORONARY HEART DISEASE (C.H.D.): कोरोनरी धमनियों में जमाव हो जाने के कारण उनके संकरा हो जाने की बीमारी।

CORONARY THROMBOSIS: कोरोनरी धमनी में बना थ्रोम्बस, जो हृदय में खून संचार में बाधा डालता है या उसे पूर्णत: रोक देता है।

DEFIBRILATION: बिजली के झटके द्वारा दिल की धड़कन खो चुके हृदय को पुन: गतिमान करना।

DIASTOLE: हृदय की धड़कनों के बीच का वह समय, जब हृदय की मांसपेशियां शिथिल हो रही हों। इस समय रक्तचाप न्यूनतम होता है।

E.C.G. (ELECTRO CARDIOGRAM): हृदय की विद्युतीय गतिविधियों का चित्रण।

EMBOLISM: खून के थक्के, हवा के बुलबुले या किसी अन्य कारण से किसी धमनी में अचानक ही खून का संचार बन्द हो जाना।

EMBOLUS: धमनी के भीतर का जमाव कैलशियम के कारण धीरे-धीरे कड़ा होता जाता है। इस कड़े हुए जमाव के टूटे हुए टुकड़े को एम्बोलस कहते हैं।

FIBRILATION: हृदय की नियमित धड़कन बन्द

होकर जब केवल एक कम्पन मात्र रह जाए, तब उसे फाइब्रिलेशन कहते हैं।

HEART ATTACK: रक्त-संचार में हुए गतिरोध के कारण हृदय की मांसपेशियों को ऑक्सीजन की आपूर्ति का अचानक ही बन्द हो जाना।

HEART BLOCK: हृदय की मांसपेशियों में विद्युत-संचार के मार्ग में अवरोध आ जाने के कारण विद्युत-संचार बन्द हो जाना।

HEART FAILURE: हार्ट अटैक, हार्ट ब्लॉक या हृदय के वाल्वों (कपाटों) की खराबी के कारण जब हृदय शरीर की आवश्यकता के अनुसार रक्त-संचार करने में असमर्थ हो जाता है तो इसे हार्ट फेल्योर कहते हैं।

HEART LUNG MACHINE: वह मशीन जो हृदय के ऑपरेशन के समय हृदय एवं फेफड़ों का कार्य करती है।

HYPER AND HYPO: हाइपर का मतलब है 'अधिक' एवं हाइपो का मतलब है 'कम'।

HYPER CHOLESTEROLEMIA: खून में कोलस्ट्रोल का अधिक होना।

HYPERGLYCEMIA: खून में शक्कर की मात्रा अधिक होना, जैसे डायबिटीज-में।

HYPERLIPIDEMIA: खून में लिपिड्स (वसा) की मात्रा अधिक होना।

HYPERURICEMIA: खून में यूरिक ऐसिड की मात्रा अधिक होना।

HYPER TENSION: उच्च रक्तचाप होना।

ISCHAEMIA: कोरोनरी धमनियों में अवरोध के कारण हृदय की मांसपेशियों को पूरी मात्रा में ऑक्सीजन का न मिल पाना।

INFARCTION: ऑक्सीजन न मिल सकने के कारण हृदय अथवा किसी अन्य स्थान की मांसपेशी का मृत हो जाना।

ISCAAEMIC HEART DISEASE: कोरोनरी धमनियों में संकरापन आ जाने के कारण हृदय की मांसपेशियों में रक्त-संचार में कमी हो जाना एवं इस कारण से पूरी ऑक्सीजन नहीं मिल पाना। इसके लक्षण एन्जाइना अथवा हृदयाघात के रूप में प्रकट होते हैं।

LIPIDS: खून में पाए जाने वाले सभी प्रकार के वसा कणों का सामूहिक नाम।

MYOCARDIUM: हृदय की मांसपेशी।

MYOCARDIAL INFARCTION: ऑक्सीजन न मिलने के कारण हृदय की किसी मांसपेशी का मृत हो जाना।

OEDEMA: किसी स्थान पर द्रव पदार्थ के इकट्ठा हो जाने के कारण आई सूजन।

PACE MAKER: हृदय की धड़कनों को नियमित करने वाला विद्युतीय यन्त्र, जो चमड़ी के भीतर या बाहर लगाया जाता है।

PLAQUE: धमनी के भीतर वसा, कोलस्ट्रोल एवं खून के कुछ घटकों के मिश्रण से जमी पपड़ी।

PROGNOSIS: किसी भी बीमारी का संभावित परिणाम। 'प्रोगनोसिस' अच्छा नहीं है का मतलब हुआ—बीमार का ठीक होना मुश्किल है।

SCAR: मांसपेशी के मृत हो जाने के कारण बना क्षत चिह्न।

STENOCARDIA: एन्जाइना में दर्द न होकर जब छाती में कसावट महसूस हो तो उसे आमतौर पर स्टेनोकार्डिया कहा जाता है।

STENOSIS: किसी धमनी या हृदय के कपाट का तंग (Narrow) हो जाना।

STRESS TEST: व्यायाम करवाते हुए जो ई.सी.जी. ली जाती है, उसे स्ट्रेस टेस्ट अथवा ट्रेड मिल टेस्ट कहते हैं।

STROKE: दिमाग को खून पहुंचाने वाली किसी धमनी के अवरुद्ध हो जाने अथवा फट जाने के कारण हुआ पक्षाघात।

SYNCOPE: दिमाग में खून-संचार में आई अचानक कमी के कारण मूर्च्छा आ जाना।

SYSTOLE, SYSTOLIC: वेनट्रिकलों के सिकुड़ने की क्रिया जिससे धड़कन महसूस होती है एवं खून फेफड़ों या शरीर के अन्य अंगों में धकेला जाता है।

TACHYCARDIA: हृदय की धड़कन की गति बहुत तेज हो जाना।

THROMBUS, THROMBOSIS: क्रमशः खून का थक्का एवं थक्का बनने की क्रिया, जिससे धमनी में रुकावट पैदा होती है।

TREAD MILL TEST: देखें—स्ट्रैस टेस्ट।

ULTRA SOUND: उच्च कम्पन की ध्वनि-तरंगों से हृदय अथवा किसी अन्य अंग का चित्रांकन।

VEINS: शरीर से हृदय को खून ले जाने वाली नाड़ियां।

■ ■

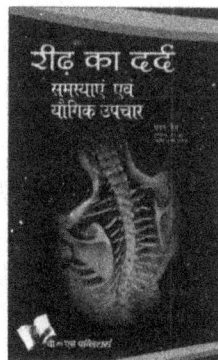

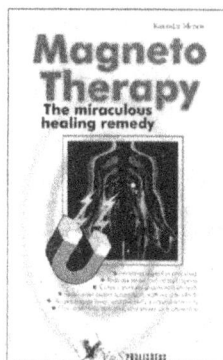

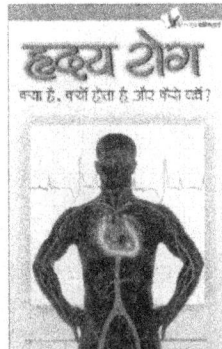
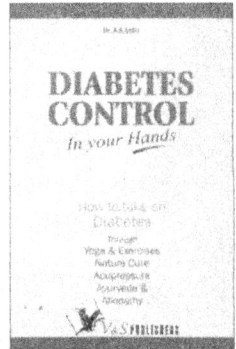

www.ingramcontent.com/pod-product-compliance
Lightning Source LLC
Chambersburg PA
CBHW071446090426
42737CB00011B/1802